クリーニングの問題 24 事例

事例 1 クリーニングにより丈が伸びてしまったプリーツスカート

クレームの内容	プリーツスカートをクリーニング店に初めて出したところ、丈が伸びてしまった。 　その場で苦情を伝えて、元に戻すか弁償してほしいと申し出たが、責任者がいないので後で連絡するとのことだった。1週間たっても電話がないため、再度問い合わせたが一向に連絡がなく不満。
クレームの原因	アクリルニットのプリーツスカートをスチームボックスで仕上げたことが原因。クレームに対する初期対応で迅速に誠意をもってなされなかったことが、クレームの増幅となった。
クリーニング店に望まれる対応	熱に弱いアクリル製品をスチームボックスで仕上げしたことが原因で、明らかにクリーニング店の責任であり、クリーニング事故賠償基準に従って賠償する。
トラブル防止のポイント	誠実なクレームの対応とは、お待たせしないことで、後日の連絡については期限を切って必ず行うようにする。クリーニング店の受付けはパートタイマーの従業員で、責任者の顔の見えない店が多くなっている。工場が店舗と離れていて、技術者の話も聞けない現状で、苦情の扱いが曖昧〔あいまい〕になっているのも事実である。お客様の信頼を得るためにも苦情処理体制を明確にする必要がある。

素材：表地 アクリル100%　裏地 ポリエステル100%

取扱表示

JN056864

事例2	ランドリーの酸素系漂白剤が原因でストライプ柄が消失したワイシャツ

クレームの内容	プレゼントされたワイシャツをクリーニングに出したところ、ストライプ柄がなくなってしまった。クリーニング店は酸素系漂白剤による処理温度が高すぎたことに問題があったことを認めて賠償すると言ってくれたが、大切な思い出の品なのでそれだけでは釈然としない。単にクリーニングに出しただけだが慰謝料を請求できるか。
クレームの原因	ランドリーの洗濯温度が高すぎたため、ストライプ柄の染色に使われていた含金属染料が酸素系漂白剤の作用を促進することで綿繊維が脆化し、消失したもの。
クリーニング店に望まれる対応	まず誠意をもって謝罪すること。取扱いに問題がありクリーニング店の責任であるから、クリーニング事故賠償基準に従って賠償をする。慰謝料については、特約がなければお支払いできないことを説明して納得してもらう。
トラブル防止のポイント	クリーニング事故賠償基準第2条の2では、説明責任として洗濯物の受取り、引渡しにおいて賠償基準を提示しなければならないとしており、受取り時にはお客様に特別な要望等がないかを確認することも大切である。あらかじめお客様から申し出があった場合で代替品のない品物については、万一事故が発生したときの賠償額について特約を結び、預り証にも記載しておくとよい。しかし、特にそのような申し出がなければ、標準的な小売価格を基準として賠償額が算出されることになる。店頭には、クリーニング事故賠償基準のポスターやチラシ（リーフレット）などを掲示しておくと良い。

素材：綿100%

取扱表示

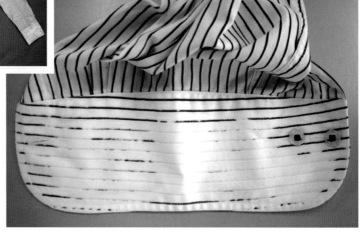

事例 3　静止加熱乾燥でエンボス加工が伸びたポリエステル基布の上着

クレームの内容	クリーニングで、ポリエステルを基布にした上着のエンボス加工が伸びた。特に両肩部分が著しく伸びているが、お店では表示どおりドライクリーニングしたと対応してくれず、納得がいかない。
クレームの原因	クリーニング店が、熱可塑性〔ねつかそせい〕を利用したヒートセット加工の特性を考慮せず、ハンガーに吊るした状態で静止加熱乾燥を行ったことが原因。
クリーニング店に望まれる対応	まずお客様には、エンボス加工が消えてしまったという事故が起きたことをお詫びする。クリーニングでの乾燥方法に問題があることを認めて、クリーニング事故賠償基準により賠償を行う。
トラブル防止のポイント	お客様とのトラブルを減らすには受取り時の心がけが大切である。クリーニング店では素材や加工を確認し、適切な処理を行う。商品の素材や加工方法を的確に判断し、事故の可能性が考えられればその旨をお客様にきちんと説明し、理解していただく。時にはリスクの高い商品はお断りすることも必要である。

素材：基布 ポリエステル100%　パイル レーヨン
取扱表示

事例4 ガスで変色したダウンジャケット

クレームの内容	ダウンジャケットをクリーニング後、（ポリ）カバーをつけたまま洋服ダンスに保管。1年後に着用しようとしたら、裾や袖口付近などが変色していた。
クレームの原因	裾や袖口は内側まで変色しているのが特徴的で、着用や保管中に酸化窒素ガスが繊維に付着したことが原因で変色したものと推測される。酸化窒素ガスには、酸化又は還元作用があり、染料を分解して色を変化させる。車や工場の排ガス中にふくまれるほか、家庭内でもガスコンロやファンヒーターなどの燃焼により発生する。
クリーニング店に望まれる対応	原因の説明と併せて同種事故事例の資料をお客様にお見せするなどして理解していただく。
トラブル防止のポイント	お客様に対して酸化窒素ガスによる事故の実態を周知し、目に見えない空気中の酸化窒素ガスが、衣料品の色の変化の原因になることを理解していただくようにする。

素材：ナイロン100%

取扱表示

事例 5　石油系溶剤の残留で化学やけど

クレームの内容	クリーニングに出した合成皮革のパンツを引取り日の翌朝にはいたら、足がしびれたので昼にスカートにはき替えた。かゆみ、しびれ、痛みがひどく、赤くなった皮膚がむけ、皮膚科で受診したところ、石油系溶剤の衣類への残留による化学やけどと診断された。治療費などをクリーニング店に求めたい。
クレームの原因	石油系溶剤の乾燥が不十分であったことが原因。合成皮革の生地は表面、中層、裏面と張り合わせ構造のようになっている。中層に溶剤が貯留しやすく、表面は通気性がないため生地全体が乾燥しにくい構造となっている。即日渡しシステムや、においの少ない低アロマタイプ石油系溶剤も関係している。
クリーニング店に望まれる対応	万一事故が発生し、溶剤の残留が原因であると診断された場合、お客様に対して治療費・休業補償費・交通費などの損害賠償責任が生じる（民法 415 条、634 条、709 条、710 条）。 　丁重にお詫びをして、誠意をもって速やかに対応することが大切である。治療費などの支払いに加え、慰謝料の支払いを求められるケースもあるばかりではなく、場合によっては傷害罪が適用される可能性もある。
トラブル防止のポイント	脱液と乾燥を十分に行い、石油系溶剤の残留がない状態にして、お渡しする。また、アイテムや構造などに応じて、取扱表示等に拘束されることなく水洗いで対応することも必要。さらに、受取り時には、お客様が急いでも乾燥には時間がかかること、乾燥が不十分であると化学やけどの起こる可能性があることを説明して理解してもらう。加えて、引渡しするときは、ポリカバーは必ず取外して保管するよう、アドバイスすることを忘れないようにする。
(参考)	合成皮革の石油系溶剤乾燥試験 　合成皮革製の乾きにくい衣料を石油系ドライクリーニング後、自然乾燥し、重量の減少により乾燥具合を調べた。生地の種類によって乾燥日数は異なるが、試験の結果では、大部分の溶剤は 3 〜 5 日で乾燥する傾向にある。この試験は、夏場に実施されたものであるが、冬場ではもっと乾燥に日数がかかり、寒冷地区ではさらに注意が必要となる。

表　各種合成皮革衣料の乾燥重量変化（g）

	洗浄前	脱液直後	1日	2日	3日	4日	5日	6日
厚手合皮パンツ	506	730	526	518	514	508	507	506
合皮パンツ	387	490	400	396	388	386	387	
厚手合皮スカート	250	320	249	250	249			
合皮スカート	178	230	182	181	179	178	178	

化学やけどの例

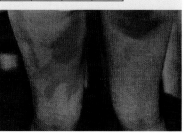

　事故が発生しやすい衣服の素材は、合成皮革、中綿やスポンジ入り製品など生地が厚いものや構造上乾きにくいものに集中している。

　溶剤が残り、十分に乾いていない衣服を着用すると、熱傷性皮膚炎が発生する。この皮膚障害は性別、年齢に関係なく、全身、頚部、胸部、腹部、腰部、上腕・前腕、大腿（写真）・下腿に起きている。

　治療見込み期間も1か月以上のケースが多く、治っても色素沈着が残る場合がある。

クレームの内容	新聞の折込広告を見てカーテンのクリーニングを依頼することにした。 　広告には窓の縦、横の寸法と価格表が示されていた。クリーニング料金は窓の大きさによると思っていたが、予想よりかなり高額だったのでお店に説明を求めたところ、幅はカーテンの裾の長さで窓の幅ではない、カーテンの寸法の取り方として当たり前だと言われた。料金は思っていた額の3倍程となる。このような広告表示は紛らわしく、誤解を生じさせるのではないか。
クレームの原因	広告には窓の寸法を記載し、実際にはカーテンの寸法が基準の価格で、お客様が誤解するような表示であったことが原因である。
クリーニング店に望まれる対応	広告を見て来店したお客様には、受取り時によく説明しなければならない。
トラブル防止のポイント	広告表示を行う場合は、お客様に内容を正しく、誤解のないように伝える注意が必要である。 　商品、サービスの内容や取引条件が誤認されるような不当な表示は「不当景品類及び不当表示防止法」（景品表示法）で禁止されている。 　セールの広告でも、大きくクリーニング代2割引などと表示を行い、除外品を分かりにくく表示することは、お客様に誤解されるおそれがある。誰が見ても誤解のないような表示を行うこと。

広告には…

激安
カーテンクリーニング
150×100cm
1,500円

窓寸法のような表示

実際は…

カーテンの寸法の価格だった

ドレープを伸ばして…

セール対象外価格 4,500円

事例7　汗の残留で変色した紳士ジャケット

クレームの内容	クリーニングに出した紳士ジャケットの前身頃や袖などの色合いが変わっていた。強い洗剤を使ったのではないかと伝えたら、表示どおりに洗っているのでクリーニングに問題はないと強い調子で言い返された。納得できない。
クレームの原因	着用状況を確認すると、営業で外を歩くことが多く、よく汗をかくということであった。検査機関のテストで、塩分やタンパク質など汗に含まれる成分の残留が確認できたことから、着用時の汗が十分抜けきれずに徐々に蓄積したところに、太陽光の中の紫外線が作用して染料が分解した可能性が考えられる。
クリーニング店に望まれる対応	まず原因が分からない段階での強い対応をお詫びする。その上で同種の事例の説明をして、お客様にテストをして原因を究明することの了解を得る。テスト結果をもとに、クリーニングによる変色ではないことのご理解をとりつける。
トラブル防止のポイント	受取り時に少しでも変色がある場合はお客様と相互確認をしておく。特に夏物でドライクリーニングしかできない表示になっている衣料は、汗がとれないことを説明して、処理方法を決めることがトラブルの防止につながる。

素材：綿76％ ポリエステル21％ 麻3％

取扱表示

事例8 クリーニングの前処理剤によるスーツ上衣の毛羽立ち

クレームの内容	スーツの上衣に付けた食べこぼしのシミを取ってもらうため、ズボンと一緒にクリーニングに出したがシミは残ったままになっていた。やり直しをしてもらい、シミは除去できたが、生地の表面が毛羽立ってしまった。 上衣だけ賠償すると言われたが、スーツとして着用できず不満。
クレームの原因	シミを除くために使用した前処理剤が原因で毛羽立ちが生じたもの。
クリーニング店に望まれる対応	クリーニング店の技術的なミスが原因のため、誠意をもって謝罪するべきである。また、スーツを上下同時に引受けているので、スーツとしての賠償額を算定して支払う。
トラブル防止のポイント	洗濯物を受取るときに一対のものであることの申告があったときは、預り証に記入するなどの配慮が必要。あとで申告があったかどうかで争うことは、お店の信用に関わる。お客様に洗濯物を返却する段階でやり直しの指摘を受けることがないように、最終のチェックをしっかり心がけるべきである。

素材：毛100%

取扱表示

事例9　プリント柄の染色が色泣きしたブラウス

クレームの内容	綿のブラウスをクリーニングに出したところ、プリント柄に使われている紺色の染色が周りににじみ出したようになった（色泣きした）。お店からは、表示を参考にして水洗いをしたのだから染色不良が原因だ、と言われたが納得できない。
クレームの原因	クリーニング店が苦情品をお預かりして原因調査を依頼した結果、紺色プリント柄の染色が不堅ろうであったため、水洗処理で色落ちしたものと推測された。
クリーニング店に望まれる対応	お客様の了解を得て、事故の原因を究明する。事例のように原因が製品にあるときはアパレルメーカーや販売店に結果を伝え、お客様が損害賠償金を受け取れるように支援する。
トラブル防止のポイント	初期対応で、一方的に製品に問題があると決めつける言い方はしない。「クリーニング事故賠償基準」では、クリーニング業者が相当の注意を怠らなかったことと、他の者の過失による事故であることの証明を行わなければ、賠償しなければならないとしている。クリーニング業法が「利用者の利益の擁護を図る」ことを目的としていることからも、単に事故の責任がないことを伝えるだけでなく、事故の原因を究明し、お客様に詳しく説明して理解していただく必要がある。

素材：綿100%

取扱表示

事例10 パーマ液の付着で衿が変色したセーター

クレームの内容	毛のセーターをクリーニングに出し、タンスに保管していたが、取り出してみると、衿部分の色が抜けたようになっていた。クリーニング店では、パーマ液がついた可能性があり、クリーニングによるものではないとの回答だが、本当か。
クレームの原因	お客様の着用状況や変色の状態、部位などから、パーマ液が原因と考えられる。お客様が気付かないうちに、パーマ液やカビ取り剤などが付着して起こるクリーニング事故は少なくない。お客様からあらかじめ申し出がなければわからないことが多いため、トラブルになりがちである。
クリーニング店に望まれる対応	パーマ液が原因と考えられる根拠を説明して理解していただく。引渡しのとき、お客様と双方での確認をおろそかにして、原因がお客様にあることを証明できないと、賠償しなければならないこともある。
トラブル防止のポイント	受取り時に変色など少しでも兆候が見られるときには、何か変わったことはなかったかをお聞きする。品物を引き渡すときには、お客様と双方で異常がないかを確認する。また、原因が分かれば丁寧に説明し、理解を得ることが大切である。

素材：毛100%

取扱表示

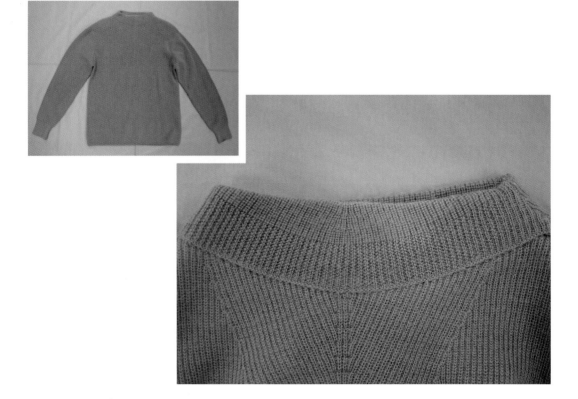

事例 11 誤表示に基づく処理で硬くなったダウンコートのトリミング飾り

クレームの内容	人から貰ったダウンコートをクリーニングに出したところ、前身頃に付けられていたトリミング飾りが硬くなった。クリーニング店は、取扱表示を参照して洗っており、責任はとれないと言っている。初めてのクリーニングなのでどうしても納得できない。
クレームの原因	取扱表示では石油系ドライクリーニング可となっていたが、トリミング飾りの素材がポリ塩化ビニル樹脂であったため、石油系溶剤によるドライクリーニングで可塑剤が溶出して硬化してしまった。原因は表示の誤りにある。
クリーニング店に望まれる対応	お客様には表示に誤りがあったことを伝え、お客様がアパレルメーカーや販売店から損害賠償金を受け取れるように支援する。
トラブル防止のポイント	お客様に対して合成皮革に使われる素材を外観だけで見分けることができないこと、表示を信用して処理せざるを得ないこと、などを説明して理解していただくようにする。

素材：表地 ポリエステル55% ナイロン45%　中綿 ダウン90% フェザー 10%
取扱表示：

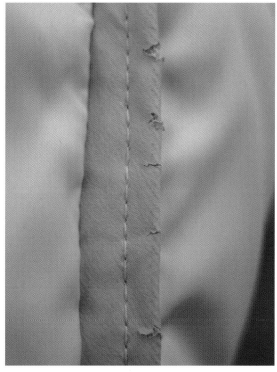

事例 12　クリーニングで毛並みが乱れて風合いが変化した毛のコート

クレームの内容	起毛加工した毛のコートを初めてクリーニングに出した。クリーニングから戻ったコートは表面の毛並みが乱れて購入時の風合いがなくなっていた。クリーニング店は「表示どおりのクリーニングをしている、特に変化はない」と主張し、賠償に応じてくれない。受取り時に担当者には取扱いを注意するようにお願いし、大丈夫と言っていたのに納得いかない。
クレームの原因	クリーニングをすることで起毛の状態が変化したことが原因。起毛加工では、生地に柔らかさと膨らみを持たせるために、撚りを甘くしている場合が多い。機械的な摩擦や手荒な取扱いをすると毛並みの乱れや毛羽の脱落、風合いの変化などを招く。
クリーニング店に望まれる対応	まず、大丈夫と言って過大な期待をお客様に与えたことについて、誠意をもって謝罪する。お客様の主張である風合いについては、クリーニングで新品の状態に戻るわけではないことを説明して理解していただく。
トラブル防止のポイント	毛の起毛製品を受け付ける時には、素材の特性によって風合いの変化が起こり得ることなど、リスクの説明をする。

素材：毛 100%

取扱表示　

事例 13 濡れ掛けプレスでカフスが収縮したワイシャツ

クレームの内容	ワイシャツをクリーニングに出したところ、カフスが変形して返ってきた。カフスの裏生地は波打ったような状態で押しつぶされたようになっている。カフスの変形は、使われている芯地の問題であり、賠償はできないと言われた。
クレームの原因	クリーニングで行っているワイシャツの濡れ掛けプレスでカフスに使われている接着芯地が収縮したもの。 ワイシャツのカフスや衿には、熱可塑性樹脂を接着剤にした接着芯地が使用されている。接着剤の熱可塑性樹脂は、濡れ掛けプレスでの軟化と硬化が繰り返されることよって徐々に収縮し、最終的に数センチの収縮が生じることがある。
クリーニング店に望まれる対応	根拠もなく製品に問題があると突き放すような対応は望ましくない。原因は、濡れ掛けプレスであることから、クリーニング事故賠償基準により賠償する。
トラブル防止のポイント	熱可塑性樹脂の軟化温度は、約 130℃のため、芯地に加わる熱が 130℃以上にならないように温度 150℃以下・15 〜 20 秒程度のプレス条件で処理するのが理想。

素材：綿 100％

取扱表示

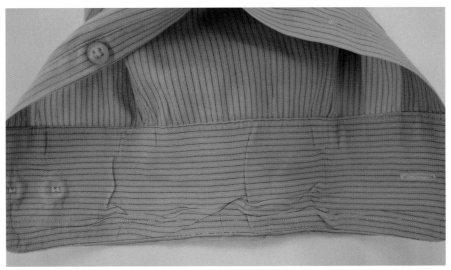

事例14　インターネット宅配クリーニングのトラブル①

クレームの内容	インターネット宅配クリーニング業者にダウンジャケットのクリーニングを依頼した。2、3週間で返却と言われたが送られてこなかったため連絡したところ「混雑しており、半年はかかる」と言われた。すぐに返却するよう求めたところ袖口の汚れが残ったまま戻された。苦情を言ったが、クリーニングには問題ないと言って何も対応してくれない。支払った料金を返金してほしい。
クレームの原因	クリーニング後に汚れが残っている場合、通常のクリーニングでは実物を見ながら交渉できるが、インターネット宅配クリーニングでは事業者が遠隔地のケースも多く、直接の交渉が難しい。
クリーニング店に望まれる対応	通常のクリーニングと同様に「クリーニング事故賠償基準」で職務上必要とされている、 ①洗たく物の状態把握義務 ②適正クリーニング処理方法選択義務 ③処理方法等説明義務 ④クリーニング完全実施義務 ⑤受寄物返還義務 を遵守すべきである。
トラブル防止のポイント	通常のクリーニングと同様にクリーニングの依頼を受けた洗濯物の機能、汚れの質と量、汚れの放置期間、染色の堅ろう度などを的確に把握して最も適正なクリーニング処理を選択するとともに、それらの情報をお客様と共有できるようなシステムを作るべきである。

クレームの内容	娘のジャンパーをインターネット宅配クリーニング業者に預けたが、返却予定日を３週間過ぎても戻ってこない。インターネットの受付窓口では、既に発送は済んでいる、送り状の番号を教えるので配送業者に直接確認して、見つからない場合には配送業者に賠償を求めるように、との返答だった。購入したのは１年前で、レシートがなく値段も分からない。どうしたらいいか。
クレームの原因	インターネット宅配クリーニング業者の品物の管理体制に問題がある。品物の受取りから返却までの間はインターネット宅配クリーニング業者が責任をもって管理すべきである。
クリーニング店に望まれる対応	「クリーニング事故賠償基準」では、「クリーニング業者」を利用者とクリーニング契約 (寄託契約と請負契約の混合契約) を結んだ当事者としており、洗濯物の受取及び引渡しや保管を宅配業者等の第三者が行う場合であっても、これら履行補助者はクリーニング契約の当事者ではないことから、事故原因が履行補助者にあっても、利用者に対して賠償責任は契約当事者たるクリーニング業者 (インターネット宅配クリーニング業者) が負うこととしている。 　同じく「クリーニング事故賠償基準」では、洗濯物の紛失のように物品の再取得価格が分からない場合、ドライクリーニング処理又はウエットクリーニング処理が行われたときはクリーニング料金の 40 倍、ランドリー処理についてはクリーニング料金の 20 倍と賠償額の算出方法が示されている。 　ジャンパーが見つからない場合には、これに従って賠償する。また、商品の金額はメーカーに確認することで分かることもあるので、購入店やメーカーに問い合わせ、基本方式で賠償額を算定することもできる。
トラブル防止のポイント	インターネット宅配クリーニングを運営する事業者は、品物の受取りから返却までの間は事業者自身が管理すべき立場にあることを認識して、配送業者との交渉を責任をもって行うこと。

事例 16　宅配ボックスによる紛失

クレームの内容	マンションに設置されているクリーニング用宅配ボックスに衣類数点を入れてクリーニングに出した。預り証には、ボックスに入れた全ての衣類が記載してあった。しかし、その中のカーディガン1枚が戻っていない。店の記録上ではカーディガンはお渡し済みとなっており、店には残っていないと言われた。紛失の責任はどちらにあるのか。
クレームの原因	このシステムでは、洗濯物の状態の把握、洗濯処理方法の選択等、その場での相互確認や情報提供が難しいことがトラブルの原因と考えられる。
クリーニング店に望まれる対応	利便性を求める消費者からの要望に応えて、宅配ボックスを設置したマンションや、自動受渡し機などを利用する非対面型方式、インターネットやコンビニエンスストアでの受付け等のサービスが増えている。これらのサービスは対面での接客と異なり、その場での相互確認や情報提供が難しいことが、紛失などのトラブルが起こりやすい原因となっている。 　紛失時の取り決めがないと、双方の話し合いになる。時間を追って双方の事実確認をしながら、どこで洗濯物がなくなったかを慎重に検証していかなければならない。事業者が過失のないことを証明できなければ、対応しなければならない場合もある。
トラブル防止のポイント	洗濯物の受取り、引渡しは対面で行うことを原則にすること。宅配ボックスなどによるトラブルを避けるためには、事前にお客様と紛失した場合などの取り決めをしておくことが重要である。

事例 17 背広やワイシャツに勝手に記名するお店

クレームの内容	転居して初めて利用したクリーニング店。背広、ジャケット、ワイシャツの品質表示タグに私の名前と部屋番号を記入していた。私物に勝手に記名されて不愉快。プライバシーの侵害にならないのか。
クレームの原因	お客様の了解なしに洗濯物に記名してしまったことが原因である。
クリーニング店に望まれる対応	クリーニングは請負契約と寄託契約の混合契約で成り立っている。お客様の洗濯物を適切にクリーニング処理し、適正な状態で引き渡す義務を負っているので、事例のような場合には損害賠償責任が生じる。併せて所有権侵害による損害賠償責任も問われることになる（民法709条）。 　最近はインターネットオークションなどで中古の衣料品が高額で取引されている。洗濯物へのマーキングにより商品価値が下がったとして、多額の賠償金を求められる可能性もある。洗濯物への記名などは絶対に避けなければならない。
トラブル防止のポイント	クリーニング店はお客様の特定物（財産）を預かって処理をするため、お客様との信頼関係を築くことが重要になる。勝手にお客様の洗濯物に記名することは、この信頼関係を壊すことになる。このほかに、デリケートな素材の洗濯物にホチキスや安全ピンなどで穴が開いてしまったというクレームもある。記名と同様に注意が必要。 　また、個人情報保護法の施行により、たとえ個人情報取扱事業者に該当しない場合でも個人情報の適正・安全な管理が望まれるので、お客様の個人情報の取扱いには細心の注意が必要である。

イメージ写真

事例 18　クリーニング料金が不明瞭

クレームの内容	いつも利用する近所のクリーニング店の料金がよく分からない。 　価格の表示はあるが、自分ではシャツだと思っていたのに、ジャケットにされて高い料金を請求されたことがある。 　従業員によって判断が異なることもあるようだ。もっと分かりやすくしてもらえないか。
クレームの原因	価格の基準がお客様に分かるように表示されていなかったり、従業員の説明が不十分であることが考えられる。 　また、従業員へ洗濯物の区分や店の料金システムを日頃から教育し統一していなかったことも原因である。
クリーニング店に望まれる対応	お客様の申し出をよく聞いて、明らかに事業者が判断違いをしているときは差額の返金に応じなければならない。 　料金の表示や説明は分かりやすくすることが大切である。
トラブル防止のポイント	店の内外にサービスの項目と料金表を分かりやすく掲示して、お客様の誤解を招かないようにする。 　また、デザインによっては判断の難しい場合もあるが、お客様には商品の区分及び料金についても丁寧に説明することが大切である。 　クリーニング料金はお客様にとってお店を選ぶ際に重要な目安である。 　ワイシャツなどの日用品は低価格のお店に頼んでいても、高額な商品は別の店に出すなど、お店を使い分けることもある。 　技術的なことばかりでなく、受付カウンターでのサービスや対応も厳しくチェックされている。

事例 19 保管サービスで毛羽が消失した毛布

クレームの内容	カシミヤの毛布をクリーニングと半年間の保管サービスを兼ねて依頼した。その折、店員が毛布の点検をしたが何も言わなかった。 半年後毛布を引き取り、自宅でよく見ると、毛羽がなくなっている部分があることに気付いた。 お店では、もともとあった虫食いがクリーニングで顕在化したものであり、賠償の対象ではないと応じてくれない。
クレームの原因	もともとあった虫食いについて、受取り時の点検のときに双方で確認しなかったことが原因である。
クリーニング店に望まれる対応	毛羽の消失が衣料害虫によるものかどうかは、繊維切断面から判断できるが、虫に食われた時期や場所を特定することは困難である。 保管中に生じたことが明らかな場合には、クリーニング店が賠償責任を負うことになる。この事例では、受付け時に毛布に虫食いがあったことをお客様に確認していない。クリーニング店はお客様が納得のいく説明や証明をするべきである。
トラブル防止のポイント	クリーニングの特約として洗濯物を保管する場合は、カビの繁殖や虫害、シミなどが発生しないように、温湿度調整や防虫対策を完備するとともに、脱酸素剤入り専用パックなどを適切に使う。蛍光灯や日差しによる変色を防ぐための対策を講じることも必要である。受取り時には入念な相互確認を行い、預り証にもその状態を明記する。引渡し時には、包装を外して互いに確認することにより返却後のトラブルを防ぐことができる。 また、虫食いは季節を問わず注意する必要がある。

素材：毛羽部分 カシミヤ100%
取扱表示

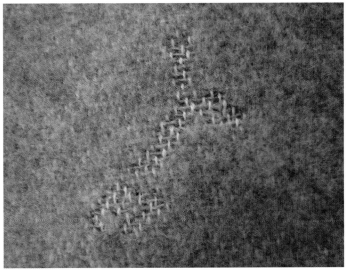

事例 20 クリーニングによる浴衣の柄のにじみ

クレームの内容	浴衣の衿に汗ジミが生じたためシミ抜きを兼ねて水洗いをしてもらうようにクリーニングに出した。クリーニング店から、要望どおりに水洗いをしたところ赤い柄の周囲がピンク色に染まってしまった、水洗いを指示したのはお客様なのだから賠償はできないといわれたが、納得できない。賠償は求められないか。
クレームの原因	染色に対する安全性を確認せずに水洗いを行ったことに原因がある。
クリーニング店に望まれる対応	「クリーニング事故賠償基準」では、利用者からクリーニングの依頼を受けた洗濯物の機能、汚れの質と量、汚れの放置期間、染色の堅ろう度などを的確に把握することを職務上の注意義務としており、安全性の確認は必須事項となっている。利用者からの要望であったとしても、本件のような場合は、「クリーニング事故賠償基準」による賠償が発生すると考えられる。
トラブル防止のポイント	事前に表示のタグの有無を確認し、万一の場合の危険性を説明して了解を得る。 　既製の浴衣の場合は取扱いやメーカー名等を表示したタグがある。 　しかし、お客様が反物を購入し仕立てた場合、取扱いやメーカーの連絡先などの表示がないことがある。受付け時の確認、説明が大切である。

素材：綿

取扱表示：なし

事例21 経時劣化によって合成皮革飾りの表皮がはく離したジャンパー

クレームの内容	春にクリーニングしたジャンパーを秋にクローゼットから取り出したところ、前身頃に縫い付けられている合成皮革飾りの表皮がはく離していた。クリーニング店では素材の特性でやむを得ないといっているが納得できない。
クレームの原因	合成皮革飾りに使用していたポリウレタン樹脂が空気中の水分などの影響を受けることやクリーニング処理の繰り返しなどによって経時劣化し、はく離したもの。
クリーニング店に望まれる対応	縫い付けられている飾りが合成皮革であることが分かる場合には、受取り時に素材の特性について説明をし、クリーニングするかどうかをお客様に判断してもらう。 　合成皮革などに使用されるポリウレタン樹脂は空気中の水分による加水分解などにより、通常2～3年で劣化することが明らかになっている。
トラブル防止のポイント	商品の素材や特性を的確に判断し、事故の可能性が考えられればその旨をお客様にきちんと説明し、理解していただく。合成皮革などに使用されるポリウレタン樹脂の経時劣化現象について、日常的に消費者に情報提供をすることもトラブル防止の手段になる。

素材：本体 ポリエステル100%　別布 合成皮革

取扱表示

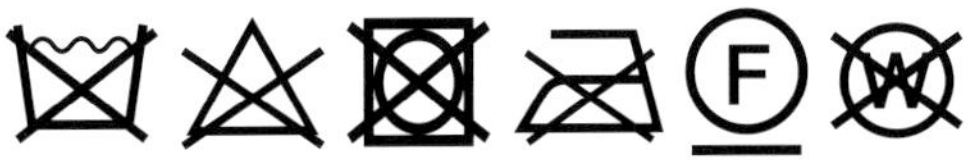

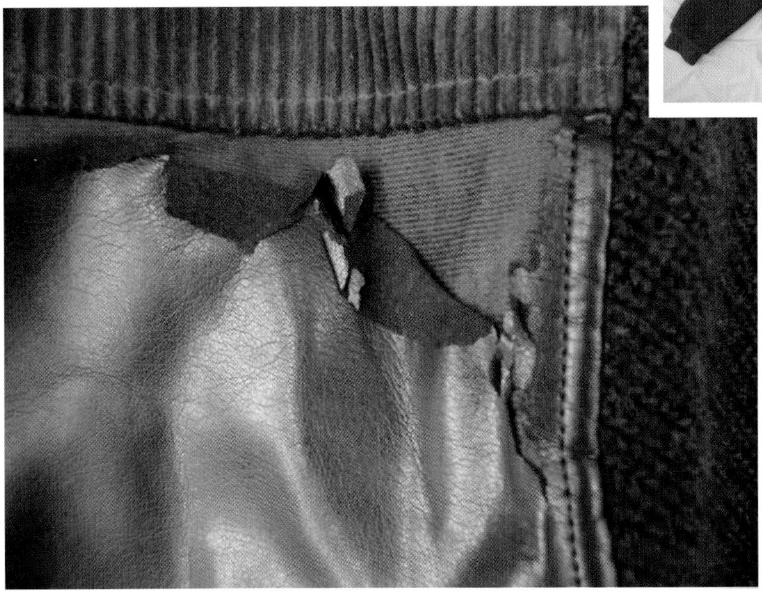

事例 22　着用によって目寄れが生じたポリエステルブラウス

クレームの内容	クリーニングに出したら両袖の付け根部分が波打ったようになった。お店では表示どおり手洗いしたと対応してくれず、納得がいかない。
クレームの原因	着用で織糸が移動する目寄れが生じたもの。目寄れが生じかけていることは受取り時の検品で確認していたが、お客様も了承していると思いそのままクリーニングを行って返却している。クリーニングすることでさらに拡大してしまった可能性も考えられる。
クリーニング店に望まれる対応	受取り時の検品で把握していたことを伝えてお詫びする。その上で着用中に生地が部分的に摩擦されたり引っ張られることで袖付け部に生じやすい現象であることを説明する。クリーニング事故賠償基準第1条運用マニュアルでは、洗濯物の受取及び引渡しに際して利用者と品物の状態について可能な限り相互確認をすることと、利用者から預かった洗濯物を適正な状態で引き渡すことをクリーニング業者の注意義務としており、本件についてはこの2つを怠っていることから、着用が原因であったとしても賠償責任を負うことになる。
トラブル防止のポイント	受取り時の検品を十分に行い、お客様と品物の状態について可能な限り相互確認すること。目寄れが生じている場合は、クリーニングによって拡大する可能性があることをお客様に伝える。

素材：ポリエステル100%

取扱表示

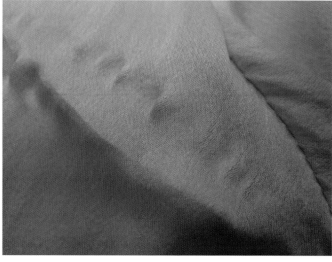

事例 23　ピン止めしたことが原因でブランドの織ネームが損傷したクリーニングトラブル

クレームの内容	ダウンジャケットを取次所経由でクリーニングに出したところ織ネームに傷がついて返ってきた。高額な製品であり、購入金額全額の賠償と品物の返還を要求したい。
クレームの原因	ダウンジャケットを受取った取次所が織ネームにタグをピン止めしたことが原因。 　当該取次所ではタグのピン止めを日常的な作業として行っており、クリーニングを担当する工場でも特に問題視していなかった。
クリーニング店に望まれる対応	取次所の責任であることは明らかで、「クリーニング事故賠償基準」に則って賠償する。 　クリーニング事故賠償基準第6条では、「クリーニング業者が賠償金の支払いと同時に利用者の求めにより事故物品を利用者に引き渡すときは、賠償額の一部をカットすることができる。」としていること、さらに同マニュアルで「クリーニング業者が洗濯物の価値の全額を賠償した場合、事故品の所有権はクリーニング業者に移ります。賠償金を受け取った利用者が、その事故品の返還を希望する場合は、両者合意の金額に賠償額を減額することができます。」と解説していることをお客様に説明し、品物を返還するのであれば賠償額は減額されることを理解してもらうようにする。
トラブル防止のポイント	洗濯物に傷や損傷を与えるような作業は厳禁する。

素材：ナイロン 100%　　（中わた）ダウン 90%　フェザー 10%

取扱表示

事例 24 着用時の汗と摩擦で両脇部分がフェルト化した毛のロングカーディガン

クレームの内容	毛のロングカーディガンをドライクリーニングに出したら両脇が引きつれたようになってしまった。着用時の汗が原因だと説明されたが納得できない。
クレームの原因	湿潤した条件で摩擦されたためにフェルト化が生じたもの。毛繊維の表面はうろこ状のスケールで覆われており、水分と摩擦などによってこのスケール同士が絡み合うことによって生じる収縮や毛羽立ちなどの現象を『フェルト化』と言う。
クリーニング店に望まれる対応	フェルト化は両脇部分に集中していることから、着用時の汗と摩擦が主な原因になっている可能性が高いことをお客様に説明する。
トラブル防止のポイント	受取り時の検品を十分に行い、お客様と品物の状態について可能な限り相互確認すること。お客様に対しては着用時の汗と摩擦による事故の実態を周知し、素材の特性としてフェルト化が生じることを理解していただくようにする。

素材：毛 100%

取扱表示

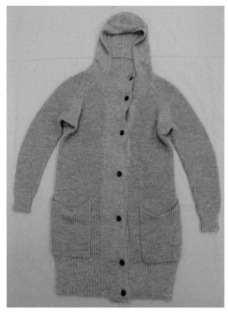

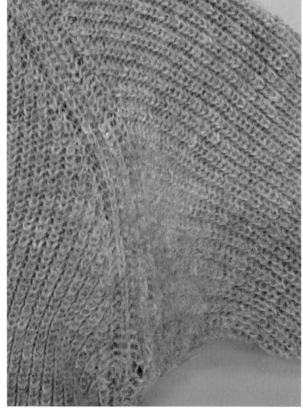

総説クリーニング
クリーニング師編

クリーニング師研修用テキスト
第 12 クール（2022〜2024 年度）

公益財団法人
全国生活衛生営業指導センター 編著

クリーニング師の役割は重要

　厚生労働省が定める衛生管理要領には、クリーニング事業所におけるクリーニング師の役割として「専門的知識を有する衛生に関して総括的な実質的責任者」と記載されており、洗濯物の適正な処理、クリーニング事業所の労務、施設、設備、機器の適切な管理など、安全な職場環境の確保が衛生的で質の高いクリーニングサービスの提供のためにはクリーニング師の果たす役割は大きい。

　さらに、近年ではクリーニング業で「SDGs への取組み」、2022年4月に「プラスチック資源循環促進法」が施行され、プラスチックごみの削減や資源循環に向けた取組みについてもクリーニング師の役割が期待されている。

　また、2019年に発生し、世界的大流行となった新型コロナウイルス感染症（COVID-19）の感染拡大と長期化による影響を教訓として、今後、同等の感染症が発生した場合の備えとしての事業継続のためのBCP（事業継続計画）など、クリーニング業界や店舗の維持存続のためにも、クリーニング師が積極的に関わることが求められる。

　上記のように社会経済環境は短い間で目まぐるしく変化しており、こうした変化に対応するためにも、クリーニング師の取得及び3年に一度のクリーニング師研修の受講が義務付けられているとともに、その役割と職務に一層の期待が寄せられている。

クリーニング師研修は3年に一度！

目次

衛生法規及び公衆衛生

Part **1**

　本編では、クリーニング業に関わる公衆衛生、衛生法規に加えて環境保護に関する取組みの必要性について学ぶ。

　クリーニング所におけるクリーニング師は、公衆衛生の専門的な立場（もしくは専門家）にあり、衛生管理を行う上での実質的責任者であることを本篇において認識するよう願いたい。

　第1章　「公衆衛生と感染症」では、クリーニング業に携わる者として心がけるべき点や感染症対策、コロナウイルスを含む身近な感染症に関する情報をまとめている。これらの衛生法規や公衆衛生について十分に理解し、意識の向上を心がけなければならない。

　第2章　「衛生法規（クリーニング業法他）」では、クリーニング業を定義し直接規制する「クリーニング業法」と、クリーニング業をはじめとする生活衛生関係営業の衛生規制や振興のために制定されている「生活衛生関係営業の運営の適正化及び振興に関する法律」について、その目的や規制の内容を理解する。クリーニング業を営み、また、従事する際は、これらの衛生法規のほかにも衛生管理上踏まえておくべき衛生法規は多い。

　第3章　「環境や従業員を守るための規制」では、クリーニング所の立地から洗濯、洗剤の管理・廃棄、クリーニング所の廃止などに至る各時点での、様々な規制について紹介する。

　ドライクリーニング工場の立地制限を規定する「建築基準法」や「大気汚染防止法」、「土壌汚染対策法」、「水質汚濁防止法」、「廃棄物の処理及び清掃に関する法律」など、クリーニング施設等で用いられる溶剤等について、環境基準・排出規制等を規定する法律がある。従業員を守るための規制としては、労働安全衛生法に基づく「有機溶剤中毒予防規則」や「特定化学物質障害予防規則」がある。

　第4章　「環境保護に関する取組みと法規」では、社会的関心の高いSDGsについて、クリーニング業が貢献できる取組みについて理解する。

　2022年4月1日施行の「プラスチック資源循環促進法」について、クリーニング業にも大きな影響があることを踏まえ、プラスチック使用の合理化、目標の設定等について理解する。

　第5章　「クリーニング業法の逐条解説等」では、クリーニング業法の逐条解説（抜粋）及びクリーニング所における衛生管理要領（全文）を掲載している。

第1章　公衆衛生と感染症

公衆衛生とは（ウインスロー^(注)の定義）

「公衆衛生とは、環境衛生の改善、伝染病の予防、個人衛生の原則についての個人の教育、疾病の早期診断と治療のための医療と看護サービスの組織化、および地域社会のすべての人に、健康保持のための適切な生活水準を保障する社会制度の発展のために、共同社会の組織的な努力を通じて、疾病を予防し、寿命を延長し、肉体的、精神的健康の能率の増進をはかる科学であり、技術である。」

（注）アメリカ合衆国の公衆衛生学者

多くの国では、健康を基本的人権の一つとして捉えており、わが国においても憲法第25条で「すべて国民は、健康で文化的な最低限度の生活を営む権利を有する。国は、すべての生活部面について、社会福祉、社会保障及び公衆衛生の向上及び増進に努めなければならない。」とされている。

したがって、政府や自治体が公衆衛生の向上を施策として推進するためには、「健康」とはどういう状態を指すのか、その測定を可能とする指標や水準を設定する必要があるため、WHO（世界保健機関）憲章においても「健康」が定義されている。

（WHO憲章）

「健康とは、肉体的、精神的及び社会的に完全によい状態にあることであり、単に疾病又は虚弱でないということではない。及ぶ限り最高の健康水準を享受することは、人種、宗教、政治的信条、経済状態のいかんを問わず、すべての人間の基本的権利である。」

まめ知識
感染症と伝染病

- **感染症とは？**
ウイルス、寄生虫、細菌などの病原体が体内に侵入して増殖し、それらの病原体が原因となり発熱、下痢、咳等の症状が出ることをいう。

- **伝染病とは？**
感染症を発症した人(動物)が、保有するウイルスを他者に移し、そのウイルスを移された他者が病気を発症することをいう。

- **感染症法とは？**
従来の「伝染病予防法」、「性病予防法」、「エイズ予防法」の3つを統合し1999年4月1日に施行され、2007年4月1日に「結核予防法」を統合した。2021年2月には、新型コロナウイルス感染症（COVID-19）の拡大防止に向けた関連法案の修正があった。

- **コロナ特措法とは？**
①まん延防止等重点措置の新設
②要請に応じない事業者に対する行政罰としての過料の規定
③感染者が協力に応じない場合、保健所の感染者に対して調査に応じるよう命じる権限、入院勧告に応じない場合の行政罰として過料の規定
④海外からの入国者が要請に従わない場合には刑事罰（1年以下の懲役または100万円以下の罰金）の対象
⑤事業者は時短営業などの協力要請に応じないと過料（最大30万円）の制裁
⑥感染者は自宅待機の要請に従わなければ過料（最大50万円）の制裁

1. クリーニング業における公衆衛生

クリーニング業は、不特定多数の者が利用する業態の営業である。このことは、公衆衛生の観点からは、感染症等の拡大を予防するために十分な対策が必要な業態といえる。

具体的には、①従業員の公衆衛生②お客様の公衆衛生の2点が挙げられる。

まず、従業員については、感染症に罹患したお客様と接触する、又は感染性の分泌物が付着した洗濯物に触れることにより、感染症に罹患するリスクを伴う。

また、お客様については、感染症に罹患したクリーニング店の従業員と接触することにより、感染症に罹患するリスクを伴う。

このように、クリーニング店においては常に公衆衛生を意識した営業が求められるため、必要な情報収集や従業員への周知等を心がける必要がある。

2. クリーニング店における感染症対策

営業所を清潔に保つことは当然のことながら、感染症対策としては、次のようなものが挙げられる。

(1) 従業員の健康管理

従業員の健康状態には常に気を付けるとともに、特に感染症が流行している時期に少しでも罹患の疑いのある従業員に対しては、自ら進んで健康状態を申告することを徹底し、医療機関での受診を勧めることが重要である。

感染症流行期には、出勤前の健康チェックとして、発熱やその他の症状（咳、のどの痛み・違和感、鼻水、倦怠感、頭痛、腹痛、下痢など）の有無について確認し、該当する症状がある場合（同居家族に有症状者がいる場合を含む）には出勤せずに上司に連絡する。また、業務中にも体調不良がみられたら、そのまま業務を継続せずにすぐに上司に報告する。これらの症状について、記録をしておくことも職場の健康管理に有効である。

(2) 手洗いの励行と個人防護具の適切な着用

感染拡大の原因が主に経口感染（口から体内に病原体が入る）、接触感染（手を介してうつる）である感染症については、流水と石鹸による「手洗い」と擦式アルコール性消毒薬を使用した「手指消毒」が予防策として効果がある。目に見える汚れが手にない場合は手指消毒を行う。手に汚れがある場合、手袋を外したあとには手洗いを行う。ノロウイルスはアルコールの効果が期待できないため、手洗いが有効である。事業所内に手洗い施設の確保や消毒液の常備等を行い、従業員に対して「手洗い」または「手指消毒」の徹底を図ることが重要である。

洗濯前の委託物に触れる場合には、マスクとエプロンの着用と接触後の手洗いもしくは手指消毒が重要である。洗濯処理場での仕分け（分別）作業の後には手洗いもしくは手指消毒を実施する。また、作業する領域の換気が大切である。

(3) 洗濯物の取扱い等

全ての洗濯物には微生物汚染があり、有機物も存在するため、時間経過とともに増殖する可能性がある。場合によっては臭気を発生する場合もある。したがって、その取扱いには留意しなければならない。ノロウイルスなどは塵埃〔じんあい〕として空中に浮遊し、それが吸入されて感染性を示す可能性がある。ブドウ球菌などは乾燥表

面で約1か月程度は生存可能であるが、多くの微生物は湿潤環境を好むため、洗濯物は乾燥状態で保管すべきである。

　また、利用者から洗濯物を預かった際には、汚れの場所、種類、程度などを確認し、少しでも疑いや疑問のある洗濯物を預かった場合には、独自で判断することなく、その地域を所管する保健所等へ相談し、適切な対応を心がける必要がある。

　さらに、利用者に対しては、汚れに応じた処理方法を説明するよう努めるとともに、感染性の汚れがある場合は、適切な処理方法を実施することで発生する脱色、生地の傷みなどを事前に伝え、あらかじめ了解をとることが望ましい。

特殊な措置を行うクリーニング業者の
クリーンルーム

（4）営業所の環境整備

　カウンターや作業場所を常に清潔に保つために環境整備を行う。始業前や終業時にカウンターや台座の拭き取り清掃を行うほか、カウンターで利用者から洗濯物を預かる場所は目に見えない汚れもあるため、使用後はこまめに拭き掃除を行う。また、特に人の手が良く触れる場所（ドアノブ、スイッチ、ボタン、レバー等）をこまめに拭き掃除を行う。拭き掃除に加え、消毒用エタノール、界面活性剤などが含まれる住宅用洗剤等を適切な濃度や使用方法で、布やキッチンペーパー等にしみこませてふき取ると、細菌やウイルス除去により効果的である。消毒剤を直接噴霧することは環境表面への散布むらができることと吸入した際に人体への影響があることから、実施は推奨されない。

3. 話題となった感染症

（1）概要

　これまでに話題となった感染症（食中毒を含む）には、エボラ出血熱、エイズ、コ

レラ、O157、ノロウイルス、SARS（サーズ）、新型コロナウイルス感染症（COVID-19）などが挙げられる。

　新型コロナウイルス感染症（COVID-19）は、2019年12月に中国で初めて報告され、世界的な流行が起きた。新型コロナウイルスはSARS-CoV-2という新たなウイルスによる感染症で、主な感染経路は飛沫感染であり、状況によってエアロゾル・空気感染、接触感染がおこりえる。

（2）クリーニング業がかかわる感染症

　クリーニング業の施設がかかわる感染症としては、病院リネンを介したセレウス菌による血流感染症の集団感染がある。感染の原因のひとつとして、病院から洗濯を委託されていたリネンクリーニング業者の工場の連続式大型洗濯機であったと推測される事例があり、病院のみならず、クリーニング業者においても細菌による汚染防止のための管理が重要となる。セレウス菌は環境中に広く存在し、ときに食中毒の原因菌

となる場合があるが、極端に抵抗力の弱い患者では、極めてまれに菌血症などの起因菌となり得る。一般的には、毒性が弱いために除菌する必要がないものの、セレウス菌が形成する芽胞は熱やアルコールには抵抗性であるため、極端に抵抗力の弱い患者が使用する病院リネンにおいては規定に基づいた消毒をする必要がある（「病院、診療所等の業務委託について」平成5年2月15日指第14号及び「感染の危険のある寝具類におけるオゾンガス消毒について」平成19年3月30日医政経発第0330002号）。

（3）食中毒

食中毒については、原因として、細菌、ウイルス、自然毒、化学物質、寄生虫など様々あり、食べてから症状が出るまでの期間やその症状、また、予防方法も異なる。食中毒発生状況は毎年集計し公表されており、直近の2020（令和2）年の発生状況を図Ⅰ-1に示す。特にノロウイルスによる食中毒患者数は年間患者数のうち半数を占めており、食中毒や感染性胃腸炎の防止対策には注意する必要がある。

ノロウイルスに係る吐ぶつやふん便が布団などのリネン類に付着した場合の処理

リネン等は、付着した汚物中のウイルスが飛び散らないようにペーパータオルなどでできるだけ吐ぶつを取り除き、洗剤を入れた水の中で静かにもみ洗いする。その際にしぶきを吸い込まないよう注意する。下洗いしたリネン類の消毒は85℃・1分間以上又は80℃・10分間以上の熱水洗濯が適している。ただし、熱水洗濯が行える洗濯機がない場合には、次亜塩素酸ナトリウム（※）の消毒が有効である。その後、十分すすぎ、高温の乾燥機などを使用すると殺菌効果は高まる。

布団などすぐに洗濯できない場合は、表面の汚物をペーパータオル等で取り除き、スチームアイロンで熱殺菌し、その後布団乾燥機を使うと効果的である。布団乾燥機を使うときには窓を開け、換気を十分に行う。

下洗いの際には次亜塩素酸ナトリウ

病因物質	総数 患者
総数	14,613
細菌	9,632
サルモネラ属菌	861
ぶどう球菌	260
ボツリヌス菌	－
腸炎ビブリオ	3
腸管出血性大腸菌（VT産生）	30
その他の病原大腸菌	6,284
ウエルシュ菌	1,288
セレウス菌	4
エルシニア・エンテロコリチカ	－
カンピロバクター・ジェジュニ／コリ	901
ナグビブリオ	－
コレラ菌	－
赤痢菌	－
チフス菌	－
パラチフスA菌	－
その他の細菌	1

病因物質	総数 患者
ウイルス	3,701
ノロウイルス	3,660
その他のウイルス	41
寄生虫	484
クドア	88
サルコシスティス	－
アニサキス	396
その他の寄生虫	－
化学物質	234
自然毒	192
植物性自然毒	127
動物性自然毒	65
その他	19
不明	351

出典：厚生労働省

図Ⅰ-1　病因物質別食中毒発生状況（2020年）

ムが1,000ppm以上になるようにして消毒する。また、下洗い場所は次亜塩素酸ナトリウム（200ppm）の消毒を行う。次亜塩素酸ナトリウムには漂白作用があり、薬剤の「使用上の注意」を確認するとよい。

※塩素系の漂白剤（使用に当たっては「使用上の注意」を確認しましょう）

（4）インフルエンザ
ア　発症と予防

インフルエンザの感染力は非常に強く、日本では毎年約1千万人、約10人に1人が感染している。その感染防止のためにもインフルエンザに関する知識は必要である。

なお、従業者がインフルエンザにかかってしまったら、高熱が出る、呼吸が苦しいなど具合が悪ければ早めに医療機関を受診し治療する。また、症状が消えるまで接客などはやめる。しかし、従業者や経営者の家族が発症しても、当人に症状がない場合には必ずしも休む必要はない。

インフルエンザウイルス感染による発症
（症状）

• 38℃以上の発熱、頭痛、関節痛などの全身症状が現れる。

• 子供やお年寄りなどは、重症になることもある。

＊風邪の場合は、のどの痛み、鼻汁など局所症状が中心で、全身症状はあまり見られない。発熱もインフルエンザほど高くなく、重症化することはあまりない。

（流行）

• 流行性があり、一旦流行が始まると、短期間に多くの人へ感染が広がる。

• 日本では、例年12月～3月に流行。

インフルエンザを予防する方法
1）流行前のワクチン接種

• 発症する可能性を減らし、もし発症しても重い症状になるのを防ぐ。

2）飛沫感染対策としての咳エチケット

• 咳（せき）やくしゃみをする時は他

①パッケージマスクの表と裏を確認する

②マスクを鼻の形に合わせて隙間を防ぐ

ゴムひもを耳にかけ

③マスクを下まで伸ばし顔にフィットさせる

パッケージマスクがない場合の見分け方ープリーツ編ー

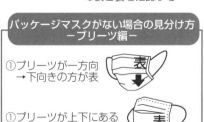

①プリーツが一方向
→下向きの方が表

①プリーツが上下にある
→広げた状態で山形が表

安全なマスクの外し方

①耳付近のゴムひもをつかみ外す

②マスクは表面に触れずビニールに入れて捨てる

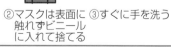

③すぐに手を洗う

マスクの付け方と外し方

の人に向けて発しない。

- 咳やくしゃみが出ている間はできるだけマスクを着用する。
- 咳やくしゃみをする時はティッシュなどで口や鼻を覆う。手のひらで咳やくしゃみを受け止めた時はすぐに手を洗う。

3）外出後の手洗い等

- 流水と石けんによる手洗いは、インフルエンザに限らず感染予防の基本。

4）適度な湿度の保持

- 空気が乾燥すると、のどの粘膜の防御機能が低下し、インフルエンザにかかりやすくなる。

5）十分な休養とバランスのとれた栄養摂取

- 体の抵抗力を高める。

6）人混みや繁華街への外出を控える

- 不織布製マスクを着用することはひとつの防御策。
- 人混みにいる時間は極力短時間に。

イ　新型インフルエンザが大流行した場合の営業は？

　毎年流行する「季節性インフルエンザ」ではなく、「新型インフルエンザ」が発生して大流行した場合に、営業を継続するか否かの判断をする際、その判断基準は地域における発生状況や発生段階によって対応が異なる。これは、2013（平成25）年4月に「新型インフルエンザ等対策特別措置法」が施行され、同年6月に新たな政府行動計画とガイドラインが策定されていることによる。

　政府行動計画には、新型インフルエンザ等の発生前の段階から小康期までの各発生段階別に、国や地方公共団体をはじめとして医療機関や事業者・国民まで、それぞれの役割と対策について記載されている。

　事業者については、新型インフルエンザ等の発生時に備えて職場における感染対策を行うことが求められているので、従業者の健康管理の徹底も含めて事前の準備を行うことが重要である。

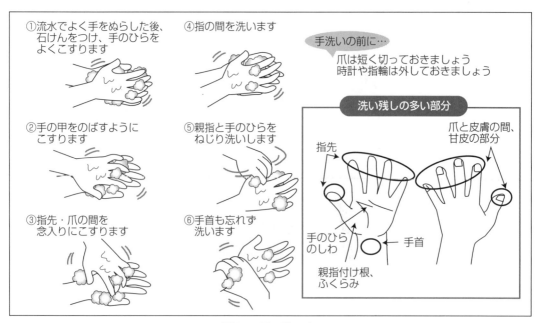

正しい手の洗い方

(5) 新型コロナウイルス感染症 (COVID-19)

ア 感染経路と感染症の特徴

新型コロナウイルス感染症の感染経路は、飛沫感染、エアロゾル・空気感染、接触感染である。主な症状は、発熱・鼻水・のどの痛み・咳といった上気道炎（風邪）症状、嗅覚異常・味覚異常だが、無症状の場合もある。重症化すると肺炎を起こし、酸素投与や人工呼吸管理を要する重症となる場合がある。新型コロナウイルスの潜伏期間は変異株の出現により変動するため最新の情報を入手するよう心がける。

イ 新型コロナウイルス感染症流行時の営業について

新型コロナウイルス感染症流行期には、出勤前の健康チェックとして、発熱、咳、のどの痛み・違和感、鼻水、倦怠感（だるさ）、頭痛、腹痛、下痢の有無について確認し、該当する症状がある場合（同居家族に有症状者がいる場合を含む）には出勤せずに上司に連絡する。また、業務中にも体調不良がみられたら、そのまま業務を継続せずにすぐに上司に報告する。これらの症状について、毎日記録をしておくことも職場の健康管理に有効である。

ウ リネン類の感染対策

新型コロナウイルス患者が使用したリネン類は、感染性があるウイルスが付着している可能性がある。リネン類等を運搬する場合を含め、洗濯する前にリネン類等を扱う場合は手指衛生（流水と石鹸による手洗いまたは手指消毒）が重要である。また、手袋は着用しても良いが、着用し続けて長時間手洗いをしない場合は、環境を感染性があるウイルスで汚染する可能性があり、かえって感染する危険が増す可能性があるため避けるべきである。新型コロナウイルス感染が明らかな人が使用したリネン類等を扱う際は、エプロンを着けることも選択肢である。新型コロナウイルス感染症患者に使用したリネン類等は通常の洗濯と乾燥をすれば、その後は安全に扱うことができる。

リネン類等を扱うことで、ウイルスRNAが舞い上がる可能性があるが、感染性を保ったウイルスが舞い上がり感染した事例は確認されておらず、リネン類を扱う際の感染の可能性を調べる研究でも感染性が疑われるウイルスは空気中から検出されなかった。そのため、エアロゾル・空気感染は、屋外や換気が十分な屋内であればその可能性は極めて低い。ただし、職場内の同僚等に感染者がいる可能性があるため、サージカルマスクの着用、十分な換気、密を避けることは重要である。

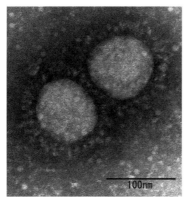 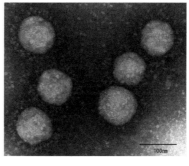

出典：国立感染症研究所ホームページ

電子顕微鏡観察により確認されたウイルス粒子（SARS-CoV-2 新規変異株 VOC-202012/01）

第2章 衛生法規（クリーニング業法他）

1. なぜ、法律の規制が必要なのか

クリーニング業法は、衛生法規の一つとして位置付けられるが、そもそもこのような規制はなぜ行われているのであろうか。衛生法規はその数も多く、いろいろな分野で規制を敷いているが、多くは、公衆衛生を確保するうえで必要な対策を講じることを目的としている。

公衆衛生とは、個人衛生と対比されるように、地域で暮らす多くの人を全体としてみて、その健康を確保していくことを目指している。したがって、疾病の予防や感染症が発生した場合の対応を想定して対策を講じなければならない。

特に、感染症は、それが発生すると社会や経済への影響も大きく、予防には、社会全体で取り組んでいかなければならない。そうした影響の大きさを考えて、本来は自由であるべき様々な営業活動が適正に規制されることにより、社会活動が停滞しないようにする。

衛生法規の目的を示す条文（例）

> クリーニング業法 第1条
> この法律は、クリーニング業に対して、公衆衛生等の見地から必要な指導及び取締りを行い、もってその経営を公共の福祉に適合させるとともに、利用者の利益の擁護を図ることを目的とする。
>
> 化学物質の審査及び製造等の規制に関する法律 第1条
> この法律は、人の健康を損なうおそれ又は動植物の生息若しくは生育に支障を及ぼすおそれがある化学物質による環境の汚染を防止するため、新規の化学物質の製造又は輸入に際し事前にその化学物質の性状に関して審査する制度を設けるとともに、その有する性状等に応じ、化学物質の製造、輸入、使用等について必要な規制を行うことを目的とする。
>
> 食品衛生法 第1条
> この法律は、食品の安全性の確保のために公衆衛生の見地から必要な規制その他の措置を講ずることにより、飲食に起因する衛生上の危害の発生を防止し、もって国民の健康の保護を図ることを目的とする。

2. 規制はどのような形で行われるのか

具体的に、規制はどのように行われているのだろうか。ある分野で規制が行われるということは、社会では自由にその営業を営むことができない。包括的に禁止されることになる。

そして、法律、政令、省令などの衛生法規で規定された条件をクリアした場合に初めて、その営業を行うことができるようになる。

規制の条件としては、一般的には人的な条件と物的な条件とに分けることができる。具体的には、営業に携わる人の資格要件と、営業する施設の要件である。

クリーニング業に即してみれば、資格要件としてクリーニング師が、施設要件とし

て業務用の洗濯機などが挙げられる。

3. なぜ、クリーニング業には規制があるのか

クリーニング業は、営業活動において公衆衛生上の影響があるため、必要な規制が敷かれている。現在の衛生状況が非常に改善されている環境下にあって、基本的に、衣類を介して感染症が蔓延〔まんえん〕する事態は想定されにくいように思えるが、変転する感染症の動向などから、一定の衛生確保の手段を講じる必要性がある。

また、一般的な衣類だけでなく、下着や寝具などのように直接皮膚に接触するもので感染性の分泌物などが付着するおそれのある洗濯物もある。それは後に触れる「指定洗濯物」で、通常の衣類とは異なる取扱いについての規定がされている。ひとたび感染症が発生した場合、衣類の取扱いは感染症拡大防止のために重要な要素となるので、きちんとした対応が必要となる。

さらに、利用者の利益の擁護を図ることもクリーニング業法の目的とされている。1989（平成元）年に、クリーニング師研修等の実施が法律で規定されたが、その後もクリーニング業に対する苦情が減少していない状況を踏まえ、2004（平成16）年には洗濯物の受取り及び引渡しをする際に、利用者に対してあらかじめ洗濯物の処理方法などについて説明をするよう努めるとともに、苦情の申出先を明示することとされた。

加えて、無店舗で車のみの営業をしている場合でも届出義務を課すとともに、業務用の車両の衛生管理について必要な衛生措置を講ずることとされた。

以上のように、クリーニング業法は、従来からの公衆衛生の確保という衛生規制に加えて、利用者の利益の擁護という目的も有する規制法であることに留意する必要が

ある。

4. 利用者の利益の擁護

ア　責任所在の明確化

苦情あるいは事故そのものの発生を未然に防止するため、洗濯物の受取りや引渡しに際し、処理方法等について、利用者に必要な説明をするよう努めることとされている。また、洗濯物の受取りや引渡しに際し、利用者に苦情の申出先を明示することを義務付けている。すなわち、店頭に苦情の申出先の名称、所在地及び電話番号を掲示するとともに、これらを記載した書面を利用者に渡すこととなっている。

この書面は、通常クリーニング店が発行している「領収書」又は「預り証」でよいこととされているが、必須記載事項（クリーニング所の名称、所在地及び電話番号）のいずれかが欠けている場合は、預り証を改訂するか、別途書面を発行することが求められる。

イ　無店舗取次営業者の責務

（ア）無店舗取次営業を行おうとする場合、無店舗取次店の名称、業務用車両の自動車登録番号又は車両番号及び車両の保管場所、営業区域、営業開始の予定年月日、業務用車両の構造の概要等に関する届出を営業しようとする区域ごとに都道府県知事に提出しなければならない。

（イ）洗濯物の受取り及び引渡しに際し、苦情の申出先となるクリーニング所又は無店舗取次所の名称、クリーニング所の所在地又は車両の保管場所並びに電話番号を記載した書面を配付しなければならない。

5. クリーニング業に対する 規制の主なポイント

クリーニング業法における規制には、人的な規制と物的な規制がある。

ア 人的な規制

通常クリーニング所を経営しようとする場合は、クリーニング師を置かなければならない。クリーニング師は、衛生法規、公衆衛生、洗濯物の処理に関する知識について、各都道府県知事が行う試験に合格した者である。クリーニング師は、クリーニング所の衛生管理を総括する実質的な責任者の立場になる。

イ 物的な規制

クリーニング所として、業務を行うには、基準に適合した施設設備が整っていなければならない。業務専用の洗濯機を置いて業を行うことが必要である。これらの施設や設備等の条件は、クリーニング業法に定められているが、その全体像をみるには、各都道府県の条例等にも留意する必要がある。

6. 消毒が必要な洗濯物

(1) 消毒とは

病原体を物理的又は化学的方法により死滅させ、あるいは感染量に達しない程度まで大幅に減少させることを消毒という。これに対して全ての微生物を死滅させてしまうことを、滅菌という。

通常、クリーニング業において、感染症対策として実施されるのが消毒で、その方法には物理的方法（高熱処理法）と化学的処理法（消毒剤処理法）とがある。

(2) 指定洗濯物とは

クリーニング業法第3条第3項第5号に「伝染性の疾病の病原体による汚染のおそ

れのあるものとして厚生労働省令で指定する洗濯物」との規定があり、具体的には次のものを指定洗濯物という（クリーニング業法施行規則第1条）。

①伝染性の疾病にかかっている者が使用した物として引き渡されたもの

②伝染性の疾病にかかっている者に接した者が使用した物で伝染性の疾病の病原体による汚染のおそれがあるものとして引き渡されたもの

③おむつ、パンツその他これらに類するもの

④手ぬぐい、タオルその他これらに類するもの

⑤病院又は診療所において療養のために使用された寝具その他これに類するもの

それでは、指定洗濯物を処理するにはどのようなことが求められているのだろうか。その取扱いに際しては、他の洗濯物と区別して扱い、さらに洗濯するときは、その前に消毒することが必要となる。具体的な処理方法については、通知や指導基準として示されている。

例えば、医療機関におけるリネンについては、医療法において病院寝具類の洗濯業務の委託に関する規定があり、クリーニング所の届出及び使用前の検査を受けていることが条件となっている。

消毒に関して、以下に例示する。

（クリーニング所における消毒方法）
- 蒸気による消毒条件：100℃以上の蒸気に10分間以上触れさせる
- 熱水による消毒条件：80℃以上の熱湯（熱水）に10分間以上浸す
- 塩素系消毒薬（次亜塩素酸ナトリウム、さらし粉など）による消毒条件、消毒薬の投入：遊離残留塩素250mg/L以上の濃度にて、30℃・

5分間以上浸す

- 界面活性剤による消毒条件、消毒薬の投入：逆性石けん液、両面界面活性剤等の殺菌効果のある界面活性剤を使用、適正希釈水溶液中に30℃以上で30分間以上浸す

貸しおしぼりについては、おしぼりの衛生的処理等に関する指導基準が示されている。指導基準では、消毒効果のある塩素剤を使用する方法と、熱湯又は蒸気による消毒後洗濯する方法が挙げられている。

貸しおむつについては、「貸おむつの衛生的処理等に関するガイドライン」があり、塩素剤を用いる方法と、熱湯又は蒸気による消毒後洗濯する方法とが示されている。また、貸しおむつの洗濯を行うクリーニング所の施設、設備及びそれらの管理に関するガイドラインが示されている。

指定洗濯物の取扱い方法について理解しておくことは、消毒という基本的な技術についての知識を持つことになる。

7. クリーニング師の役割

クリーニング師は、クリーニング所の衛生に関して総括する立場にあるが、具体的にはクリーニング所でどのような役割を担っているのだろうか。洗濯物の処理を行うクリーニング所には、必ずクリーニング師がいなければならない。クリーニング師は専門的な知識を有しているとして免許を持っているが、そうした知識を踏まえてクリーニング所の衛生管理の実質的な責任者としての役割を果たさなければならない。

クリーニング所の施設や設備、あるいは器具については、適切な管理が必要であるが、そうした衛生管理を指導的立場から統括し、洗濯物の適正な処理や、有機溶剤を扱っている場合はその適正な使用管理を行

わなくてはならない。

さらにクリーニング所が業務の中で環境などの外部に影響をもたらすことがあるため、環境保全といった面にも配慮していかなければならない。

このように広範囲の業務に従事するクリーニング師は、その資質の向上を図るため、クリーニング業法において研修が義務付けられており、業務に従事した後1年以内に研修を受け、その後3年ごとに研修を受けることとなっている。また、営業者はクリーニング師に対し、研修を受ける機会を与えなければならない。

クリーニング師は、知識、技能を向上させることで事故を防止し、消費者利益の擁護やクリーニング業の経営の健全化を図ること、衣料素材の多様化や廃棄物の減量化などに対応することなど業務課題は尽きることはなく、クリーニング師としての自覚と責任をもって研修を受講することが求められている。

また、クリーニング所の業務に従事する者には講習を受けさせなければならないとされているが、クリーニング師研修を受講した場合は重ねて業務従事者講習を受講する必要はない。

なお、営業者及びクリーニング師の手続き等に関する義務は次のとおりである。

(1) 営業者の届出事項

- 従事するクリーニング師の氏名その他必要な事項を地元の都道府県知事に届出（クリーニング所の開設届）、廃業届出
- 従事するクリーニング師に変更があったときは、速やかに届出

(2) クリーニング師免許の登録

- クリーニング師試験に合格した都道府

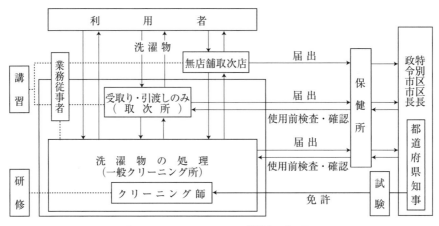

図Ⅰ-2　クリーニング業法の概要

県において免許に関する事項を登録（登録原簿）

- 本籍又は氏名を変更したときは、10日以内に免許を取得した都道府県に対し届出、訂正
- 免許の取消処分を受けたクリーニング師は免許証を返納
- クリーニング師が死亡又は失そう宣告を受けたときは、家族が1か月以内に免許を取得した都道府県に対して免許証を返納

8. 取次店の位置付けとその役割

クリーニング業とは、溶剤又は洗剤を使用して、衣類その他繊維製品又は皮革製品を原型のまま洗濯することを営業とすることをいう。したがって、洗濯をしないで洗濯物の受取り及び引渡しをする、いわゆる取次店はクリーニング業には含まれないことになり、クリーニング師が従事する必要はない。しかし、クリーニング所には、取次店も含まれるので、営業を開始するにあたっては所管の保健所への届出及び使用前の検査が必要となる。

一般消費者にとっては、取次店であるか、洗濯を行うクリーニング所なのかにか

わらず、どちらの店においても清潔で安全な衣類のクリーニングができているかが大切なことで、クリーニング所全体が、消費者の信頼を得ることが必要になっている。

こうした観点から、クリーニング業法は、クリーニング所の業務従事者に対しても講習の受講を求めている。すなわち、クリーニング所の営業者は、クリーニング所の開設後1年以内に、業務従事者の5分の1の者に対して知事の指定する講習を受けさせ、さらに3年ごとに同様に講習を受けさせなければならない。

特に取次店においては、専門家としてのクリーニング師がいないことから、この講習の意義が高いといえる。

9. 生衛業の振興

クリーニング業をはじめとする飲食店営業、喫茶店営業、食肉販売業、理容業、美容業、興行場営業、旅館業、公衆浴場業等は、生活衛生関係営業（以下「生衛業」という）といわれる。これらの生衛業の健全な経営の確保を図ることで、公衆衛生の維持増進を図り、さらには利用者・消費者の利益の擁護を目的とした「生活衛生関係営業の運営の適正化及び振興に関する法律」

（以下「生衛法」という）が制定されている。この法律に基づき、次のように様々な制度が設けられている。

（1）振興指針と振興計画

生衛法では、業種ごとに厚生労働大臣が「振興指針」を定めることになっている。さらに、これを受けて都道府県の生活衛生同業組合が「振興計画」を作成し、厚生労働大臣の認定（2015（平成27）年4月から都道府県へ移譲）を受けることになるが、認定を受けた事業については、税制優遇措置（共同利用施設の特別償却制度）や日本政策金融公庫を通じた低利融資を受けることのできる仕組みがある。

なお、各都道府県の組合が作成した振興計画に基づき、営業者が所定の事業計画を作成して設備資金及び運転資金を借りた場合、より低い低利融資の仕組み（振興事業貸付制度）が設けられている。

（2）全国生活衛生営業指導センターと都道府県生活衛生営業指導センター

生衛法に基づいて、全国及び都道府県に営業指導センターが設立され、生衛業の振興と消費者の利益擁護に関する活動が行われている。営業指導センターは、営業者の多くが経営基盤の脆弱な中小零細事業者であることに鑑み、営業者が直面する経営課題や衛生問題に対するきめ細やかな相談・指導業務を行っており、また、組合加入の働きかけ、公衆衛生情報の提供機能の強化といった取組を行うことが期待されている。

（3）標準営業約款制度（Sマーク制度）

標準営業約款制度（Sマーク制度）は、生衛法に基づいて、全国生活衛生営業指導センターが厚生労働大臣の認可を受けて、現在、

図Ⅰ-3 標準営業約款（Sマーク）制度

クリーニング業、理容業、美容業、一般飲食店営業、めん類飲食店営業の5業種について設定されている。登録店になると、標準営業約款登録店である旨を表示する標識（Sマーク）と約款の要旨を掲示し、利用者に対して、サービスを受ける際の選択の利便を図ることとしている。

（4）組合員資格の維持

クリーニング業においては、近年、営業者の高齢化等の理由から、「一般クリーニング所」から「取次業」への業態転換を希望する生活衛生同業組合員が多い。しかし、実際に業態転換した場合には、生衛法の適用対象から外れ組合員資格を維持できなくなることから、共済制度等の組合員としてのメリットも喪失するため、業態転換が進まない一因となっていた。

これらの実態を踏まえ、2004（平成16）年のクリーニング業法の一部改正においては、同年4月16日において、「一般クリーニング所」を営んでいた者が、同日以降に「取次業」へと業態転換を図った場合においても、引き続き生活衛生同業組合員資格を維持できることが定められた。

LDマーク

洗太くんとカゴちゃん

第3章　環境や従業員を守るための規制

1. クリーニング業とのかかわり

　衛生法規は、主に公衆衛生の確保の観点から規制されているが、一方で、公衆衛生と密接な関係を持つ地域環境、地球環境という面にも目を向けなければならない。こうした環境の悪化は、ひいては健康被害につながり、公衆衛生の確保を困難にしてしまうからである。

　環境問題は、1970（昭和45）年頃から法律の整備が進められ、現在では、環境を取り巻く諸問題に対応した法整備が行われている。クリーニング所も、洗濯に様々な化学物質を使い、しかもその化学物質が人体や環境に対する影響があることから、その化学物質に応じて法律の規制対象施設として規制を受けている。

　そこで、クリーニング事業者は、環境や従業員を守るため、こうした関連する法律について十分理解しておくことが求められている。

　法体系としては、クリーニング所が直接公共用水域に有害物質を排出する場合、水質汚濁防止法の特定施設としての規制（公共下水道の場合は、下水道法の特定施設としての規制）がある。

　また、テトラクロロエチレンなどの溶剤の化学物質が染み込んだ廃棄物、あるいはその廃油を産業廃棄物処理業者に処理を依頼する場合、廃棄物の処理及び清掃に関する法律の規制がある。

2. 施設の立地、構造や設備について

　クリーニング所の立地から構造や設備については、様々な法律で規制の対象となっている。

（1）ドライクリーニングを営む工場の立地の制限

　建築基準法では、安全性の観点から、引火性溶剤を用いるドライクリーニングを営む工場については、住居系地域や商業系地域における立地（建築）を禁止している。

　この中で、ドライクリーニング工場に対する用途地域規制は、大きく以下の2つに分けられる。

ア　引火性溶剤を用いるドライクリーニングを営む工場

　工業系用途地域においては立地可能だが、住居系・商業系用途地域では、工場の規模等にかかわらず、一律に立地が制限される（表Ⅰ－1）。

イ　上記以外のドライクリーニングを営む工場

　工業系用途地域においては立地可能だが、住居系・商業系用途地域では、原動機を使用する工場である場合は、作業場の床面積に応じて立地が制限される（表Ⅰ－1）。

　ただし、建築基準法の成立以前（1950（昭和25）年以前）に稼働していた工場や工場の建築時には引火性溶剤が制限されていない用途地域であった場合で、その後に引火性溶剤が使用できない用途地域になったものであれば既存不適格建築物となり、一定規模以上の増改築や改修が行われなければ違法でない。しかしながら、違反が判明したドライクリーニング工場は、国土交通省が示している「引火性溶剤を用いるドライクリーニングを営む工場に係る建築基準法用途規制違反への対応及び同法第48条の規定に基づく運用について」（技術

的助言)を積極的に活用することが望ましい。

また、2010（平成22）年から「クリーニング所における衛生管理要領」に引火性溶剤の取扱いについて追加されており、国土交通省が示している引火性溶剤の使用に伴う安全対策措置とともに、その対策を講じることにより安全性が向上していくことが期待される。消費者に安全・安心なクリーニングサービスを提供することは極めて重要であり、クリーニング業界の自主的な取組みの推進を図ること等の対応が求められる。

（2）特定施設としての義務

水質汚濁防止法では、健康被害を生ずるおそれのある物質を含む汚水又は廃液を排出する施設や生活環境に被害を生ずるおそれのある程度の汚染又は廃液を排出する施設を特定施設として位置付け、公共用水域へ水を排出する者で特定施設を設置しようとするときに届出をさせるなどの規定を設けている。

クリーニング所においては、洗濯業の用に供する洗浄施設が特定施設に該当する。

したがって、特定施設として自治体への届出、排水基準の遵守、測定と記録、事故時における届出などの義務がある。

（3）地下水汚染防止のための義務

水質汚濁防止法では、有害物質による地下水の汚染を未然に防止するため、有害物質を使用・貯蔵等する施設の設置者に対し、地下浸透防止のための構造、設備及び使用の方法に関する基準の遵守、定期点検及びその結果の記録・保存を義務付ける規定等が設けられている。

クリーニング業で使用されるテトラクロロエチレン、フッ素系溶剤も対象物質となるため、これらを使用するクリーニング所では対応が必要となる。

全てのクリーニング所において、床面をコンクリートなどの不浸透性の素材で覆うことや、防液堤又はステンレス鋼の受け皿を機械に設置するなどの措置が必要とされているが、環境省による「地下水汚染未然防止のための構造と点検管理に関する事例集及び解説」では、ドライクリーニング機の床面及び周囲について防波堤又はステン

表Ⅰ-1　石油系ドライクリーニングに係る用途地域規制（法別表第2）

		第一種低層住居専用地域	第二種低層住居専用地域	第一種中高層住居専用地域	第二種中高層住居専用地域	第一種住居地域	第二種住居地域	準住居地域	近隣商業地域	商業地域	準工業地域	工業地域	工業専用地域
①引火性溶剤を用いるドライクリーニングを営む工場		×	×	×	×	×	×	×	×	×	○	○	○
②上記以外のドライクリーニングを営む工場	原動機を使用する工場で、作業場の床面積の合計が50m²以下の工場	×	×	×	×	○	○	○	○	○	○	○	○
	原動機を使用する工場で、作業場の床面積の合計が150m²以下の工場	×	×	×	×	×	×	○	○	○	○	○	○
	原動機を使用する工場で、作業場の床面積の合計が150m²を超える工場	×	×	×	×	×	×	×	×	×	○	○	○

注）○×は立地の可否を示す

レス鋼の受け皿（A基準）と同等以上の効
果を有する措置を次のとおり解説している。

ドライクリーニング機の床面及び周囲について

　環境省による「地下水汚染未然防止のための構造と点検管理に関する事例集及び解説」では、
ドライクリーニング機の床面及び周囲についてA基準と同等以上の効果を有する措置を次のと
おり解説しています。

ドライクリーニング機

対象	洗濯業の用に供する洗浄施設の床面及び周囲
措置の具体的内容	ドライクリーニング機が設置されている事業場において、受皿や防液堤などは設置されてないものの、クリーニング機が筐体で室内に設置してあり、内部で漏えいがあった際には、揮発した有害物質を検知できる設備を取り付けていることから、漏えいを検知できるようになっている。また、当該機器の中に溶剤の残量を確認するために目盛りが設置されているので、これを使って溶剤の残量や機器の異常の有無について毎日目視点検を行い、記録をつけている。さらにウェスや吸収マットを常備している。
判断理由	クリーニング用の洗浄施設内で供給から回収まで完結し、万が一漏えいが起こった際にも検知設備による検知ができると考えられること、またウェスや吸収マット等を常備して、施設の外に漏えいした際でも流出を防止できる設備及び体制が整備されていることから、流出防止策として同等以上の効果を有する措置が講じられていると判断した。

解説

　防液堤等が必ずしも十分な容量を有していない場合であっても、ウェスや吸収マット等を常
時備え付けることにより漏えいした際に回収できる設備と体制を整備することにより、流出防
止策として防液堤等の設置と同等以上の措置と判断することは可能である。（マニュアル51～52
ページ参照）

　なお、床面（規則第8条の3第1号イ）については、被覆もしくは同等以上の効果を有する
措置（例えば、漏出したものがコンクリートに浸透する前にウェスや吸収マット等で確実に回
収する体制）などにより地下浸透しないための対応が必要である。

---

3. 洗濯溶剤や廃棄物について

　クリーニング所で使用する洗濯溶剤や廃
棄物についても、その取扱や処理の手続き
などが法律で規制の対象となっている。

（1）特別管理産業廃棄物管理責任者の設置

　廃棄物の処理及び清掃に関する法律で
は、廃棄物の不適正処理による環境汚染の
発生を防止するため、廃棄物の種類や性状
に応じた処理基準が定められている。

　クリーニング所で使用されたテトラクロ
ロエチレンや石油系溶剤などを含む廃油等
の廃棄物は、その含有濃度や引火性によっ
ては特別管理産業廃棄物に分類される場合
がある。その処理に関する業務を適切に行
うため、特別管理産業廃棄物が発生するク
リーニング所ごとに特別管理産業廃棄物管
理責任者を置かなければならない。

（2）マニフェストによる廃棄物管理

産業廃棄物の不法投棄などを防止し、適正な処理を確保するため、1998（平成10）年12月1日から産業廃棄物の処理を産業廃棄物収集運搬業者又は処分業者に委託する場合、引渡しの際にマニフェストの交付が義務付けられた（廃棄物の処理及び清掃に関する法律に基づく制度）。

マニフェストとは、「産業廃棄物管理票」のことで、この管理票が業者から業者へ渡されていくが、排出業者は各業者から処理終了のマニフェストが送られてくる仕組みとなっており、委託内容どおり適正に廃棄物が処理されたか確認しなければならない。

なお、2020（令和2）年4月1日からは、前々年度の特別管理産業廃棄物（PCB廃棄物を除く。）の発生量が50トン以上の事業場から特別管理産業廃棄物（PCB廃棄物を除く。）の処理を委託する場合、電子マニフェスト使用義務の対象となっている。

2008（平成20）年度からは、マニフェストを交付した全ての排出事業者に対して前年度1年間（前年4月から当年3月まで）の交付等の状況を報告書にまとめて都道府県知事又は政令市長に提出することが義務付けられている。

※クリーニング所におけるマニフェスト交付等状況報告書の記載例は「Ⅴ　参考資料」を参照

（3）排出量の届出（PRTR制度）

PRTR制度（Pollutant Release and Transfer Register：化学物質排出移動量届出制度）とは、特定化学物質の環境への排出量の把握等及び管理の改善の促進に関する法律（化管法）に基づく環境汚染物質の排出移動登録制度のことであり、有害性のある多種多様な化学物質が、どのような発生源から

どのくらい環境中に排出されたのか、あるいは廃棄物等に含まれて事業所の外に運び出されたのか、というデータを把握して、それを集計し、公表する仕組みである。

具体的には、事業者として常用雇用者数21人以上で、テトラクロロエチレンなど第1種指定化学物質の年間取扱量が1トン以上であるクリーニング所は、環境中に排出した第1種指定化学物質の量と、廃棄物等として処理するため、事業所の外に移動させた量とを、自ら把握して、年1回、様式にしたがい、都道府県知事を経由して、クリーニング業を所管する厚生労働大臣に届け出ることとなっている。

（4）VOCの大気中への排出・飛散の削減努力

VOC（Volatile Organic Compounds：揮発性有機化合物）とは、大気中に排出され又は飛散した時に気体である有機化合物の総称であり、光化学オキシダントや微小粒子状物質（PM2.5）の原因物質である。ドライクリーニングに使用する石油系溶剤やテトラクロロエチレンはこのVOCに該当する。大気汚染防止法では、自主的取組により、大気中への排出・飛散の削減努力が求められている。

ドライクリーニングにおけるVOC削減の手段として、こまめに溶剤容器の蓋や栓をするなどの溶剤容器の管理の徹底、脱臭装置を排出口に設置、溶剤回収乾燥機の導入等により、溶剤からの蒸発に由来するVOCの排出を減らす対応を行うことが有効である。また、ウエットクリーニングやランドリーへの比率を高める等、溶剤を使わないクリーニングの励行も重要である。

（5）フロン類の排出抑制の取組

　環境を守るためには、地球規模に視野を拡げる必要がある。地球環境を守るという視点では、個々の事業の営みがどのような影響を及ぼすのか実感しにくいものの、例えば、異常気象が頻発している状況を見ると、地球上の個々の事業の営みによる影響が小さくても、それらの影響が集積し長期間続くことで大きな影響を及ぼすことにつながっているであろうことを認識しなければならない。よく知られている地球環境に及ぼす影響としては、オゾン層の破壊、地球温暖化、酸性雨、野生生物種の減少、海洋汚染などが挙げられるが、クリーニング業に関連する問題としては、オゾン層の破壊と地球温暖化が該当する。

　地球は、オゾン層が太陽からの紫外線の大部分を吸収することでその影響を防いできた。1980年代初めに、南極や北極上空のオゾン全量が春から初夏にかけて著しく減少していることがわかった。この現象は、オゾン層に穴の開いたような状態となることからオゾンホールと呼ばれ、1990年代半ばにかけて急激に拡大した。この現象は、地球上で使用されてきた特定フロン（CFC、HCFC）等にオゾン層を破壊する作用があることが原因であることが分かり、1987（昭和62）年のモントリオール議定書によって、オゾン層破壊物質の削減・廃止への道筋が定められた。これを受け、国内ではモントリオール議定書を履行するために、1988（昭和63）年に、「特定物質の規制等によるオゾン層の保護に関する法律」を制定し、1989（平成元）年7月に、オゾン層破壊物質の生産及び消費の規制が開始され、2019年（平成31年）までに、特定フロンの生産及び消費は全廃された。

　地球温暖化現象は、世界的に取組む必要のある喫緊の課題であり、地球温暖化が進

むと、海水面が上昇して陸地面積が減少するだけでなく、異常気象が増加し生態系への影響も大きいことが指摘されている。地球温暖化につながるガスとしては、CO_2、メタン（CH_4）、一酸化二窒素（N_2O）、代替フロン（HFCs）等の温室効果ガスが挙げられるが、クリーニング洗浄剤として用いられるHFC-365mfc（ソルカン）も温室効果を有する代替フロンの一種である。日本では、パリ協定に基づき、2050年カーボンニュートラルを達成するため、2030年度の温室効果ガスを2013年度から46％削減することを目指し、さらに、50％の高みに向けて挑戦を続けていくと宣言した。二酸化炭素以外も含む温室効果ガスの全てを網羅し、新たな2030年度削減目標の裏付けとなる対策・施策を記載して新目標実現への道筋を描く「地球温暖化対策計画」等に基づき、温室効果ガス削減対策を進めている。また、オゾン層破壊効果はないものの高い温室効果を有する代替フロンを規制対象に追加したモントリオール議定書キガリ改正を踏まえ、2019（平成31）年1月1日からは、生産及び消費規制も開始された。

　さらに、業務用冷凍空調機器（溶剤冷却装置等）に使用されるフロン類の排出削減に向けては、2001（平成13）年に制定された特定製品にかかるフロン類の回収及び破壊の実施の確保等に関する法律（フロン回収・破壊法）を2013年（平成25年）に改正したフロン類のライフサイクル全体にわたる対策を定めたフロン類の使用の合理化及び管理の適正化に関する法律（フロン排出抑制法）により、フロン類製造・輸入業者及びフロン類使用製品（冷凍空調機器等）の製造・輸入業者に対するノンフロン・低GWP（温室効果）化の推進、機器ユーザー等に対する機器使用時におけるフ

ロン類の漏えいの防止、機器からのフロン類の回収・適正処理等が求められている。加えて、冷凍空調機器の冷媒回収率向上に向け、機器ユーザーの廃棄時のフロン類引渡義務違反に対して、直接罰を導入するなど、関係事業者の相互連携により機器ユーザーの義務違反によるフロン類の未回収を防止し、機器廃棄時にフロン類の回収作業が確実に行われる仕組みを構築するため、2020年4月から同法の改正法が施行されている。業務用冷凍空調機器の使用に当たっては定期的な点検の実施、廃棄の際にはフロン類充填回収業者へと冷媒の回収依頼を適正に実施する必要がある。

このように、フロン類の使用に関する規制は厳格化しているが、クリーニングの洗浄剤としては、引き続き一部で、特定フロンであるHCFCや代替フロンであるソルカンが用いられているが、環境保護の観点からは溶剤の転換が望ましい。ソルカンの使用に伴う温室効果ガスの排出量は、地球温暖化対策の推進に関する法律（温対法）施行令第7条で定める算定方法に基づいて算定される。この排出量が一定量を超えた場合であって、常時使用する従業員が21人以上の事業者である場合には、温室効果ガス排出量を報告する必要がある。

(6) テトラクロロエチレン等の環境中への放出抑制のための管理義務

※労働者を守る規制については「5．労働安全衛生法について」で記述する。

テトラクロロエチレンは環境を汚染し健康障害をきたすおそれがあることから、水質汚濁防止法の有害物質に指定されるなど様々な法律で規制されているため、回収再利用に努め、環境中への放出を極力抑制し、その取扱いには十分配慮しなければならない。

ドライクリーニング機械は密閉度が高く、溶剤自体も蒸留して再利用するなど、ロスをなるべく抑える構造となっているが、古い世代の機種ではいろいろな処理工程からドライクリーニング機の外へ漏出する（図Ⅰ－4参照）。

COLUMN
オゾン層とは

オゾンは酸素原子3個からなる気体である。大気中のオゾンは成層圏（約10～50km上空）に約90％存在しており、このオゾンの多い層を一般的にオゾン層という。成層圏オゾンは、太陽からの有害な紫外線を吸収し、地上の生態系を保護している。また成層圏オゾンは、紫外線を吸収するため成層圏の大気を暖める効果があり、地球の気候の形成に大きく関わっている。

上空に存在するオゾンを地上に集めて0℃に換算すると約3ミリメートル程度の厚さにしかならない。このように少ない量のオゾンが有害な紫外線を防いでいる。

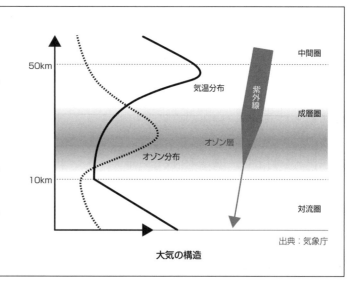

大気の構造

出典：気象庁

漏出した溶剤は、大気、水又は土壌を汚染することになるので、処理工程から漏出する溶剤を回収再利用することにより最小限に抑えることが、環境の汚染を防止するうえで重要である。

特に、水質汚濁防止法では、有害物質であるテトラクロロエチレンの地下浸透を禁止しており、前述したとおり地下への浸透防止のための構造、設備、使用方法に関する基準を定めるとともに、定期点検の実施

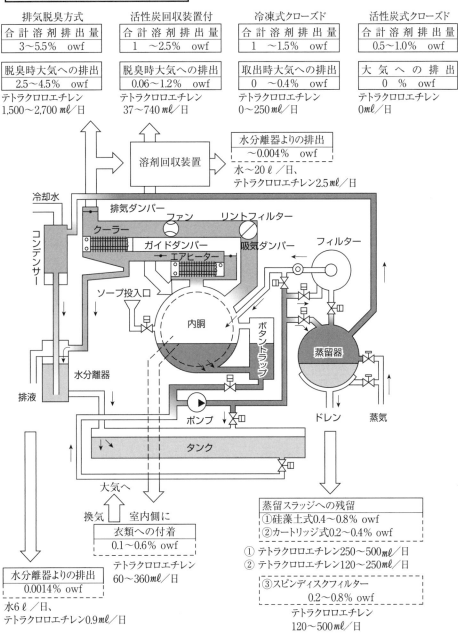

合計溶剤排出量　3～4.5%owf

排気脱臭方式	活性炭回収装置付	冷凍式クローズド	活性炭式クローズド
合計溶剤排出量 3～5.5% owf	合計溶剤排出量 1　～2.5% owf	合計溶剤排出量 1　～1.5% owf	合計溶剤排出量 0.5～1.0% owf
脱臭時大気への排出 2.5～4.5% owf	脱臭時大気への排出 0.06～1.2% owf	取出時大気への排出 0　～0.4% owf	大 気 へ の 排 出 0 % owf
テトラクロロエチレン 1,500～2,700 ㎖／日	テトラクロロエチレン 37～740 ㎖／日	テトラクロロエチレン 0～250 ㎖／日	テトラクロロエチレン 0㎖／日

水分離器よりの排出
～0.004% owf
水～20 ℓ／日、
テトラクロロエチレン2.5㎖／日

溶剤回収装置

冷却水
排気ダンパー
ファン　リントフィルター
クーラー
ガイドダンパー　吸気ダンパー　フィルター
コンデンサー
エアヒーター
ソープ投入口
内胴
ボタントラップ
蒸留器
水分離器
排液
ポンプ
タンク
ドレン　蒸気

大気へ
換気　室内側に
衣類への付着
0.1～0.6% owf
テトラクロロエチレン
60～360㎖／日

蒸留スラッジへの残留
①硅藻土式0.4～0.8% owf
②カートリッジ式0.2～0.4% owf
① テトラクロロエチレン250～500㎖／日
② テトラクロロエチレン120～250㎖／日
③スピンディスクフィルター
0.2～0.8% owf
テトラクロロエチレン
120～500㎖／日

水分離器よりの排出
0.0014% owf
水6ℓ／日、
テトラクロロエチレン0.9㎖／日

注：owfは衣類の乾燥重量あたりの意味

図Ⅰ－4　テトラクロロエチレン機運転時の溶剤排出量の例（10kg機で10回／日の値）

及び点検結果の記録、保存を義務付けている。

ア　点検管理の徹底

　「クリーニング所における衛生管理要領」において、クリーニング事業者は、営業施設ごとに自主管理体制を整備し、クリーニング師及びその他適当な者に点検管理を行わせなければならないとしている。テトラクロロエチレンなどの有機溶剤がもたらす環境への影響の大きさを認識し、日常的に点検することで衛生管理を行う必要がある。また、点検管理を記録に残すことは、日常の点検を習慣化させ確実に実施す

ることや、記録を見直すことで異常に気付くことにもつながるため重要である。

　テトラクロロエチレンの使用方法については、水質汚濁防止法により、管理要領を定めて点検を行い、その結果を点検表に記録し、3年間保存することを義務付けられていることから、クリーニング業における溶剤の日常の管理については、厚生労働省の通知により溶剤の使用に係る保守管理点検表（点検項目を毎日点検、毎週点検、随時点検に分類し、1か月分をひとつの表にまとめたもの。表Ⅰ−2参照）が示されて

表Ⅰ−2　溶剤の使用にかかる保守管理点検表

（Ⅰ）　毎日点検

（　　年　　月）

	点　検　項　目	(日)(曜)	1	2	3	4	5	9	30	31	備　考
施設場所	(1) 床の割れ、受皿・側溝・ためます等への漏出がないか										
	(2) 貯蔵所は直射日光・雨水の防止、換気・冷暗所の維持がよく、容器の腐食・損傷・栓のゆるみはないか										
洗濯物の処理	(1) 前処理には溶剤を使用しないようにしているか										
	(2) 乾燥が速いものと遅いものに分け、適正な負荷量で行っているか										
	(3) 乾燥は機械内で溶剤臭がしなくなるまで行っているか										
ドライ機の操作	(1) 換気装置・ファン・脱臭装置の作動は正常か										
	(2) 密閉状況がよく、各部の溶剤漏れがないか										
	(3) リントフィルター・ヒーター・クーラーのゴミによる詰まりがなく、冷却水の温度・量はよいか										
	(4) 水分離器の管に詰まりがなく、流出状況はよいか										
蒸留器の操作	(1) 突沸させないよう液量を適切に保ち、温度管理や蒸留残渣物の取り出しを適切に行っているか										
	(2) 蒸留の温度保持は適切か。パーク130〜140℃（蒸気圧3〜4kg/cm²）、エタンは100〜120℃（1〜2kg/cm²）										
	(3) 蒸留残渣物は、蒸気又は水（エタンの場合は空気）を吹き込み、よく乾燥させてから取り出しているか（吹き込み蒸気量が多すぎると突沸するので注意する）										
	(4) 蒸留残渣物は、冷えてから取り出しているか										
ガス回収装置	(1) 活性炭式装置は、脱着による回収・乾燥を行っているか										
	(2) 冷却式装置は、冷却効果が十分で正常に作動しているか										
	(3) 水分離器の管につまりがなく、流出状況はよいか										
排液処理装置	(1) 排液の高温化や配管のつまりはないか										
	(2) 曝気式は排液量、曝気空気量、曝気用空気中の溶剤濃度、曝気時間等を適切に管理しているか										
廃棄物の処理	(1) 汚染物は密閉できる専用容器に入れて、専用の貯蔵場所に保管しているか										
	ワッシャー数	(回)									合計　回
	フィルター圧（最終洗浄時）	(kg/cm²)									

（Ⅱ）毎週点検

	点 検 項 目	第1回 日	第2回 日	第3回 日	第4回 日	第5回 日	備 考
ド ラ イ 機	ファン及び脱臭装置の作動						
	①タンク						
	②ポンプ（軸部等）						
	③フィルター（本体・蓋）						
	④蒸留器（本体・掃除口）						
	⑤ボタントラップ（本体・蓋）						
	⑥回収器（ファン・ヒーター・クーラー・ダンパー）						
	⑦配管の継手や弁						
	⑧ゲージグラス・サイトグラス等						
	⑨内胴軸						
	⑩ドア						
	⑪リントフィルターの蓋						
	⑫ダクトの継ぎ目						
	乾燥回収器部のゴミ詰まりの有無						
	水分離器の詰まり・水の流出状態						

（溶剤もれ・シール・パッキング）

	排水濃度	測 定 箇 所	第1回 日	第2回 日	第3回 日	第4回 日	第5回 日	備 考
排液処理装置	測定値（mg/L）	（第2水分離器出口）						（パーク 200mg/L以下）（エタン 1200mg/L以下）
		排 出 水						（パーク 0.1mg/L以下）（エタン 3 mg/L以下）

	排 水 濃 度	第1回 日	第2回 日	第3回 日	第4回 日	第5回 日	備 考
ガス回収装置	測 定 値（ppm）						安定していれば月1回程度の測定でもよい

（Ⅲ）随時点検

	補 給 量 及 び 作 業 点 検	第1回 日	第2回 日	第3回 日	第4回 日	第5回 日	備 考
溶剤の充填作業	溶 剤 補 給 量 （L）						合計 L
	(1) 換気しているか						
	(2) ドライ機を停止し、こぼさないように行っているか						溶剤をこぼした場合は、日時及び処理に関する記録を付けること
	(3) 作業後直ちにドライ機及び容器を密閉したか						

	カ ー ト リ ッ ジ フ ィ ル タ ー 等 の 処 理	第1回 日	第2回 日	第3回 日	第4回 日	第5回 日	備 考
フィルター	(1) 溶剤をよく排出してから取り出しているか						
	(2) 十分に乾燥させているか						

	廃 棄 物 の 種 類	交 換 日	委 託 処 理 の 記 録 委 託 日	委託量(kg)	委 託 先
廃棄物の処理	① フィルターパウダー及び蒸留残渣				
	② カートリッジフィルター				
	③ 活性炭等				

クリーニング営業者は、営業施設ごとに自主管理体制を整備し、クリーニング師及びその他適当な者に点検管理を行わせなければならない（左はクリーニング師免許証見本）

水質汚濁防止法に基づくドライクリーニング機管理要領

1. 目的

　地下水汚染の未然防止の観点から、水質汚濁防止法第12条の４において、有害物質使用特定施設等について、有害物質を含む水の地下への浸透の防止のための構造、設備、使用の方法に関する基準が定められており、これを遵守する必要があります。このうち、使用の方法については、管理要領を定めることとされています。また、水質汚濁防止法第14条第５項において、有害物質使用特定施設等について点検を行い、その結果を記録し、３年間保存することとされています。

　これらの規定に基づき、○○クリーニング[※1]では有害物質使用特定施設であるドライクリーニング機[※2]について、以下の通り管理要領を定め、適正に管理し、また、定期点検を実施します。

※１　事業所名を記載する。

※２　ドライクリーニング機が複数ある場合には、ドライクリーニング機１号２号のように記載する。

2. 使用の方法とその点検について

　イ．ドライクリーニング溶剤等を扱う作業の方法とその点検

　　①ドライクリーニング溶剤を扱うときには、漏えいしないように細心の注意を払って作業を行う。

　　②取り扱っているドライクリーニング溶剤の性状や有害性などを理解して取り扱う。

　　③ドライクリーニング溶剤を含む蒸留残渣を取り出す際は、飛散・流出しないように作業する。

　　④取り出した蒸留残渣は、専用の容器に入れ、容器の密封を確認の上、○○[※3]で保管する。

　　⑤使用済みのカートリッジフィルター、活性炭等のドライクリーニング溶剤を含む汚染物は、専用の容器に入れ、容器の密封を確認の上、○○[※3]で保管する。

　　⑥補充用のドライクリーニング溶剤は、専用の容器に入れ、容器の密封を確認の上、○○[※3]で保管する。

　　※３　保管場所を記載する。

　　◆上記６項目について、年に１度現場の管理者が作業員[※4]の作業状況や理解度を確認する。

　　※４　現場の管理者と作業員が同一の場合は、自主チェックする。

　ロ．設備の作動状況等の確認とその点検について

　　①ドライクリーニング溶剤の漏えいが無いことを目視にて確認し、記録する。（１回／週）

　　②ドライクリーニング溶剤の補充は、床へ飛散させないために機内ポンプ又は、ハンディポンプにより行う。

　　③ドライクリーニング機の水分離器から出る排液を公共用水域や下水道へ放流している場合、排水基準以下で流していることを確認し、記録する。（１回／月）

　　④ドライクリーニング機及び蒸留残渣の容器、ドライクリーニング溶剤を含む汚染物の容器、ドライクリーニング溶剤貯蔵用の容器に亀裂や損傷等が無いことを目視にて確認し、記録する。（１回／週）

　　⑤ドライクリーニング機を設置した床面及び蒸留残渣の容器、ドライクリーニング溶剤を含む汚染物の容器、ドライクリーニング溶剤貯蔵用の容器を保管している床面等にひび

割れ等が無いことを目視にて確認し、記録する。（1回／週）

ハ．ドライクリーニング溶剤が漏えいした場合の措置とその点検

①ドライクリーニング溶剤の漏えいがある場合は、即座に機械を停止し、漏えい防止策を実施する。

②ドライクリーニング溶剤が床に漏えいした場合は、速やかにウエスによりふき取りドライクリーニング機内胴に入れ、脱液、乾燥して回収する。

③ウエスは、特別管理産業廃棄物として処理する。

◆上記3項目について、手順を年に1度、現場の管理者が担当者[3]に対応の流れを確認する。

※4　現場の管理者と担当者が同一の場合は、自主チェックする。

3．記録の保存について

イ、ロ、ハについて、別紙に記録し、3年間事務所に保存する。

（別紙（様式）については28〜29ページに記載している）

COLUMN
職場のセクハラ対策は事業主の義務

男女雇用機会均等法において事業主には業種・規模に関わらず職場におけるセクシャルハラスメントについて次のことが義務付けられている。

①事業主の方針の明確化及びその周知・啓発：セクハラの内容、「セクハラがあってはならない」旨を就業規則等の規定や文書等に記載して周知・啓発する

②相談（苦情を含む）に応じ、適切に対応するために必要な体制の整備：セクハラの被害を受けた者や目撃した者などが相談しやすい相談窓口（相談担当者）を設ける

③職場におけるセクハラに係る事後の迅速かつ適切な対応など：セクハラの相談があったとき、すみやかに事実確認し、被害者への配慮、行為者への処分等の措置を行い、改めて職場全体に対して再発防止のための措置を行う

④併せて講ずべき措置：相談者・行為者等のプライバシー保護のための措置を講じ、相談したこと、事実関係の確認に協力したこと等を理由として不利益な取扱いを行ってはならない旨を定め、周知・啓発する

男女雇用機会均等法では、
職場において、労働者の意に反する性的な言動が行われ、

それを拒否したことで解雇、降格、減給などの**不利益を受けること**

職場の**環境が不快なものとなったため、**労働者が就業する上で見過ごすことができない程度の**支障が生じること**

を「職場におけるセクシャルハラスメント」といいます。

【対価型セクシュアルハラスメント】
〈例えば…〉
■出張中の車内で、上司が女性の部下の腰や胸にさわったが、抵抗されたため、その部下に不利益な配置転換をした。
■事務所内で、社長が日頃から社員の性的な話題を公然と発言していたが、抗議されたため、その社員を解雇した。

【環境型セクシュアルハラスメント】
〈例えば…〉
■勤務先の廊下やエレベーター内などで、上司が女性の部下の腰などにたびたびさわるので、部下が苦痛に感じて、就業意欲が低下している。
■同僚が社内や取引先などに対して性的な内容の噂を流したため、仕事が手につかない。

職場とは、〈例えば…〉
▶ふだん働いている場所で…　▶出張先で…　▶取引先の事務所で…　▶顧客の自宅で…　▶取材先で…
▶業務で使用する車中で…　▶アフターファイブの宴会も（業務の延長と考えられるもの）…

水質汚濁防止法　有害物質使用特定施設　ドライクリーニング機点検記録表

点検頻度：液量と機器動作は毎日・排液溶剤濃度は月1度・他は週1度　　　保存期間：3年間

施設設置場所		施設名称	水質汚濁防止法施行令　別表第1 六十七　洗濯業の用に供する洗浄施設
有害物質の種類		該当施設	有害物質使用特定施設

ロ．設備の作動状況等の確認とその点検

					機種名					年月日					
月			先月溶剤量		L	No.				確認者					

日付	液量 L				溶剤の漏えい・亀裂・損傷・ひび割れの有無 （溶剤の漏えいは簡易ガス検知器による点検も可）						ウエスの備え	排液溶剤濃度	機器動作	点検者
	ベースタンク	新液タンク	補充量	合計	ドア	配管	タンク	受皿	蒸留残渣等容器	床面及び周囲				
例	朝測定	朝測定	朝補充											
1														
2														
3														
4														
5														
6														
7														
8														
9														
10														
11														
12														
13														
14														
15														
16														
17														
18														
19														
20														
21														
22														
23														
24														
25														
26														
27														
28														
29														
30														
31														

異常時の対応記入

発生年月日	異常内容	処置内容	処置者	確認者

管理方法
1、溶剤保有量を毎日確認し異常の有無を記録する。
2、溶剤の漏えいが無いことを目視または簡易ガス検知器にて確認記録する。
3、溶剤の漏えいがある場合は、即座に機械を停止し、漏えい防止策を実施する。
4、溶剤が床に漏えいした場合は、速やかにウエスによりふき取りドライ機内胴に入れ回収する。
5、溶剤補充は、床へ飛散させないために機内ポンプまたは、ハンディポンプにより行う。

水質汚濁防止法　有害物質使用特定施設　点検記録表

点検頻度　年１度　　　　　　　保存期間　３年間

施設設置場所		施設名称	水質汚濁防止法施行令　別表第１ 六十七　洗濯業の用に供する洗浄施設
有害物質の種類		該当施設	有害物質使用特定施設

イ．ドライクリーニング溶剤等を扱う作業の方法とその点検

①ドライクリーニング溶剤を扱うときには、漏えいしないように細心の注意を払って作業することを理解して行っている。

②取り扱っているドライクリーニング溶剤の性状や有害性などを理解して取り扱っている。

③ドライクリーニング溶剤を含む蒸留残渣を取り出す際は、飛散・流出しないように作業することを理解して行っている。

④取り出した蒸留残渣は、専用の容器に入れ、容器の密封を確認の上、保管することを理解して行っている。

⑤使用済みのカートリッジフィルター、活性炭等のドライクリーニング溶剤を含む汚染物は、専用の容器に入れ、容器の密封を確認の上、保管することを理解して行っている。

⑥補充用のドライクリーニング溶剤は、専用の容器に入れ、容器の密封を確認の上、保管することを理解して行っている。

ハ．ドライクリーニング溶剤が漏えいした場合の措置とその点検

①ドライクリーニング溶剤の漏えいがある場合は、即座に機械を停止し、漏えい防止策を実施する。

②ドライクリーニング溶剤が床に漏えいした場合は、速やかにウエスによりふき取りドライクリーニング機内胴に入れ、脱液、乾燥して回収する。

③ウエスは、特別管理産業廃棄物として処理する。

上記項目について確認した

年月日		確認者					
確認の方法	イ．①〜⑥	□ 作業者への聞き取り　□ 作業の様子の目視 □ 自主チェック			ハ．①〜③	□ 作業者への聞き取り　□ 作業の様子の目視 □ 自主チェック	

年月日		確認者					
確認の方法	イ．①〜⑥	□ 作業者への聞き取り　□ 作業の様子の目視 □ 自主チェック			ハ．①〜③	□ 作業者への聞き取り　□ 作業の様子の目視 □ 自主チェック	

年月日		確認者					
確認の方法	イ．①〜⑥	□ 作業者への聞き取り　□ 作業の様子の目視 □ 自主チェック			ハ．①〜③	□ 作業者への聞き取り　□ 作業の様子の目視 □ 自主チェック	

年月日		確認者					
確認の方法	イ．①〜⑥	□ 作業者への聞き取り　□ 作業の様子の目視 □ 自主チェック			ハ．①〜③	□ 作業者への聞き取り　□ 作業の様子の目視 □ 自主チェック	

年月日		確認者					
確認の方法	イ．①〜⑥	□ 作業者への聞き取り　□ 作業の様子の目視 □ 自主チェック			ハ．①〜③	□ 作業者への聞き取り　□ 作業の様子の目視 □ 自主チェック	

おり、実態に応じ必要な項目を追加したうえで、点検の実施、記入及び３年間保存することとしている（「テトラクロロエチレン等の取扱いに係る点検管理要領等の作成について」平成元年９月14日衛指第153号）。この他にも、「水質汚濁防止法に基づくドライクリーニング機管理要領」を用い

ることも可能である（26ページ参照）。

イ　大気中への排出ガスの抑制

　大気汚染防止法では、テトラクロロエチレンによるドライクリーニング機（密閉式のものを除く）については、処理能力が１回当たり30kg以上の施設に指定物質抑制基準（既設[※]は$500mg/m^3N$、新設は$300mg/m^3N$）が

設定されており、事業者は当該排出又は飛散を抑制するための措置をとる必要がある。

※既設とは、1997（平成9）年4月1日時点で既に設置されていたもの。

　また、溶剤蒸気の回収処理については、密閉内部脱臭方式ではないドライクリーニング機械の処理能力の合計が、テトラクロロエチレンについては30kg以上の、また、1,1,1-トリクロロエタンについては20kg以上のクリーニング所は、脱臭時に排出する溶剤を回収するための活性炭吸着回収装置などを設置することとなっている。テトラクロロエチレンを使用する密閉内部脱臭方式ではないドライクリーニング機械の処理能力の合計が30kg未満のクリーニング所についても、活性炭吸着回収装置などを設置することが望ましいとして指導されている（「ドライクリーニングにおけるテトラクロロエチレン等の使用管理について」平成元年7月10日衛指第114号）。

ウ　水環境を汚染しないための排液処理

　ドライクリーニング機械から排出される排液は、適正に処理して公共水域、公共下水道などに排出しなければならず、水質汚濁防止法及び下水道法に基づく排水基準に則り、テトラクロロエチレンの排液の管理濃度は0.1mg／L以下、1,1,1-トリクロロエタンの排液の管理濃度は3mg／L以下としている。

　現在は、排液を蒸発させるなどの方法で処理する装置を内蔵したドライクリーニング機も普及しているが、そうした装置を持たないドライクリーニング機でこの管理基準濃度をクリアするために考えられる排液処理装置の系統図を図Ⅰ－5に示した。この際に重要なことは、第2水分離器内の上澄液中のテトラクロロエチレン濃度を200mg／L以下（1,1,1-トリクロロエタン濃度を1,200mg／L以下）になるように管理することである（「ドライクリーニングにおけるテトラクロロエチレン等の使用管理について」平成元年7月10日衛指第114号）。

　主な留意事項を挙げると以下のとおりである。

（ア）蒸留器の突沸を防止する

　突沸とは、蒸留温度が高すぎる場合や溶剤の粘度が上がった場合などに、汚れやドライ洗剤分が溶剤とともに急激に噴き上がり、蒸留コンデンサからときには水分離器まで達して、蒸留溶剤中に混ざることである。これは、蒸留器内の液面が高いと起こりやすく、蒸留器に入れる液量は限度を超

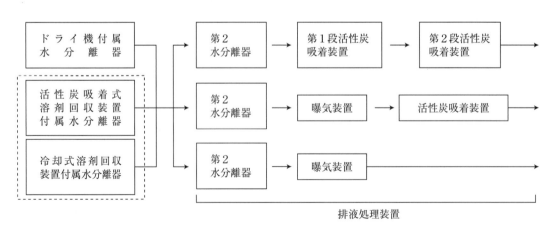

図Ⅰ－5　排液処理装置の系統図

えないように留意しなければならない。一般的には、液面の限度は蒸留器内の３分の２程度である。

また、汚れやドライ洗剤分が多くなると突沸しやすいので、蒸留残渣物をため過ぎないよう、１日１回は取り出すようにする。

定められた蒸留温度及び蒸気加熱式の場合は、蒸気圧力を適正に保持しなければならない。

（イ）第２水分離器の構造要件を満たす

流入排液量を十分処理できる容量を持つこと。特に、溶剤回収装置（活性炭吸着式又は冷却式）あるいは複数のドライクリーニング機からの排液を処理する場合は排液量の変動が大きいので、最大排液量に十分対応できる容量を持たなければならない。内部の水位を外部から監視できるか、又は、一定の水量を超えた場合に自動的に警報を発する構造であること。

底部にたまった溶剤を自動的に排出できるか、又は、容易に取り出せる構造であること。底部の溶剤は常に監視できるようになっていることが望ましい。

（ウ）活性炭式吸着装置又は曝気式装置が正常に作動することを確認する

装置が正常に作動することを確認するためには、処理装置出口でのテトラクロロエチレンなどの濃度の定期的な測定（簡易測定装置でもよい）を励行することが重要である。測定結果が管理基準濃度に近づく傾向がみられる場合は、活性炭の交換、重点的な装置点検により適切に対処する。

（エ）汚染物を貯蔵する

スラッジなどの貯蔵にあたっては、密閉でき、かつ、耐溶剤性の金属製、又は、合成樹脂製の専用の容器に入れ、蓋又は封をして密閉し、保管する。この場合、スラッジなどを直接容器に入れずに溶剤の漏れないポリ袋などに詰め、密閉したうえで専用の容器に入れることが望ましい。

4. 施設廃止時における土壌汚染調査の実施と報告について

有害化学物質による土壌汚染の防止に関しては、水質汚濁防止法では、有害物質の地下浸透の規制があり、廃棄物の処理及び清掃に関する法律では、廃棄物の埋め立て方法の規制など、法的拘束力を伴う仕組みによりその対策がとられてきている。

有機溶剤等使用の注意事項
一　有機溶剤の人体に及ぼす作用
　　主な症状
　（1）頭痛
　（2）けん怠感
　（3）めまい
　（4）貧血
　（5）肝臓障害

二　有機溶剤等の取扱い上の注意事項
　（1）有機溶剤を入れた容器で使用中でないものには、必ず、ふたをすること
　（2）当日の作業に直接必要のある量以外の有機溶剤等を作業場内へ持ち込まないこと
　（3）できるだけ風上で作業を行い、有機溶剤の蒸気の吸入をさけること
　（4）できるだけ有機溶剤等を皮膚にふれないようにすること

三　有機溶剤による中毒が発生したときの応急処置
　（1）中毒にかかった者を直ちに通風のよい場所に移し、速やかに衛生管理者その他の衛生管理を担当する者に連絡すること
　（2）中毒にかかった者を横向きに寝かせ、できるだけ気道を確保した状態で身体の保温に努めること
　（3）中毒にかかった者が意識を失っている場合は、消防機関への通報を行うこと
　（4）中毒にかかった者の呼吸が止まった場合や正常でない場合は、速やかに仰向けにして心肺そ生を行うこと

有機溶剤等使用の注意事項

しかし、工場跡地の売却などの際に調査を行ったところ、土壌に高濃度の化学物質の汚染が見つかり、その除去などの対策を施さなければその土地が利用できない、といった事例が数多く報告されるようになってきたものの、土壌汚染対策に関する法制度がなかった。

そこで、既に発生した土壌汚染について、その状況の把握、汚染の除去といった事後的な対策についてのルールを定めた法律として、2002（平成14）年5月に公布されたのが土壌汚染対策法である。

テトラクロロエチレンやトリクロロエチレンなどの特定有害物質を使用していた「有害物質使用特定施設」については、その施設の使用廃止の時点において、土地の所有者などは、土壌汚染の調査を実施してその結果を都道府県知事に報告しなければならない。

また、土壌汚染により人の健康被害が生ずるおそれがある土地だと都道府県知事が認めるときは、土地の所有者などに調査及びその結果を報告させることができることや、要措置区域等の指定、汚染の除去などの措置の指示、その費用の請求についての規定が盛り込まれている。

5. 労働安全衛生法

労働安全衛生法は、労働災害防止のための「危害防止基準の確立」、「責任体制の明確化」、「自主的活動の促進」などの措置により働く人々が安全で健康に働ける仕組みが定められた法律である。

クリーニング所においても、最低、順守すべきいくつかの事項がある。その主なものは、次の通りである。
　　1．安全衛生管理体制
　　2．危害防止基準の順守
　　3．安全衛生教育
　　4．健康診断
　　5．リスクアセスメントの実施
　　6．クリーニング業における留意事項

ドライクリーニングでは、石油系溶剤を使用することが多いが、テトラクロロエチレンが使用されることもある。その際に遵守すべき労働安全衛生法令上の主な留意事項は、次の通りである。

（1）石油系溶剤

ドライクリーニングで使用する「石油系溶剤」は、有機溶剤中毒予防規則（以下「有機則」という。）では「第3種有機溶剤等」に該当する。従って、ドライクリーニングの業務は、第3種有機溶剤等を用いて行う洗浄の業務に該当し、当該業務が行われる場所が有機則で示す「タンク等の内部」である場合、有機則の設備の規定が適用される。ここで言う「タンク等の内部」とは、通常、ドライクリーニングの作業の行われている作業場が該当する。有規則では、天井、床及び周壁の総面積に対する直接外気に向かって解放されている窓、その他の開口部の面積の比率（開口率）が3％以下の屋内作業場も「タンク等の内部」に該当することとされているので、有機則の設備の規定が適用される。その際、発散源を密閉する装置、局所排気装置、プッシュプル型換気装置のほか、所定の排風能力を有する全体換気装置の設置でも適法とされている。

そこで石油系溶剤を使用したドライクリーニングの業務を行う場合に遵守すべき主な事項は、次の通りである。
①有機溶剤作業主任者の選任
②設備の基準に求められる設備の設置（設置・主要構造部分の変更にあたっては所轄労働基準監督署へ「計画の届出」が必要）
③設備の基準に従って設置した設備の定期

自主検査及び点検の実施（問題があった場合の補修を含む）とその記録の保存

④有機溶剤等取扱い上の注意事項の掲示と有機溶剤等の区分表示（第3種有機溶剤等の場合は「青」）

⑤特殊健康診断の実施

⑥有機溶剤の入った空容器の保存方法

　なお、使用する溶剤が「第2種有機溶剤等」に該当する場合は、作業環境測定の義務が生じる。また、設備の基準では第3種有機溶剤等に認められる全体換気装置は認められず、作業場所には、必ず、発散源を密閉する装置、局所排気装置又はプッシュプル型換気装置を設置しなければならない。

（2）テトラクロロエチレン

　最近では少なくなっているが、ドライクリーニングではテトラクロロエチレンも使用されている。

　テトラクロロエチレンは、最近の知見によりヒトに発がんの恐れがあるため、2014（平成26）年11月から従来の有機溶剤から特定化学物質とされ、特定化学物質障害防止規則（以下「特化則」という。）により「特別有機溶剤」として規制されている。

　そこでテトラクロロエチレンを使用したドライクリーニングの業務を行う場合に遵守すべき主な事項は、次の通りである。

①特定化学物質作業主任者の選任（有機溶剤作業主任者技能講習終了者から）

②発散源対策（有機則の第2種有機溶剤等の規定が準用される。）

③作業環境測定の実施、評価に基づく改善措置

④特殊健康診断の実施

⑤発がん性を踏まえた措置

1）作業記録の作成及び保存（30年間）

2）有害性等の掲示

3）作業環境測定の結果。その評価の結果、特殊健康診断結果等の記録の保存（30年間）

4）事業場を廃止する時（当該作業を止めるのではなく、事業場そのものを無くす場合）には、30年間保存することとされている特殊健康診断や作業記録等で保存期間の残っているものは所轄労働基準監督署に提出する。

テトラクロロエチレンに関する掲示の例

第4章　環境保護に関する取組みと法規

1. クリーニング業とSDGsの取組みについて

（1）SDGsとは

SDGs（Sustainable Development Goals：持続可能な開発目標）とは、2015年に開催された国連の「持続可能な開発サミット」で採択された国連が主導する取組みである。

世界が2030年までに達成すべき17の目標とその目標をより明確化した169のターゲット、さらにはターゲットごとに指標が公表され、目標値や達成度を管理できる仕組みとなっている。

日本では近江商人の経営哲学のひとつとして「三方良し（売り手良し、買い手良し、世間良し）」が広く知られているが、これになぞらえ、SDGsは「未来良し」という時間軸を加えた「四方良し」と言われることもある。

SDGsの17の目標の内容は多岐にわたっており、一見するとそれぞれ独立しているが、スウェーデンの研究者であるヨハン・ロックストローム博士が考案したSDGsウェディングケーキモデルを用いて、経済・社会・環境に分けて整理すると全体の関係性が見えやすくなる。

このモデルでは、環境（目標6、目標13、目標14、目標15）が基盤にある考えが、その中に社会（目標1、目標2、目標3、目標4、目標5、目標7、目標11、目標16）、さらにその中に経済（目標8、目標9、目標10、目標12）が成立し、さらに国や企業をはじめとした全世界の人々のパートナーシップ（目標17）により取組むことを示している。

このように、SDGsが掲げる17の目標が、それぞれ包括的に現在と未来の持続可能な社会の骨格を形成していることが分かる。

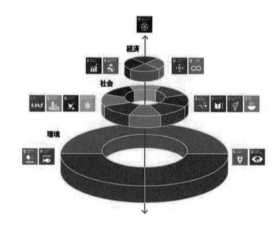

また、SDGsにあるのは17の目標と169のターゲットのみで法令のように細かいルールもなければ、目標未達による罰則もないなど、明確な答えはないものであるが、我々社会や1人1人がやれることを、できる範囲で最適なやり方で拡げることが、ムリのない持続可能な取組みであり、社会全体の未来に向けた取組みともなっていく。

（2）クリーニング業がSDGsに貢献できること

クリーニング業は、SDGsの提唱より以前に地球環境問題への取組みや国民の豊かで暮らしやすい生活など、多大な貢献を果たしてきた。

中でも、ハンガーや包装用ビニールなどのプラスチック素材を用いた資材の利用も多く、これら資材のリサイクルやゴミ削減などの活動についてもSDGsと深く関係していることから、クリーニング業とSDGsとの関係において、目標7、8、12に関連する取組みの一例を示した。

＊各事例はあくまで例示であり、下記に示した以外の目標に該当する場合もある。

（3）SDGsを通したクリーニング業の将来の姿について

上記のとおり、クリーニング業は地球環境問題への取組みや国民の豊かで暮らしやすい生活など、これまでも多くの貢献を果たしてきたところである。

一方、2019年の新型コロナウイルス（COVID-19）の感染拡大に伴う、テレワークの普及とワイシャツ着用機会の減少、ファストファッションの普及など、クリーニング業を取り巻く環境は一層厳しさを増している。

このような厳しい環境にあって、国内でもその活動と普及の拡がりを見せているSDGsの取組みについて、クリーニング業でも「社会的注目を集めるビジネスチャンス」と捉え、創意工夫を施しながら自分たちに適した方策でSDGsを事業に取り込んでいくことが求められる。

2．プラスチック資源循環促進法

（1）プラスチックを巡る動き

近年、プラスチックごみによる世界的な海洋汚染や地球温暖化などの諸課題を背景に、国内でもプラスチックの資源循環に向けて、さらなる体制強化が求められているが、これらに対応するため、プラスチック資源循環促進法が令和4年4月に施行された。

同法により、プラスチックごみの削減や資源循環に向けて、クリーニング業者でもプラスチックの3R（Reduce、Reuse、Recycle）＋ Renewable（再生プラスチックやバイオマスプラスチックの利用）の取組みが求められる。

目標		事例
目標7 7 エネルギーをみんなにそしてクリーンに	すべての人々の、安価かつ信頼できる持続可能な近代のエネルギーへのアクセスを確保する	・省エネ設備の導入 ・再生可能エネルギーの使用 ・集配ルートの最適化 ・電気自動車の導入 ・エアコンの温度設定
目標8 8 働きがいも経済成長も	包摂的かつ持続可能な経済成長及びすべての人々の安全かつ生産的な雇用と働きがいのある人間らしい雇用（ディーセント・ワーク）を促進する	・ワークシェア ・従業員のスキルアップの支援 ・健康経営の導入・実践 ・障害者雇用・支援
目標12 12 つくる責任つかう責任	持続可能な生産消費形態を確保する	・プラスチックハンガーの回収・再利用・不使用・再資源化 ・古着や制服の下取りやリサイクル ・エコバックの配布 ・レジ袋の有料化 ・天然素材の石鹸や洗剤の使用

（2）プラスチック資源循環促進法

　プラスチック資源循環促進法に基づき、クリーニング業者にも以下の取組みの履行や促進が求められる。

ア　使用の合理化

　クリーニング業者は、サービスを提供する際に、消費者に無償で提供しているハンガーやポリ包装に関して、使用の合理化の取組みが求められており、具体的な取組みは次のとおりとなっている。

　○提供方法の工夫
- 有償で提供すること
- 提供を辞退した消費者にポイント還元等を行うこと
- 消費者に受取の意思を確認すること
- 繰り返しの使用を促すこと

　○提供する製品の工夫
- 薄肉化や軽量化等、設計が工夫された製品を提供すること
- 再生プラスチックやバイオマスプラスチックを利用した製品を提供すること
- 適切な寸法の製品を提供すること
- 繰り返し使用が可能な製品を提供すること

　上記の取組みのうち、業種や業態に応じて有効な取組みを選択し、使用の合理化を行うことでプラスチックごみ削減を行うことが求められている。

イ　目標の設定

　クリーニング業者は、消費者に無償で提供しているハンガーやポリ包装によるプラスチックごみ削減のための目標を設定し、その達成に向けて実施することが求められている。

ウ　消費者への情報提供

　クリーニング業者は、消費者に無償で提供するハンガーやポリ包装の使用を削減するため、以下の方法などにより、消費者に情報提供をすることが求められている。

- 店頭やウェブサイトなどに、消費者に無償で提供するハンガーやポリ包装の使用を削減するための情報を提供すること
- 消費者に無償で提供するハンガーやポリ包装に、プラスチックごみ削減の重要性についての表示などを記載すること

エ　使用の合理化のための体制の整備等

　消費者に無償で提供するハンガーやポリ包装の使用を削減するための取組みに関する責任者を設置する等、必要な体制を整備することが求められている。

　また、従業員に対してもハンガーやポリ包装の使用の削減のための取組みに関する研修等を行うこととされている。

オ　使用の合理化の実施状況の把握等

　クリーニング業者は、消費者に無償で提供するハンガーやポリ包装の提供した量、プラスチックごみ削減のために行った使用の合理化の取組みの内容や効果を適切に把握し、把握した情報をウェブサイトなどで公表をするよう努めること、とされている。

カ　プラスチックの産業廃棄物の削減と再資源化等

　事業活動に伴って生じるプラスチックの産業廃棄物について、これまでは排出事業者の責任に基づき適正な処理が進められる中で、一定の分別・再資源化等が行われてきたが、さらなるプラスチックの資源循環のため、今後は廃棄物の削減・分別・再資源化等に積極的に貢献することが求められる。

　このため、クリーニング業者が取組むべき事項として、

- 事業者自らによるプラスチックの産業廃棄物の削減・再資源化等の目標設定（前年度に250トン以上プラスチックの産業廃棄物を排出した多量排出事業者に限る。）
- 計画の策定、サービスの提供過程の工夫によるプラスチックごみ削減、

・プラスチックごみの分別の徹底・再資源化等の推進、などを行う必要がある。

（3）これまでのクリーニング業界の取組みとさらなる促進に向けて

クリーニング業界は、エコバックの推進やプラスチック製品のリユースなど、他の業種より先んじて環境保全の取組みに積極的に努めてきた業界であり、プラスチックごみ削減や資源循環についても、次のような取組みを推進してきた。

ア　ハンガーの再利用

消費者に提供したハンガーを回収・消毒等を適切に行うことで、ハンガーの再利用の取組みを推進

イ　再生プラスチックの利用

ハンガーに使われている原料に再生プラスチックを利用することで、プラスチックの資源循環の取組みを推進

ウ　プラスチック製品の薄肉化・軽量化の取組み

ハンガーや製品のポリ包装について、薄肉化や軽量化の取組みを進め、プラスチックの使用量の削減に貢献

これらの取組みは、プラスチック資源循環促進法で求められている使用の合理化の取組みをはじめ、同法の目的とも合致するものであり、今後もさらに取組みを進めていく必要がある。

さらに、これらの取組みは事業者や業務従事者だけでなく、消費者やお客様の理解と協力も不可欠であることから、クリーニング業界が今まで地球環境問題や資源循環社会に積極的に貢献してきたこと、さらに貢献をしていくことをアピールすることが求められる。

また、プラスチックごみ削減や資源循環への取組みは、SDGsにも貢献するとともに、「クリーニング業はSDGsに積極的に取組んでいる業界である」ことを広く消費者や社会に認知してもらうことが望まれる。

プラスチック有料化の対象となる「特定プラスチック使用製品」は、12製品。
クリーニング店は、ハンガー、衣類用のカバー

対象製品	対象業種※
①フォーク　②スプーン　③テーブルナイフ④マドラー　⑤飲料用ストロー	●各種商品小売業（無店舗のものを含む） ●飲食料品小売業（野菜・果実小売業、食肉小売業、鮮魚小売業及び酒小売業を除き、無店舗のものを含む） ●宿泊業 ●飲食店 ●持ち帰り・配達飲食サービス業
⑥ヘアブラシ　⑦くし　⑧かみそり⑨シャワーキャップ　⑩歯ブラシ	●宿泊業
⑪衣類用ハンガー　⑫衣類用カバー	●各種商品小売業（無店舗のものを含む） ●**クリーニング業**

出典：総務省

第5章 クリーニング業法の逐条解説等

1. クリーニング業法の逐条解説（抜粋）

> （目的）
> 第1条 この法律は、クリーニング業に対して、公衆衛生等の見地から必要な指導及び取締りを行い、もつてその経営を公共の福祉に適合させるとともに、利用者の利益の擁護を図ることを目的とする。

(1) 本条は、クリーニング業法の目的を定めた規定であり、この法律の解釈及び運用はこの目的に沿って行わなければならない。（略）本条は、指導及び取締りに際しての基本的考え方としての意味を有する。

(2) 本条前段の「クリーニング業に対して、公衆衛生等の見地から必要な指導及び取締りを行い」というのは、本法の規制の対象がクリーニング業であること、及びその規制の手段が公衆衛生等の見地から必要な指導及び取締りを行うことであることを示している。すなわち、本法によるクリーニング業に対する規制は、公衆衛生の観点から行うものに重点がおかれるものの、必ずしも、これに限定されるものではなく、例えば、洗濯機及び脱水機の設置に関する規制のようにクリーニング業の経営の合理化、近代化を促進するための規制を行うことも、クリーニング業の経営を公共の福祉に適合させることに役立つものであれば認められることとなる。また、利用者の利益擁護を図る観点からは、苦情の申出先の明示義務を課すことも当然に認められることとなる。

(3) 本法による規制は、本条の規定する目的にのっとって行われているが、同様に、第3条第3項第6号の規定により都道府県（保健所を設置する市又は特別区）が条例で定めることとされている、営業者がクリーニング所において講ずべき措置についても、本条の趣旨に従って規定されるべきこととなる。

(4) （略）

(5) 「もつてその経営を公共の福祉に適合させるとともに、利用者の利益の擁護を図ることを目的とする」というのは、本法によってクリーニング業に対して行われる規制は、規制そのものが目的なのではなく、クリーニング業の経営を公共の福祉に適合させ、また、クリーニング業の利用者の利益の擁護を図るということが、規制を課す目的であるということを示したものである。

「経営を公共の福祉に適合させる」とは、国民の衛生及び日常生活の利便に密接に関係しているクリーニング業の経営が、社会公共の利益に反する形で行われることなく、その増進に役立つように行われるようにするということである。具体的には、クリーニング業の衛生措置、技術及びサービス等を改善向上せしめることや、その経営の合理化を図ることなどを意味する。

「利用者の利益の擁護を図る」については、近年におけるクリーニング業に対する利用者側からの苦情の増加や、いわゆる無店舗取次業のような新しい形態のクリーニング業の出現とこれに対する苦情の増加という状況に対処するために、平成16年の法改正により本条に追加されたものである。これを受けて、第3条の2において、利用者に対する洗濯物の処理方法等についての説明義務や利用者が苦情を申し出る際の申出先の明示義務が、新たに規定された。

（定義）

第2条　この法律で「クリーニング業」とは、溶剤又は洗剤を使用して、衣類その他の繊維製品又は皮革製品を原型のまま洗たくすること（繊維製品を使用させるために貸与し、その使用済み後はこれを回収して洗たくし、さらにこれを貸与することを繰り返して行うことを含む。）を営業とすることをいう。

2　この法律で「営業者」とはクリーニング業を営む者（洗たくをしないで洗たく物の受取及び引渡しをすることを営業とする者を含む。）をいう。

3　この法律で「クリーニング師」とは、第6条に規定する免許を受けたものをいう。

4　この法律で「クリーニング所」とは、洗たく物の処理又は受取及び引渡しのための営業者の施設をいう。

(1) 本条は、この法律中で用いられる重要な用語につき、その定義を明らかにした規定である。

(2) 第1項は、本法の規制の対象である「クリーニング業」の定義を明らかにした規定である。すなわち、クリーニング業とは、「溶剤又は洗剤を使用して、衣類その他の繊維製品又は皮革製品を原型のまま洗たくすること」を営業とすることである。

本法でいうクリーニング業の取り扱う洗濯物の範囲は、「衣類その他の繊維製品又は皮革製品」である。つまり、衣類はもちろんのこと、寝具、帽子、ナプキン、テーブルクロス等、繊維又は皮革を材料として製造されたものが対象となる。

次に、クリーニング業において、これらの洗濯物を洗濯する方法は「溶剤又は洗剤を使用して」「原型のまま洗たくすること」である。ここで「溶剤又は洗剤を使用して」とは、

水と洗剤を用いて洗濯する湿式（ランドリー）か、水を用いず溶剤のみを用いて洗濯する乾式（ドライクリーニング）の方法をいう。また「原型のまま洗たくする」とは、洗濯物を解体しないで洗濯することをいう。したがって、例えば洗張りのように、一旦洗濯物を解体して洗濯するような場合には、クリーニング業には含まれない。

また、第1項では、「繊維製品を使用するために貸与し、その使用済み後はこれを回収して洗たくし、さらにこれを貸与することを繰り返し行うこと」がクリーニング業に含まれることを明らかにしているところ、いわゆるリネンサプライ業もクリーニング業に含まれることとなる。

ここで注意を要するのは、たとえ以上のような方法で洗濯を行う場合であっても、洗濯することを「営業」としなければ本法の適用の対象にはならないということである。すなわち、一般家庭において、家族の衣類その他の繊維製品を原型のまま洗濯することは、クリーニング業を営むことにはならない。行政解釈では、「営業」に該当するのは、反復継続して、かつ社会性をもってそのような行為を行われるに至ったときとされており、また、その行為が営利を目的とすることは必要としないと解されている（昭和24年10月17日付け衛発第1048号厚生省公衆衛生局長通知、昭和31年11月27日付け衛環第116号厚生省公衆衛生局環境衛生部環境衛生課長回答等）。

(3) 第2項は、クリーニング業の経営責任者として、本法によって種々の義務が課されている「営業者」の定義を明らかにした規定である。

すなわち、「営業者」とは、第1項において定義されるクリーニング業を営む者と、「洗たくをしないで洗たく物の受取及び引渡しをすることを営業とする者」の双方を含んでいる。ここでいう「洗たくをしないで洗た

く物の受取及び引渡しをすることを営業とする者」とは、いわゆる取次店を営む者であるが、この営業自体は第1項の「クリーニング業」には含まれない点に注意すべきである。

なお、営業者の資格については、特に限定されていない。

(4) 第3項は、「クリーニング師」の定義を明らかにした規定である。「クリーニング師」とは、都道府県知事が行うクリーニング師試験に合格し、都道府県知事から免許を与えられた者をいう。なお、営業者は、クリーニング所（取次店を除く。）には必ず一人以上のクリーニング師を置かなければならないこととされている（法第4条）。

(5) 第4項は、「クリーニング所」の定義を明らかにした規定である。「クリーニング所」とは、洗濯物の処理又は受取及び引渡しのための営業者の施設をいう。ここで「洗たく物の処理」とは、利用者から洗濯を依頼された衣類その他の繊維製品又は皮革製品について、区分、除塵、予洗、洗濯、脱水、乾燥、仕上げ等、利用者に引き渡すことができるような状態におくために必要とされる一切の処理をいうとされている。

なお、配達のようにクリーニング所外で行われる作業は「洗たく物の処理」には含まれない。ただし、洗濯物を原型のまま洗濯することを営業とする者が経営する施設であれば、たとえ、そこで洗濯物の洗濯という作業を行わない場合でも、洗濯物を処理するための全工程のうちの一部、例えば、仕上げや乾燥だけを行う施設についても、本条にいう「クリーニング所」に含まれることとなる。

（営業者の衛生措置等）

第3条 営業者は、クリーニング所以外において、営業として洗たく物の処理を行い、又は行わせてはならない。

2 営業者は、洗たく物の洗たくをするクリーニング所に、業務用の機械として、洗たく機及び脱水機をそれぞれ少なくとも一台備えなければならない。ただし、脱水機の効用をも有する洗たく機を備える場合は、脱水機は、備えなくてもよい。

3 営業者は、前項に規定する措置のほか、次に掲げる措置を講じなければならない。

一 クリーニング所及び業務用の車両（営業者がその業務のために使用する車両（軽車両を除く。）をいう。以下同じ。）並びに業務用の機械及び器具を清潔に保つこと

二 洗たく物を洗たく又は仕上げを終つたものと終らないものに区分しておくこと

三 洗たく物をその用途に応じ区分して処理すること

四 洗場については、床が、不浸透性材料（コンクリート、タイル等汚水が浸透しないものをいう。）で築造され、これに適当な勾配と排水口が設けられていること

五 伝染性の疾病の病原体による汚染のおそれのあるものとして厚生労働省令で指定する洗濯物を取り扱う場合においては、その洗濯物は他の洗濯物と区分しておき、これを洗濯するときは、その前に消毒すること。ただし、洗濯が消毒の効果を有する方法によつてなされる場合においては、消毒しなくてもよい。

六　その他都道府県（地域保健法（昭和22年法律第101号）第5条第1項の規定に基づく政令で定める市（以下「保健所を設置する市」という。）又は特別区については、市又は特別区）が条例で定める必要な措置

(1) 本条は、営業者が、その業務を行うに当たって、常時、必ず実施すべき措置について定めた規定であり、これらの措置の実施義務は、本法によって営業者に課せられる義務の中でも、最も基本的な事項である。

(2) 第1項は、営業者に対して、クリーニング所以外の場所における、営業としての洗濯物の処理を禁止した規定である。「洗たく物の処理」については、第2条の解説で述べたとおり、洗濯物を区分してから、最終的に仕上げに至るまでの一連の工程において行われる作業のすべてを指しており、これらの作業は、その一部といえども、営業として行われる以上は、第5条に基づく届出をし、第5条の2に基づく検査及び確認を受けたクリーニング所で行われなければならない。また、営業者は、自らクリーニング所以外の場所において営業として洗濯物の処理をしてはならないとともに、他人をしてこれを行わせしめることも認められない。

(3) 第2項は、営業者に対して、洗濯物の洗濯をするクリーニング所に、業務用の機械としての洗濯機及び脱水機を、それぞれ少なくとも1台備えることを求めた規定である。（略）

(4) 第3項は、営業者がクリーニング所等において講ずべき衛生上の措置について規定している。ここに規定される措置は、いずれも、公衆衛生の見地から定められているものであって、クリーニング業に求められる衛生措置の核心をなすものである。（略）

　　ア～エ（略）

オ　第5号は、伝染性の疾病の病原体による汚染のおそれのある洗濯物を取り扱う場合においては、当該洗濯物は他の洗濯物と区分し、これを洗濯する際には、洗濯前に消毒すべきことを求めている。ただし、伝染性の疾病の病原体による汚染のおそれがある洗濯物であっても、洗濯自体が消毒の効果を有する方法によってされる場合においては、洗濯前の消毒は不要である。本号の求める措置を講ずべき洗濯物は、厚生労働省令であるクリーニング業法施行規則（昭和25年厚生省令第35号。以下「施行規則」という。）第1条において具体的に定められている。同条ではこれについて、①伝染性の疾病にかかっている者が使用した物として引き渡された物、②伝染性の疾病にかかっている者に接した者が使用した物で伝染性の疾病の病原体による汚染のおそれがあるものとして引き渡された物、③おむつ、パンツその他これらに類するもの、④手ぬぐい、タオルその他これらに類するもの、⑤病院・診療所において療養のために使用された寝具その他これに類するものであり、かつ、営業者に引き渡される前に消毒されていないものとされている。このうち、病院等からの寝具類の洗濯業務については、医療法第15条の2及び医療法施行令第4条の7の規定により、病院等がこれを委託する場合の規制が設けられている。その具体的内容については、「病院等からの寝具類の洗濯業務のクリーニング所に対する委託について」（平成5年2月15日付け衛指第24号厚生省生活衛生局指導課長通知）を参照されたい。また、貸しおしぼりの洗濯については、「貸おしぼりの衛生確保について」（昭和57年11月16日付け環指第157号厚生省環境衛生局長通知）により、貸おむつの洗濯については、「貸おむつの衛生確保について」（平成5年11月25日付け衛指第224号厚生省生活衛生局指導課長通知）により、それぞれ営業者

が遵守すべき処理基準等が定められている。なお、本号に基づく消毒方法ないし消毒と同等の効果を有する洗濯方法については、「クリーニング所における消毒方法等について」（昭和39年9月12日付け環発第349号厚生省環境衛生局長通知）に具体的方法が定められている。

　カ　（略）

（利用者に対する説明義務等）

第３条の２　営業者は、洗濯物の受取及び引渡しをしようとするときは、あらかじめ、利用者に対し、洗濯物の処理方法等について説明するよう努めなければならない。

２　営業者は、洗濯物の受取及び引渡しをするに際しては、厚生労働省令で定めるところにより、利用者に対し、苦情の申出先を明示しなければならない。

---

(1) 本条は、平成16年の法改正により新たに追加された規定である。すなわち、第１条に「利用者の利益の擁護」が本法の目的として加えられたことを受けて、営業者のとるべき利用者の利益擁護のための具体的措置を規定したものである。この改正の背景は、法改正が検討されていた当時、国民生活センターに寄せられるクリーニング業についての苦情が、過去10年にわたり、年間約１万件という高水準で推移していた中で、クリーニング業の利用者に対する洗濯物の処理方法の説明や、苦情処理の重要性が業界の中で強く認識されたことによるものである。

(2) 第１項は、営業者は、利用者との間で洗濯物の受取及び引渡しをしようとするときには、あらかじめ、当該洗濯物の処理方法等について説明するよう努めるべきことを規定している。これは、国民生活センターに寄せられるクリーニング業に対する苦情のうち、予

想に反して汚れが落ちなかった、あるいは、色落ちしたなどの「洗濯物の品質、できあがり」に関する苦情が最も多くを占めていたところ、このような苦情については、店頭等で利用者から洗濯物を受け取る際に、又は仕上げが終わった洗濯物を引き渡す際に適切な説明を行うことで、利用者の理解が得られ、その件数も減少するものと考えられたものである。そして、この説明に際しては、近年の繊維素材の多様化及びクリーニング技術の高度化に伴い、高度な専門的知識に基づく対応も求められ得るものであり、このような説明への対応は、クリーニングについての専門的知識を有しているクリーニング師の活用が望ましい。また、本項の規定する営業者の義務は、努力義務であって、本項違反についての制裁はないが、利用者の信頼を得るためにも、営業者においては、本項の定める措置の履行が強く望まれる。

(3) 第２項は、営業者は、利用者との間で洗濯物の受取及び引渡しをする際には、利用者が苦情を申し出る場合の申出先を明示しなければならないことを規定している。これは、国民生活センターに寄せられるクリーニング業に対する苦情のうち、接客対応に関する苦情も多いという実態において、そのような苦情は、商品やクリーニング技術についての知識が不十分な者が利用者に対応することや、利用者が取次店等に苦情を申し出たとしても、そこでは実際に洗濯をしていないことなどを理由として、洗濯をしたクリーニング所に苦情を申し出るよう告げられるといった、いわば、たらい回し的な対応をされたことも多く含まれていると考えられたことによるものである。

(4) 苦情の申出先の具体的な明示方法は、施行規則で定められている。クリーニング所においては、苦情の申出先となるクリーニング所の名称、所在地及び電話番号を店頭に掲示す

るとともに、洗濯物の受取及び引渡しをしようとする際に、これらの事項を記載した書面を利用者に配布することとされている（施行規則第1条の2第1号）。また、いわゆる無店舗取次店（クリーニング所を開設しないで洗濯物の受取及び引渡しをすることを営業としようとする車両を用いた店舗のこと。）においては、苦情の申出先となるクリーニング所又は無店舗取次店の名称、クリーニング所が苦情の申出先である場合にはその所在地、無店舗取次店が苦情の申出先である場合には営業に用いられる車両の保管場所及び連絡先の電話番号を記載した書面を配布することとされている（同条第2号）。この施行規則の規定によると、苦情の申出先としては、クリーニング所（当該洗濯物を処理した一般クリーニング所又は取次店のいずれか）か、無店舗取次店のいずれかとなるが、いずれの場合においても、利用者からの苦情に対して適切な対応を行うことができるクリーニング所等を苦情の申出先とすべきことは当然である。無店舗取次店を苦情の申出先とすることも可能であるが、利用者の権利の擁護のためには、当該洗濯物を処理した一般クリーニング所等を、苦情の申出先とすることが望ましい。

(5) 苦情の申出先を記載した書面の配布については、利用者が営業者に洗濯物を引き渡した後、仕上げの終わった洗濯物を受け取った後に至るまで、利用者において当該洗濯物に係る苦情の申出先を容易に認識できるような書面を配布すべきである。これについては、「クリーニング所等における苦情の申出先の明示に関する取扱いについて」（平成16年8月24日付け健衛発第0824002号厚生労働省健康局生活衛生課長通知）に具体例が示されているところ、一般に営業者が利用者から洗濯物を受け取る際には、預り証を渡し、当該洗濯物の処理後、預り証と交換に洗濯物を引き渡すという方法が採られていると考えられ

るが、この場合には、洗濯物の受取の際には、苦情の申出先を明示した預り証を渡し、洗濯物の引渡しの際に別途、苦情の申出先を記載した書面を渡すことになろう。

（クリーニング師の設置）

第4条 営業者は、クリーニング所（洗たく物の受取及び引渡のみを行うものを除く。）ごとに、1人以上のクリーニング師を置かなければならない。ただし、営業者がクリーニング師であつて、自ら、主として一のクリーニング所においてその業務に従事するときは、当該クリーニング所については、この限りでない。

---

(1) 本条は、クリーニング所におけるクリーニング師の必置を規定したものである。クリーニング師を必ず置かなければならないのは、洗濯物の処理を行うすべてのクリーニング所（取次店を除く。）である。また、取次店に対する適用が除外されているのは、その業務が直接には洗濯物の処理に関与しないためである。

(2) クリーニング師は、クリーニング所の規模の大小にかかわらず、少なくとも1人置けばよいが、クリーニング師制度の目的が、クリーニング業において高度の衛生上の水準を確保するとともに、近年の繊維製品の複雑化、高度化等の事情に対処し、洗濯技術を向上せしめることによりクリーニング業の健全な発展を図ることにあることからすると、規模の大きいクリーニング所においては、作業部門ごとに1人ずつのクリーニング師を置くことが望ましい。また、平成16年の法改正により第3条の2が追加されたことにより、利用者に対する洗濯物の処理方法等の説明及び苦情処理においては、クリーニング師が有する専門的知識の活用が望まれる。

(3) ただし書は、営業者自身がクリーニング師

である場合、自己の経営するクリーニング所において自らがクリーニングの業務に従事しているときには、別にクリーニング師を雇い入れる必要がない旨を規定したものである。

（営業者の届出）

第5条　クリーニング所を開設しようとする者は、厚生労働省令の定めるところにより、クリーニング所の位置、構造設備及び従事者数並びにクリーニング師の氏名その他必要な事項をあらかじめ都道府県知事に届け出なければならない。

2　クリーニング所を開設しないで洗濯物の受取及び引渡しをすることを営業としようとする者は、厚生労働省令の定めるところにより、営業方法、従事者数その他必要な事項をあらかじめ都道府県知事に届け出なければならない。

3　前2項の規定により届け出た事項に変更を生じたとき、又はクリーニング所若しくは前項の営業を廃止したときは、営業者は、厚生労働省令の定めるところにより、速やかに都道府県知事に届け出なければならない。

---

(1) 本条は、営業者に対して、その営業に関する事項の届出義務を課した規定である。これにより、都道府県知事等（保健所を設置する市又は特別区については、市長又は区長。以下「都道府県知事等」という。）は、クリーニング営業者についての的確な実態把握ができ、適切な指導、監督が可能となる。本条違反の者に対しては、第15条第1号により罰則の対象となる。

(2) 第1項は、クリーニング所を開設しようとするときの届出について規定したものである。具体的な届出方法及び届出事項については、施行規則第1条の3第1項に定められて

いる。

ア〜オ（略）

(3) 第2項は、クリーニング所を開設しないで洗濯物の受取及び引渡しをすることを営業しようとする者、すなわち、無店舗取次店を営もうとするときの届出について規定したものである。本項は、平成16年の法改正により追加されたものであるが、当時、固定した店舗としてのクリーニング所を設けずに、車両のみを用いて洗濯物の取次ぎを行う事業者が現れ、これらの事業者について、洗濯物を受け取ったまま連絡が取れなくなるといった苦情や、これら事業者が正規のクリーニング所に洗濯物を持ち込むのではなく、コインランドリー等で洗濯しているなどといった苦情が寄せられる一方、これら事業者については、クリーニング業法による届出義務が課せられておらず、保健所においてもその営業の実態も把握できなかったことから、これら事業者を取り締まる必要性を生じたことによるものである。

具体的な届出方法及び届出事項は以下のとおりである（施行規則第1条の3第2項）。

ア〜オ（略）

(4) 第3項は、既に届け出た事項に変更が生じたとき、又はクリーニング所・無店舗取次店を廃止したときの届出についての規定である。届出の方法については施行規則に規定されているところ、クリーニング所の開設の届出又は無店舗取次店の営業の届出に準じて行うこととされている（施行規則第1条の3第3項）。

（クリーニング所の使用）

第5条の2　営業者は、そのクリーニング所の構造設備について都道府県知事の検査を受け、その構造設備が第3条第2項又は第3項の規定に適合する旨の確認を受けた後でなければ、当該クリーニング所を使用してはならない。

(1)　本条は、クリーニング所の構造設備について、その開設の当初から十分な衛生措置を確保するとともに、その使用開始前に指導する方が使用開始後に改善を命じるよりも営業者の負担を少なくできることから、クリーニング所を開設しようとする営業者に対して、その使用を開始するに際しては、構造設備について都道府県知事等の検査を受けさせて、その確認を得なければならないとしたものである。

(2)　（略）

(3)　クリーニング所によっては、その性質上、第3条第2項及び第3項に規定される事項の一部についての検査・確認が行われる場合もある。例えば、洗濯物の洗濯をしないクリーニング所においては第3条第2項の規定に適合するか否かの問題は生じないし、また、取次店においては、都道府県が条例で必要な措置を定めない限り、第3条第3項第2号及び第5号の規定に適合するか否かの問題のみとなる。さらに、第3条第3項では、主として行為の方法を規定しているところ、これに適合する旨の確認とは、同項各号に掲げる行為をするのに適する構造設備であることについての確認を行うことになる。

(4)　取次店を、一般クリーニング所に改装する場合のように、構造設備の重要な部分の変更の場合には、クリーニング所の開設後であっても本条の適用があることに注意が必要である。

（地位の承継）

第5条の3　第5条第1項又は第2項の届出をした営業者について相続、合併又は分割（当該営業を承継させるものに限る。）があつたときは、相続人（相続人が2人以上ある場合において、その全員の同意により当該営業を承継すべき相続人を選定したときは、その者）、合併後存続する法人若しくは合併により設立された法人又は分割により当該営業を承継した法人は、当該届出をした営業者の地位を承継する。

2　前項の規定により営業者の地位を承継した者は、遅滞なく、その事実を証する書面を添えて、その旨を都道府県知事に届け出なければならない。

(1)　本条は、営業者に相続、合併又は分割があったときにおける、営業者の地位の承継の手続を規定したものである。本条は、平成8年6月の法改正により追加されたものであり、平成7年3月31日の閣議決定「規制緩和推進計画について」等に基づき、国民負担の軽減及び行政事務の簡素化等の観点から、相続等が発生した場合で、後継者が営業を承継した際に、それまで保有する施設設備が同一であるにもかかわらず、再度開設の届出を行い、使用前検査を受けなければクリーニング所を使用することができないとすることが営業者、行政庁の双方にとって負担となっていたことから、現行規定のとおり改正されたものである。

(2)　(3)　（略）

> （クリーニング師の免許）
>
> **第6条** クリーニング師の免許は、都道府県知事がクリーニング師試験に合格した者に与える。

(1) 本条は、クリーニング師の免許について、誰がどのような者に与えるかを明らかにした規定である。

(2) クリーニング師とは、本条に規定する免許を受けた者をいう（第2条第3項）。この免許は、第7条に規定するクリーニング師試験に合格した者に対して、都道府県知事が与えるものであり、（略）

ア 免許申請手続

　クリーニング師試験に合格した者が、クリーニング師の免許を受けようとする場合、その者が合格した地の都道府県知事にその旨の申請をしなければならない（施行規則第4条）。（略）

イ 免許証の交付

　都道府県知事は、クリーニング師の免許の申請があった場合には、審査の上、申請者に対して免許を与える。免許の付与は、第8条により都道府県が備えることとされているクリーニング師の原簿に登録することによって行われ、都道府県知事は免許を与えたときは、所定の様式による免許証を交付しなければならない（施行令第1条第1項）。（略）

> （登録）
>
> **第8条** 都道府県に原簿を備え、クリーニング師の免許に関する事項を登録する。
>
> 2　この法律に定めるものの外、クリーニング師の免許、試験及び登録に関して必要な事項は、政令で定める。

(1) 本条は、クリーニング師の免許に関する事項を登録するために都道府県に備え付けられる原簿について規定するとともに、クリーニング師の免許、試験及び登録に関して必要な細目的事項を政令に委任する旨を規定している。

(2) 第1項に規定する原簿は、クリーニング師の登録台帳ともいうべきものである。本法においては、クリーニング師の免許という行政行為がどのような形式によって行われるかは示されていないが、医師法や歯科医師法が、医師、歯科医師の免許を、医籍、歯科医籍に登録することによって行っているという例からすると、クリーニング師の免許も、本条第1項の原簿に登録されることによって行われるものと解される。

　なお、この原簿に登録しなければならない事項は、次のとおりである（施行規則第7条）。

・登録番号及び登録年月日
・本籍
・氏名及び生年月日
・登録抹消の年月日及びその事由
・免許証再交付の年月日及びその事由

(3) 第2項は、クリーニング師の免許、試験及び登録に関して、この法律で規定されている事項以外に規定を必要とするような事項については政令で定めることができる旨を規定したものである。これを受けて、施行令に規定がおかれており、さらに施行令第3条の委任を受けて、施行規則に規定がおかれている。その内容は以下のとおりである。

ア　イ　（略）

ウ　免許証の訂正の申請

　　クリーニング師は、その本籍又は氏名を変更したときは、10日以内に免許を付与した都道府県知事に免許証の訂正の申請をしなければならない（施行規則第8条）。一方、クリーニング師から免許証の訂正の申請があったときは、都道府県知事は、免許証を訂正して申請者に交付するとともに（施行令第1条第2項）、原簿を訂正することとなる。

エ　（略）

オ　クリーニング師原簿の登録抹消

　　クリーニング師は、その登録の抹消を申請して、自発的にクリーニング師の身分を失うことができる。この申請を行う際には、免許証を登録地の都道府県知事に返納することとなる（施行規則第10条第1項）。ただし、これにより登録を抹消した者でも、再度免許の申請を行うことによって、クリーニング師の身分を取得することが可能である。

　　クリーニング師が死亡し、または、失踪の宣告（民法第30条）を受けたときは、戸籍法に規定する届出義務者（同居の親族、その他の同居者等）は、1か月以内に免許を付与した都道府県知事に免許証を返納しなければならない（施行規則第10条第2項）。

（クリーニング師の研修）

第8条の2　クリーニング所の業務に従事するクリーニング師は、厚生労働省令で定めるところにより、都道府県知事が厚生労働大臣の定める基準に従い指定したクリーニング師の資質の向上を図るための研修を受けなければならない。

2　営業者は、そのクリーニング所の業務に従事するクリーニング師に対し、前項に規定する研修を受ける機会を与えなければならない。

（業務従事者に対する講習）

第8条の3　営業者は、厚生労働省令で定めるところにより、その業務に従事する者に対し、都道府県知事が厚生労働大臣の定める基準に従い指定した当該業務に関する知識の修得及び技能の向上を図るための講習を受けさせなければならない。

---

(1)　第8条の2、第8条の3の規定は、昭和63年の法改正により追加されたものであり、繊維製品の素材の多様化、クリーニング技術の高度化等に伴い、クリーニング所の業務に従事するクリーニング師及び業務従事者に、より高度の知識・技能が要求される状況になっていたことから、クリーニング師及び業務従事者の資質の向上と知識の修得、技能の向上を図ることを目的として、これらの者に対する研修及び講習を制度化したものである。

(2)　クリーニング所の業務に従事するクリーニング師は、業務に従事した後1年以内に都道府県知事が指定したクリーニング師の資質の向上を図るための研修を受け、その後は3年を超えない期間ごとに当該研修を受けなければならない（施行規則第10条の2）。この際、

営業者は、クリーニング師に対して研修を受講する機会を付与しなければならず、業務多忙等を理由として研修を受講させないことは認められない。

(3) 営業者は、クリーニング所の開設の日から、無店舗取次店の場合にはその営業開始の日から、それぞれ1年以内に当該クリーニング所又は無店舗取次店のクリーニング業務に関する衛生管理を行う者として、その従事者の中からその従事者の数の5分の1（端数を生ずる場合にはその端数を切り上げた数）の者を選び、都道府県知事が指定したクリーニング営業者の業務に関する知識の修得及び技能の向上を図るための講習を受けさせなければならない（施行規則第10条の3第1項）。その後は、3年を超えない期間ごとに同様の方法で選んだ者に対し講習を受けさせなければならない（同条第2項）。

なお、クリーニング師については、第8条の2に規定する研修を受講することにより、業務従事者に対する講習を受講したものとみなされる（同条第3項）ことから、重ねて業務従事者講習を受講する必要はない。

(4) 第8条の2にいう「クリーニング所の業務に従事する」とは、直接、洗濯物の処理又は受取及び引渡しに関する業務に従事することを指しており、クリーニング所において専ら事務的業務に従事するものは研修及び講習の対象には含まれない。第8条の3にいう「その業務に従事する者」についても同様である。

(5) 講習を受けさせるべき業務従事者の算出の基礎となる従事者数は、受講を予定している講習の開催日の属する年度の4月1日現在において施行規則第1条の3の規定に基づき営業者から提出されている届出における従事者数とされている。

研修又は講習を修了した者がクリーニング所等を異動した場合、現に従事するクリーニング所等と異なるクリーニング所等の業務に従事するときに受けた研修又は講習は、現に従事するクリーニング所において受けたものとみなすこととされている。また、クリーニング所等の業務に従事する者が退職、転勤等により異動し、その結果、研修又は講習を受けた者がいなくなった場合は、当該クリーニング所等の営業者は、速やかに他の者に研修又は講習を受けさせるよう指導しなければならない。

（業務従事者の業務停止）
第9条 都道府県知事は、営業者又はその使用人で、洗濯物の処理又は受取及び引渡しの業務に従事するものが伝染性の疾病にかかり、その就業が公衆衛生上不適当と認めるときは、期間を定めてその業務を停止することができる。

---

(1) 本条は、感染症の予防の見地から、営業者及びその使用人で、洗濯物の処理又は受取及び引渡しの業務に従事する者（以下「業務従事者」という。）に対して、公衆衛生上必要な処分を行う権限を行政庁に与えた規定である。

(2) 業務従事者は、不特定多数の利用者の洗濯物を取り扱っているのであるから、これらの洗濯物を通じて、公衆に各種の感染症を感染させるおそれがあるばかりではなく、業務従事者自身も感染症による危険に絶えずさらされている。このため、公衆衛生保持の見地から、クリーニング業についても、感染症に対する予防措置を講ずる必要があるとして、本条の規定が設けられたものである。

なお、事務的な業務に従事している者については、本条の適用はない。

(3) 就業が公衆衛生上不適当と認められる場合とは、その従事者の感染症が相当程度悪く、クリーニングの業務を通じて、一般公衆に感染するおそれが認められる場合である。

(4)(5)（略）

（立入検査）

第10条　都道府県知事は、必要がある
　　と認めるときは、当該吏員に、クリー
　　ニング所又は業務用の車両に立ち入
　　り、第3条、第3条の2第2項及び第
　　4条に規定する措置の実施状況を検査
　　させることができる。

2　第7条の13第3項及び第4項の規
　　定は、前項の規定による立入検査につ
　　いて準用する。

（1）本条は、都道府県知事等のクリーニング所
　　等に対する立入検査権についての規定である。
（2）この立入検査を実際に行うのは、都道府県
　　知事からその権限を委任されたその職員であ
　　り、この職権を行う者は、環境衛生監視員と
　　称されている（施行規則第11条）。
（3）都道府県知事等は、必要があると認めると
　　きは、環境衛生監視員をして、クリーニング所
　　及び業務用車両に対する立入検査を行わせる
　　ことができるが、この検査は、第3条、第3条
　　の2及び第4条に規定する措置の実施状況を
　　把握するためのものであり、第10条の2に規
　　定する措置命令の前提となるものである。
　　　なお、この立入検査は、検査対象営業者の
　　通常の営業時間に行われるべきものであろう。
（4）第2項は、立入検査を行う環境衛生監視員
　　がその身分を示す証票を携帯すべきこと及び
　　この立入検査が犯罪捜査のために認められた
　　ものではないことを規定している。環境衛生
　　監視員は、立入検査の相手方から身分証明書
　　の提示の要求があった場合には、いつでもこ
　　の要求に応じられるように携帯している必要
　　がある。環境衛生監視員が携帯すべき証票は、
　　「環境衛生監視員証を定める省令」（昭和52
　　年厚生省令第1号）によりその様式が定めら
　　れている。

（5）本条による立入検査を拒み、妨げ又は忌避
　　した者に対しては、第16条により罰則の対
　　象となる。

（措置命令）

第10条の2　都道府県知事は、営業者
　　が第3条、第3条の2第2項又は第4
　　条の規定に違反していると認めるとき
　　は、当該営業者に対し、期間を定め
　　て、これらの規定を守らせるために必
　　要な措置をとるべき旨を命じなければ
　　ならない。

（1）本条は、第3条、第3条の2第2項又は第
　　4条の規定に違反していると認められる営業
　　者に対して、これらの規定を遵守させるため
　　に必要な措置をとるべき旨の命令を発する権
　　限について定めたものである。
（2）都道府県知事等は、期間を定めて営業者に
　　対して措置命令を発することとなるが、この
　　期間は、営業者が命ぜられた措置を実施でき
　　るような合理的な期間でなければならない。
　　　なお、営業者が、この命令に従わない場合
　　には、次条の規定に基づく営業停止又はク
　　リーニング所の閉鎖若しくは業務用車両の使
　　用停止の処分の対象となる。

（営業停止処分等）

第11条　都道府県知事は、営業者が前条の規定による命令に従わないときは、期間を定めてその営業の停止又はクリーニング所の閉鎖若しくは業務用の車両のその営業のための使用の停止を命ずることができる。

(1)　本条は、営業者が第10条の2の規定による措置命令に従わないときの営業の停止、クリーニング所の閉鎖及び業務用車両の使用の停止について定めた規定である。

(2)　（略）

(3)　営業の停止とは、当該営業者の営業を全面的に停止させる処分であり、仮に当該営業者が複数のクリーニング所・無店舗取次店を経営しているような場合には、すべてのクリーニング所等が営業停止の対象処分の対象となる。これに対して、クリーニング所の閉鎖及び業務用車両のその営業のための使用の停止は、違反のあったクリーニング所又は業務用車両についてのみ閉鎖又は使用停止を命ずる処分であり、他にクリーニング所を経営している場合や業務用車両を有している場合には、それにより営業することは差し支えない。また、業務用車両の使用停止命令は、営業のための使用の停止を命じるものであり、洗濯物の運搬等、洗濯物を取り扱うために使用するのでなければ、本条違反とはならないものと解される。

(4)　本条による営業停止等の処分に違反した場合には、第15条により罰則の対象となる。

（免許取消）

第12条　都道府県知事は、クリーニング師がクリーニング業に関し犯罪を犯して罰金以上の刑に処せられたときは、その免許を取り消すことができる。

(1)　本条は、クリーニング業に関して犯罪を犯して罰金以上の刑に処せられたクリーニング師の免許取消処分について定めた規定である。

(2)　「クリーニング業に関し犯罪を犯して」とは、本法に違反したことによって第15条又は第16条による罰則の適用を受けた場合のみならず、利用者から寄託された洗濯物を横領して処罰された場合など、クリーニング業の経営に直接関係のある犯罪を含むものである。

(3)　（略）

(4)　免許の取消処分を受けた者は、5日以内に免許証を免許を与えた都道府県知事に返納しなければならない（施行規則第9条）。

（聴聞等の方法の特例）

第13条　前2条の規定による処分に係る行政手続法（平成5年法律第88号）第15条第1項又は第30条の通知は、聴聞の期日又は弁明を記載した書面の提出期限（口頭による弁明の機会の付与を行う場合には、その日時）の1週間前までにしなければならない。

2　第11条の規定による閉鎖の処分又は前条の規定による免許の取消しに係る聴聞の期日における審理は、公開により行わなければならない。

(1)　〜　(6)　（略）

（権限の行使）

第14条　第5条、第5条の2、第5条の3第2項及び第9条から第13条までの規定中都道府県知事の権限に属する事項（ただし、第12条及び第13条については、免許の取消しの場合を除く。）は、地域保健法（昭和22年法律第101号）第5条第1項の規定に基づく政令で定める市又は特別区については、市長又は区長がこれを行うものとする。

2　この法律の規定に基づく都道府県知事、市長又は区長の権限の行使については、その所属の衛生主管部局長及びその所属の職員がこれを補助するものとする。

（1）～（4）（略）

第15条　次の各号の一に該当する者は、5000円以下の罰金に処する。

一　第5条の規定による届出をせず、又は虚偽の届出をした者

二　第5条の2の規定に違反してクリーニング所を使用した者

三　第9条の規定による業務停止の処分に違反した者

四　第11条の規定による営業停止又はクリーニング所閉鎖若しくは業務用の車両のその営業のための使用停止の処分に違反した者

（1）（2）（略）

（3）本条では、罰金の額を5000円以下としているが、この額は罰金等臨時措置法により20000円以下となっている。

第16条　第10条第1項の規定による当該吏員の検査を拒み、妨げ、又は忌避した者は、2000円以下の罰金に処する。

（1）（2）（略）

（3）罰金の額については、罰金等臨時措置法により、20000円以下となっている。

第17条　法人の代表者又は法人若しくは人の代理人、使用人その他の従業者が、その法人又は人の業務に関して、前2条の違反行為をしたときは、行為者を罰するほか、その法人又は人に対しても各本条の刑を科する。

（1）～（3）（略）

2. 都道府県等の定める条例等

　クリーニング所において講ずべき必要な措置については、クリーニング業法第3条第3項第1号から第5号以外に、都道府県、地域保健法の政令で定める市又は特別区が条例で定めることとされている。また、各種の申請・届出は都道府県知事（項目によっては地域保健法の政令で定める市の長又は特別区の長）に行うこととなっており、その様式はそれぞれ細則等で定められている。したがって、これらの条例や細則についても知る必要がある。

3. クリーニング所における衛生管理要領 (昭和57年3月31日。第3次改正平成22年11月12日)

厚生省局長から都道府県知事等に対し以下の要領のクリーニング営業者等に対しての周知徹底を求めたものである。

第1 目的

この要領は、クリーニング所における施設、設備、器具、溶剤等の衛生的管理、洗濯物の適正な処理及び衛生的取扱い、従業者の健康管理等の措置により、クリーニングに関する衛生の向上及び確保を図ることを目的とする。

第2 施設及び設備等

1 クリーニング所は、隔壁等により外部と完全に区分されていること。

2 クリーニング所は、居室、台所、便所等の施設及び他の営業施設と隔壁等により区分されていること。

3 クリーニング所における洗濯物の受取り及び引渡し場（以下「受渡し場」という。）、洗濯場（選別場、洗い場、乾燥場等）及び仕上場は、洗濯物の処理及び衛生保持に支障を来さない程度の広さ及び構造であって、それぞれ区分されていること。

4 洗濯場は、受渡し場及び仕上場と隔壁等により区分されていることが望ましいこと。

5 クリーニング所内の採光、照明及び換気が十分行える構造設備であること。

6 洗濯場の床及び腰張りは、コンクリート、タイル等の不浸透性材料を使用し、清掃が容易に行える構造であること。

7 水洗いによる洗濯物の処理（以下「ランドリー処理」という。）を行うクリーニング所の床面は、容易に排水ができるよう適当なこう配を有し、排水口が設けられてい

ること。排水設備には、阻集器（トラップ）を設けることが望ましいこと。

8 クリーニング所の周囲は、排水が良く、清掃しやすい構造であること。

9 有機溶剤を使用しての洗濯物の処理（以下「ドライクリーニング処理」という。）を行うクリーニング所には、局所排気装置等の換気設備を適正な位置に設けるなど有機溶剤使用に伴い生じる悪臭等による周辺への影響についても十分に配慮すること。

また、気化溶剤の回収を行うための有機溶剤回収装置を備えることが望ましいこと。

10 洗濯物の処理のために洗剤、有機溶剤、しみ抜き薬剤、消毒剤等を使用するクリーニング所には、専用の保管庫又は戸棚等を設けること。

11 洗濯物の処理を行うクリーニング所には、洗濯物を適正に処理できる業務用設備として、洗濯機及び脱水機（又は洗濯脱水機）等を備え、また、乾燥機、プレス機及び給湯設備等を備えることが望ましいこと。

12 仕上場には、洗濯物の仕上げを行うための専用の作業台を設けること。

13 洗濯物の処理を行うクリーニング所の作業場内には、しみ抜きを行う場所を設け、適当な位置に機械的換気設備を設けることが望ましいこと。

14 感染症を起こす病原体により汚染し、又は汚染のおそれのあるものとして、クリーニング業法施行規則第1条に規定する洗濯物（以下「指定洗濯物」という。）を取り扱うクリーニング所には、次の物を備えること。

(1) 未消毒の指定洗濯物を置く専用の場所又は容器

(2) 消毒設備（ただし、消毒の効果を有する洗濯方法により処理される場合は、この限りでない。）

15 クリーニング所には、未洗濯のものと洗

濯済みのものと区分して入れる設備又は容器を備えること。

16 し尿の付着している洗濯物（おむつ等）を洗濯するクリーニング所には、し尿を洗濯前に処理するための場所又は設備を設け、当該処理排水の浄化設備を設けること。ただし、排水が適正に処理される場合は、この限りではない。

17 ドライクリーニング処理を行うクリーニング所には、有機溶剤の清浄化に伴って生じるスラッジ等の廃棄物を入れるふた付の容器を備えること。

18 洗濯物を運搬する車には、未洗濯のものと仕上げの終ったものを区分して入れる専用の容器等を備えること。

19 繊維製品を使用させるために貸与し、その使用済み後は、これを回収して洗濯し、更にこれを貸与することを繰り返して行うクリーニング所又はこれに類する行為を行うクリーニング所（以下「リネンサプライ等クリーニング所」という。）には、回収した洗濯物の選別及び前処理を行う場所又は設備を設け、洗濯物の種類及び汚れの程度に応じて区分して入れる容器等を備えること。

20 受渡し場には、取扱い数量に応じた適当な広さの受渡し台を備えること。

21 仕上げの終った洗濯物の格納設備は、汚染のおそれのない場所に設けること。

第3 管理

1 クリーニング師の役割

(1) クリーニング業法に基づき、洗濯物の処理を行うクリーニング所に必ず設置することとされているクリーニング師は、公衆衛生及び洗濯処理に関する専門知識等を有する者であり、当該クリーニング所の衛生管理を行う上での実質的な責任者となるものであること。

(2) クリーニング師は、前記の趣旨を十分認識し、以下に掲げる施設、設備等の衛生管理、洗濯物の適正な処理、有機溶剤等の適正な使用管理等について常に指導的立場からこれに関与し、クリーニングに関する衛生の確保、改善及び向上に努めるとともに、日頃から関連する研修会、講習会への積極的な参加等により一層の衛生、洗濯処理等に関する知識、技能の向上に努めること。

2 施設、設備及び器具の管理

(1) 施設内は、毎日清掃し、その清潔保持に努め、必要に応じ補修を行い、衛生上支障のないようにすること。

(2) 施設内外は、常に排水が良く行われるように保持すること。

(3) 施設内は、ねずみ、昆虫等が生息しない状態に保つこと。

(4) 施設内には、業務上不必要な物品を置かないこと。

(5) 施設内は、採光・照明を十分にすること。特に、受渡し場、しみ抜き場及び仕上場の作業面の照度は、300Lux 以上であることが望ましいこと。

(6) 照明器具は、少なくとも1年に2回以上清掃するとともに、常に適正な照度維持に努めること。

(7) 施設内、特に引火性溶剤の保管場所、作業所は、換気を十分にすること。特に、ドライクリーニング処理を行うクリーニング所については、大気汚染防止法等に留意し、環境汚染防止に努め、気化した有機溶剤の排気又は回収に配慮すること。

(8) 局所排気装置等の換気設備及び有機溶剤回収装置は、定期的に点検、清掃を行うこと。

(9) 洗濯機、脱水機、プレス機等の機械及び器具類は、常に保守点検を行い、適正に使用できるように整備しておくこと。

(10) 洗濯機、脱水機等の機械、作業台、運搬・集配容器等の洗濯物が接触する部分

（仕上げの終った洗濯物の格納設備又は容器を除く。）は、毎日業務終了後に洗浄又は清掃し、仕上げの終った洗濯物の格納設備又は容器は、少なくとも1週間に1回以上清掃を行い、常に清潔に保つこと。

(11) 洗濯機、脱水機、仕上げ専用の作業台、洗濯物の格納設備又は容器及び運搬・集配容器は、適宜消毒することが望ましいこと。

(12) ドライクリーニング用の洗濯機等は、有機溶剤の漏出がないよう常に点検し、使用中もその漏出の有無について十分留意すること。

(13) プレス機、馬（アイロン仕上げに用いる下ごて）等の被布は、清潔な白布を使用し適宜取り替えること。

(14) 作業に伴って生じる繊維くず等の廃棄物は、専用容器に入れ、適正に処理すること。

(15) 清掃用具は、専用の場所に保管すること。

(16) 特に営業者（管理人を含む。以下同じ。）又はクリーニング師は、毎日クリーニング所の施設、設備及び器具の衛生全般について点検管理すること。

(17) 洗濯機及び乾燥機にアースを設置すること。

3　洗濯物の管理及び処理

(1) 洗濯物の集配、保管等は、未洗濯のもの、洗濯済みのもの及び仕上げの終ったものに区分して衛生的に取り扱うこと。

(2) リネンサプライ等クリーニング所は、回収した洗濯物の種類及び汚れの程度に応じた選別を行い、別々に区分して処理すること。

(3) 受け取った洗濯物については、指定洗濯物を別に区分して取り扱うこと。

(4) 指定洗濯物については、その他の洗濯物と区別して消毒するか、又は消毒の効果を有する洗濯方法により処理し、これが終了するまでは専用の容器等に納め、その他の洗濯物と接触しないよう区分すること。特に、乾燥又は加熱プレスをしないで仕上げ

を行う指定洗濯物（おしぼり等）については、十分な消毒効果の確認に努めること。

(5) 洗濯物の選別又は除じん等の作業は、洗濯済みのものを汚染することのないように行うこと。

(6) し尿等の汚物が付着している洗濯物（おむつ等）の前処理は、本洗の前に所定の場所で行うこと。

(7) 洗濯物の処理は、その種類及び汚れの程度に応じ適正な洗濯方法により行うこと。

ア　ランドリー処理する場合には、適当な洗剤及び薬剤（漂白剤、酵素剤、助剤等）を選定して適量を使用し、処理工程、及び処理時間を適正に調整して行うこと。

イ　ドライクリーニング処理する場合には、選定した有機溶剤に水、洗剤等を適量に混合したものを使用し、処理時間、温度等を適正に調整して行うこと。

(8) ランドリー処理の本洗には、60℃以上の温水を使用することが望ましいこと。

(9) ランドリー処理のすすぎには、清浄な水を使用して少なくとも3回以上行うこと。また、この場合、工程中に強制脱水を行うことが望ましいこと。

(10) ドライクリーニング処理による洗濯物の乾燥は、乾燥機等の装置内で、使用した有機溶剤の種類等に応じて適正温度で行うこと。

(11) ランドリー処理による洗濯物の乾燥を自然乾燥により行う場合は、所定の乾燥場で行うこと。

(12) 洗濯物の処理に使用した洗剤、有機溶剤及びしみ抜き薬剤が仕上げの終った洗濯物に残留することのないようにすること。

(13) 洗濯物のしみ抜き作業を行う場合は、繊維の種類、しみの種類・程度等に応じた適当な薬剤を選定し、しみ抜き場等所定の場所で行うこと。

(14) 洗濯物を防虫・防水等のため薬剤又は

樹脂により特殊加工を施す場合は、その量及び濃度を適正にして使用し、余剰の薬剤等を十分に除去すること。

(15) 仕上作業は、手指を清潔にし、清潔な作業衣等を着用して衛生的に行うこと。

(16) アイロン仕上げのために霧吹きを行う場合は、噴霧器を使用すること。

(17) 仕上げの終った洗濯物については、処理が適正に行われたかどうか確認を行うこと。特に、おしぼり、おむつ等の指定洗濯物については、適宜細菌検査等を行い、消毒及び処理の結果を確認すること。

(18) 仕上げの終った洗濯物の保管は、包装するか、又は格納設備に収納し、汚染することのないよう衛生的に取り扱うこと。

(19) 特に営業者又はクリーニング師は、クリーニング所における洗濯物の処理及び取扱いが衛生上適正に行われているかどうかを常に確認し、その衛生確保に努めること。

4 洗剤及び溶剤等の管理

(1) 洗剤、有機溶剤、しみ抜き薬剤及び消毒剤等は、それぞれ分類して表示し、所定の保管庫又は戸棚等に保管すること。

(2) ランドリー処理に使用する水は、清浄なものであること（水道法に基づく水質基準に適合する水であることが望ましい。）。

(3) ドライクリーニング処理に使用する有機溶剤は、清浄なものであること。

(4) 有機溶剤の清浄化のために使用されているフィルター等は、反覆使用により溶剤中に溶出又は分散した汚れ、細菌等の吸着・除去能力が低下するので、適宜新しいものに交換し、常に清浄な溶剤が得られるようにすること。

(5) 使用中又は使用後の有機溶剤は、溶剤中に分散された汚れを除去するため常に清浄化を行うこと。この場合、ろ過又は吸着により有機溶剤の清浄化を行っても清浄にならないものは、蒸留するか又は新しい溶剤

に交換すること。

(6) ドライクリーニング処理を行う場合は、溶剤中の洗剤濃度を常に点検し、適正な濃度の維持に努めること。

(7) 有機溶剤の清浄化のために使用したフィルター等を廃棄する場合は、専用のふた付容器に納め、適正に処理すること（専門の処理業者に処理委託することが望ましい。）。

(8) 有機溶剤を含有するしみ抜き薬剤は、密閉できる容器に入れて使用し、それ以外のしみ抜き薬剤は、適正濃度に調整して使用すること。

(9) 特に営業者又はクリーニング師は、各種の洗剤、有機溶剤等の特性及び適正な使用方法について従業者に十分理解させ、その保管及び取扱いを適正にすること。

5 従業者の管理

(1) 営業者は、常に従業者の健康管理に注意し、従業者が以下に掲げる感染症にかかったときは、営業者はこの旨を保健所に届け出るとともに、当該従業者を作業に従事させないこととし、当該疾患が治癒した場合も同様に届け出ること。

ア 結核

イ 感染性の皮膚疾患（伝染性膿痂疹（トビヒ）、単純性疱疹、頭部白癬（シラクモ）、疥癬等）

(2) 営業者は、従業者又はその同居者がジフテリア若しくはペストの患者又はその疑いのある者である場合は、従業者当人が感染していないことが判明するまでは、作業に従事させないこと。

(3) 営業者又はクリーニング師は、施設、設備及び器具の衛生管理、洗濯物の適正な処理及び衛生的な取扱い並びに洗剤、有機溶剤等の適正な使用等について常に従業者の教育、指導に努めること。

(4) 営業者は、従業者の資質の向上、知識の修得及び技能の向上を図るため、クリーニ

ング業法に基づく研修又は講習のほか、関連する研修又は講習に参加させ、又は参加する機会を与えるよう努めなければならない。

第4 消毒

1 指定洗濯物の一般的な消毒方法及び消毒効果を有する洗濯方法の概要

(1) 消毒方法

ア 理学的方法

(ア) 蒸気による消毒

蒸気がま等を使用し、100℃以上の湿熱に10分間以上触れさせること（温度計により器内の温度を確認すること。）。

（注）1 大量の洗濯物を同時に消毒する場合は、すべての洗濯物が湿熱に十分触れないことがある。

2 器内底の水量を適量に維持する必要がある。

(イ) 熱湯による消毒

80℃以上の熱湯に10分間以上浸すこと（温度計により温度の確認をすること。）。

（注）熱湯に大量の洗濯物を浸す場合は、湯の温度が低下することがある。

イ 化学的方法

(ア) 塩素剤による消毒

さらし粉、次亜塩素酸ナトリウム等を使用し、その遊離塩素250ppm以上の水溶液中に30℃以上で5分間以上浸すこと（この場合終末遊離塩素が100ppmを下らないこと。）。

（注）汚れの程度の著しい洗濯物の場合には、終末遊離塩素濃度が極端に低下することがある。

(イ) 界面活性剤による消毒

逆性石ケン液、両性界面活性剤等の殺菌効果のある界面活性剤を使用し、その適正希釈水溶液中に30℃以上で30分間以上浸すこと。

（注）洗濯したものを消毒する場合は、十分すすぎを行ってからでないと消毒効果がないことがある。

(ウ) ホルムアルデヒドガスによる消毒

あらかじめ真空にした装置に容積1m^{3}につきホルムアルデヒド6g以上及び水40g以上を同時に蒸発させ、密閉したまま60℃以上で1時間以上触れさせること。

(エ) 酸化エチレンガスによる消毒

あらかじめ真空にした装置に酸化エチレンガス及び炭酸ガスを1対9に混合したものを注入し、大気圧に戻し50℃以上で2時間以上触れさせるか、又は1kg/cm^{2}まで加圧し50℃以上で1時間以上触れさせること。

(2) 消毒効果を有する洗濯方法

洗濯物の処理工程の中に次のいずれかの工程を含むものは、消毒効果を有する洗濯方法である。

ア 洗濯物を80℃以上の熱湯で10分間以上処理する工程を含むもの。

イ さらし粉、次亜塩素酸ナトリウム等を使用し、その遊離塩素が250ppm以上の液に30℃以上で5分間以上浸し、終末遊離塩素100ppm以上になるような方法で漂白する工程を含むもの。

ウ 四塩化（パークロル）エチレンに5分間以上浸し洗濯した後、四塩化エチレンを含む状態で50℃以上に保たせ、10分間以上乾燥させる工程を含むもの。

2 設備及び容器等の消毒方法の概要

(1) ランドリー処理用の洗濯機及び脱水機は、槽内及び投入取出口等を塩素剤又は界面活性剤等の水溶液を満たして稼働するか、又はこれら消毒液を用いて清拭することにより消毒することが望ましいこと。

(2) 洗濯物の格納設備又は容器及び運搬・集配容器は、塩素剤又は界面活性剤等の水溶液を用いて浸漬又は清拭等により消毒するか、又はホルムアルデヒドガスにより消毒することが望ましいこと。

(3) その他消毒する器具等についても、その材質に応じ加熱（蒸気、熱湯）又は消毒液（塩素剤又は界面活性剤等の水溶液）によ

る消毒のいずれかにより消毒することが望ましいこと。

第5　自主管理体制

1　営業者は、施設、設備及び洗濯物等の管理及び取扱いに係る具体的な衛生管理要領を作成し、従業者に周知徹底すること。

2　営業者は、営業施設ごとに施設、設備及び洗濯物等を衛生的に管理し、洗濯物の処理及び取扱いを適正に行うための自主管理体制を整備し、クリーニング師及びその他適当な者にこれら衛生管理を行わせること。

3　クリーニング師等は、営業者の指示に従い、責任をもって衛生管理に努めること。

第6　引火性溶剤の取扱い

引火性溶剤は、容易に蒸発しやすく、また引火しやすい性質をもっているので、安全衛生に留意し、引火性溶剤を使用するクリーニング所においては、さらに、以下の対策を講ずることが重要である。

1　溶剤の保管等

(1) できるだけ引火点が高い溶剤を選択すること。

(2) 溶剤の保管時に温度管理に留意すること。

(3) 洗濯機や乾燥機等からできるだけ隔離して保管すること。

(4) 保管容器は密閉すること。

(5) 保管量は、できる限り抑制すること。

(6) 溶剤の保管容器をゴムマット等不導体の上に設置しないこと。

2　洗濯工程

(1) 洗濯の頻度に応じ、適時に洗剤の濃度測定を行うこと。

(2) 静電気を抑えるため、洗濯の頻度及び洗剤の濃度測定に応じ、洗剤を投入すること。

(3) 溶剤に適した洗剤を用いること。

(4) 洗濯機のボタントラップ、フィルター等について定期的に清掃すること。

(5) 洗濯物を乾燥機に移し替える際は、静電気の発生を抑えるため、布製の容器を利用し、素早く移し替えること。

3　乾燥工程

(1) リントフィルターを定期的に清掃すること。

(2) 回収乾燥機により回収した溶剤は、回収容器、回収量及び作業に留意し、速やかに機械等に注入すること。なお、回収容器はできる限り溶剤が蒸散しない容器を用いること。

(3) 乾燥後は、速やかに洗濯物を乾燥機から取り出し十分に放冷すること。

(4) 乾燥後の洗濯物を乾燥機のそばに置かないこと。

4　その他

(1) クリーニング作業前に洗濯物中のライター、金属等異物を除去すること。

(2) 床等の清掃により、蒸散量を低下し、かつ安全性を向上させること。

(3) 作業所からライター等の火気を排除すること。

(4) 自然乾燥を行う際には、十分に換気し、機械から隔離すること。

(5) 洗濯物及び仕上げ品を機械から隔離すること。

(6) 放電プレートや静電気対策が施された服等により、作業者の帯電を防ぐこと。

(7) 作業所、保管場所等に予想される火災原因に応じた消火器等消火設備を備えること。

表Ⅰ-3　クリーニング所における衛生管理要領による自主点検表モデル

[一般クリーニング所]

設備一般	1 施設内は、毎日清掃し、清潔で、整理整頓しているか。 2 照明器具、換気設備は、定期的に清掃しているか。 3 明るさは十分か（受渡し、しみ抜き、仕上げの作業面は300ルクス以上が望ましい）。 4 換気は、十分か。 5 受け渡し・しみ抜き・仕上げの作業台、洗濯物の収納容器・運搬容器、洗濯機、脱水機、乾燥機、プレス機などの洗濯物が触れる部分は、毎日清掃又は洗浄し、清潔にしているか。 6 未洗濯物と仕上げの終わった洗濯物は、区別して運搬・保管しているか。 7 仕上げの終わった洗濯物は、ほこりなどで汚染されないように保管しているか。 8 洗剤、消毒剤、有機溶剤は、ほこりなどで汚染されないように保管しているか。 9 ねずみ、昆虫はいないか。
消毒を要する洗濯物	10 未洗濯物で消毒を要するものは、その他の洗濯物と区別して収納・保管し、正しく消毒しているか。 11 回収した洗濯物の種類及び汚れの程度に応じて選別し、別々に処理しているか。 12 おむつ等、し尿の付着している洗濯物の前処理は本洗の前に所定の場所又は設備で行っているか。 13 前処理排水は適切に処理しているか。
ランドリー	14 清浄な水を使用しているか（水道法に基づく水質基準に適合する水であることが望ましい）。 15 洗剤濃度及びすすぎの回転数は適切か。 16 洗濯機・乾燥機の処理時間、温度は適切か。 17 自然乾燥は所定の乾燥場で行っているか。
ドライクリーニング	18 ドライ機・乾燥機の処理時間、温度は適切か。 19 ドライ機内の溶剤は、汚れていないか。また、溶剤中の洗剤濃度、溶剤相対湿度は、適切か（溶剤相対湿度は、75%前後が望ましい）。 20 仕上げの終わった洗濯物に溶剤が残留していないか。 21 局所排気装置などの換気設備で十分に換気しているか。 22 ドライ機への溶剤充てん時に漏れはなかったか。 23 ドライ機の機械各部の継ぎ目から溶剤が漏れていないか。 24 溶剤回収装置は、正しく作動しているか。 25 排液処理装置は、正しく作動しているか。 26 溶剤は、密閉容器に入れ、日光のあたらない場所に保管しているか。 27 使用済みのカートリッジフィルター、ペーパーフィルター、蒸留残さ物は溶剤を十分に除去し、臭気、溶剤が漏れないように保管しているか。 28 蒸留残さ物等は適切に処理しているか。
従業者	29 従業者は、定期的に健康診断を受けているか。 30 結核、伝染するおそれのある皮膚疾患にかかっている者が業務に従事していないか。 31 従業者は、手指を清潔にし、清潔な作業衣を着用しているか。
その他	32 定められた保健所等への届出は、きちんと行っているか。

[取　次　所]

設備一般	1 施設内は、毎日清掃し、清潔で、整理整頓しているか。 2 照明器具、換気設備は、定期的に清掃しているか。 3 明るさは十分か（作業面は300ルクス以上が望ましい）。 4 換気は十分か。 5 受け渡し台、洗濯物の収納容器などは毎日清掃又は洗浄しているか。 6 未洗濯物と仕上げの終わった洗濯物は、区別して運搬・保管しているか。 7 未洗濯物で消毒を要するものは、その他のものと区別して収納・保管しているか。 8 仕上げの終わった洗濯物は、ほこりなどで汚染されないように保管しているか。 9 ねずみ、昆虫はいないか。
従業者	10 従業者は、定期的に健康診断を受けているか。 11 結核、伝染するおそれのある皮膚疾患にかかっている者が業務に従事していないか。 12 従業者は、手指を清潔にし、清潔な作業衣を着用しているか。
その他	13 定められた保健所等への届出は、きちんと行っているか。

COLUMN
「職場のパワハラ」相談件数が急増。パワハラを受けたと感じた割合は3人に1人

　「みんなの前で、上司から大声で怒られた」「毎朝、挨拶しても無視される」「処理しきれない量の仕事を無理やりやらされる」「自分にだけ仕事が回ってこない」……。

　こういった職場における「いじめ」や「嫌がらせ」などのパワーハラスメント、いわゆる「パワハラ」は15年ほど前に登場した比較的新しい言葉にもかかわらず、今や多くの人がその言葉を認知しているなど社会問題化している。厚生労働省の労働局に寄せられた「いじめ・嫌がらせ」に関する相談件数は、2002（平成14）年度時点では約6,600件だったが、15年後にはその10倍以上の約71,000件にまで達した。また、訴訟の中でもパワーハラスメントという言葉が使われるようになっている。

　さらに厚生労働省の調査結果によれば、従業員の3人に1人が「過去3年間にパワーハラスメントを受けたことがある」と答えた。多くの人が会社などの組織で働く現在、「職場のパワーハラスメント」をなくすことは、誰にとっても重要な問題である。

　なお、令和4年4月から、パワーハラスメント防止措置が義務化となり事業者は相談窓口を設けることが求められている。

出典：政府公報オンライン

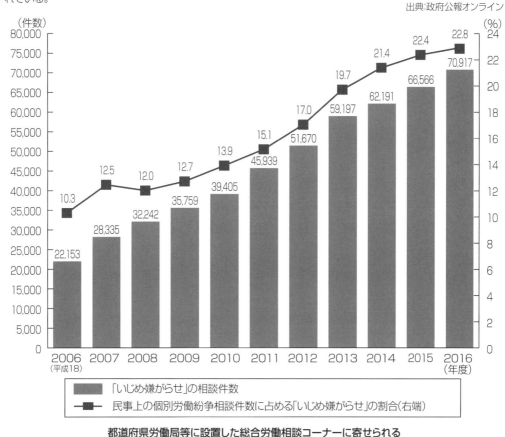

都道府県労働局等に設置した総合労働相談コーナーに寄せられる
「いじめ・嫌がらせ」に関する相談件数

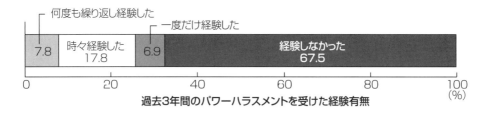

過去3年間のパワーハラスメントを受けた経験有無

洗濯物の受取り、保管及び引渡し

Part 2

はじめに

　新型コロナウイルス感染症は社会に大きな影響を及ぼした。クリーニング業も同様で、受取り時や接客等についてのガイドラインが策定された。感染症への対策は日々変化しているため、ガイドラインも随時改訂が行われる。したがって、その時々の政府および厚生労働省が公表するガイドラインに準じる必要がある。第12クールでは新型コロナウイルスを含む基本的な感染症への対策を学ぶこととする。

　第1章「クリーニング業を取り巻く社会的環境」では、厚生労働省の衛生行政報告例によると、クリーニング一般施設総数は1992年の15万3810から2020年には8万1541と47%の大幅な減少を記録している。一方で、指定洗濯物を取扱う施設数は同年比100％増となっている。2005年に263であった無店舗取次店営業者数は2020年には2159と8.2倍に増えている。業者に求められる利用者擁護・消費者安全等への知識を深める。

　第2章　「クリーニングでの問題事例に学ぶ」では、多様化する利用者等の要請に適切に応えていくため、クリーニングでの問題事例（冒頭に掲載）を挙げて具体的に学ぶ。これまでに見られた一般的な苦情の他にも、個人情報の取扱い、インターネット宅配クリーニング等、問題事例も年々多様化している。受講者の参考とするため、各事例には「クリーニング店に望まれる対応」の項目を設けている。クリーニングはサービスが利用者の目の前で行われないため、トラブルの多くは事故原因や責任所在が曖昧となり、感情的な問題につながりやすいことを学ぶ。

　第3章「カウンター業務の重要性」では、トラブル防止のために重要なカウンター業務について受取り、引渡しなどの基本的事項およびクリーニング事故賠償基準についての理解を深める。近年問題になっている「長期間放置品」については現状では決定的な解決方法はないが、対応方法の例を取り上げる。新型コロナウイルス感染症で受取り時や接客等についてのガイドラインが策定されており、基本的な感染症への対策を学ぶこととする。

　第4章　「繊維製品等に関する表示の基礎知識」では、家庭用品品質表示法による繊維製品の品質表示や洗濯、クリーニングなどの取扱い方法に関する情報を伝える取扱い表示について学ぶ。表示記号は、2016（平成28）年12月1日からISOに整合化したJIS L 0001に切り替えられているが、現在でも新旧表示記号が混在した状態が続いている。

　第5章　「消費者保護に関連する法規」では、クリーニング業者には、クリーニング業法以外にも、他の事業者と同様に次のような法律で消費者への義務も課せられている。消費者基本法（消費者の基本的な権利を定めた法律）、消費者契約法（消費者と事業者の契約にかかわる法律）、個人情報の保護に関する法律などの法律について学ぶ。

第1章　クリーニング業を取り巻く社会的環境

クリーニング需要は、就労人口の減少、衣類のカジュアル化に加え、家庭用洗濯機・洗剤等の性能向上もあり、1992（平成4）年の8170億円をピークに減少傾向が続いている。縮小する市場の中で同業者間の競争が激化し、二極化の進む社会背景と相まって、クリーニング業界も高級・専門化と低料金の二極化が進み、低価格を追求する結果として一部では提供するサービスの低下を招き、苦情となるケースもある。

また、消費者ニーズは多様化し、特にインターネットやコンビニエンスストアでの受付け、マンション等のボックス方式などの利便性に対する要求が強まってきている。これら新サービスは、消費者の利便に対する欲求は充足させるものの、一方ではクリーニング業としての本来の責務である品物の相互確認が省略されるケースもあり、新たな苦情やトラブルも増えている。

クリーニングサービスは他のサービスと異なり、お客様の目の前でクリーニング処理をしないため、苦情が後日顕在化するという特性がある。国民生活センターに寄せられるクリーニングに関する相談件数は、毎年減少しているものの、「相互確認不足」は続いている。

消費者利益が重視される社会の中、クリーニング業界としても利用者に不利益が生じないよう、必要な義務を遂行することが強く求められている。

クリーニング業法では、「利用者の利益の擁護」を図るため、「営業者は洗濯物の受取及び引渡しをしようとするときは、あらかじめ、利用者に対し、洗濯物の処理方法等について説明するよう努めなければならな

い。」、「苦情の申出先を明示しなければならない。」としている。また、クリーニング業の振興指針においても、表示の適正化と苦情の適切な処理に関する事項として、「クリーニング業は、受託した衣料の破損、仕上がりへの不満等事故や苦情が生じやすい業態である」ことを指摘し、「洗濯物の受取及び引渡しの際に衣料の破損等の相互確認を徹底すること、処理方法等について利用者に対する十分な説明に努めること」や「事故が生じた場合には、適切かつ誠実な苦情処理と賠償責任保険等を活用した損害の補填により、利用者との信頼関係の維持向上に努めること」を求めている。

また、消費者基本法においても、事業者に対し、消費者の安全及び取引における公正を確保すること、必要な情報を明確かつ平易に提供すること、消費者との間に生じた苦情を適切かつ迅速に処理すること、環境の保全に配慮し、サービスの品質等を向上させ、自主活動基準の作成等により消費者の信頼を確保するよう努めること等が求められている。

さらに、個人情報の保護に関する法律は重要である。この法律では、個人情報の取扱いについて事業者の守るべき責務等が定められている。この法律は、高度情報通信社会の進展に伴い、個人情報の利用が著しく拡大しているため、個人情報の有用性に配慮しつつ、個人の権利や利益を保護することを目的としている。個人情報とは、生存する個人に関する情報で、情報に書いてある名前や生年月日により個人を識別できるもの、または他の情報と容易に照合することができて、それによって特定の個人を識別できるものと規定されている。個人情

報は個人の人格尊重の下に慎重、適正に取り扱われるべきとの基本理念（法第３条）に基づき、2017（平成29）年の改正で１件でも個人情報を取り扱っている事業者はすべて個人情報保護法が適用されることになった。会員カードの作成時には利用目的を明示するなど、個人情報保護への積極的な取組が望まれる。

クリーニング業界においても、法令遵守の下、消費者のニーズに即したサービスや適切な情報の提供に努め、お客様の満足度を高める経営が望まれる。クリーニング業者は、クリーニング業法、水質汚濁防止法や建築基準法、消防法など業務に関わる法令等のみならず、企業を取り巻く多数の法令や企業倫理を守り、健全な事業活動をすることが求められている。それは、工場の設備や日々のカウンター業務、クリーニング処理、機器の管理、廃棄物の処理など営業に関するあらゆる分野で多岐にわたる法令や規範等を遵守することであり、これを従業者全員に徹底させることが重要である。

COLUMN
依頼時、受取り時の処理方法の説明

クリーニング事業者は、クリーニング業法により利用者に対し洗濯物の処理方法等について説明するよう努めなければならないが、（独法）国民生活センターが行った「クリーニングについてのアンケート」（2006（平成18）年２月実施）の調査結果では、依頼時、受取り時ともに約３割の消費者が処理方法について説明されたとは認識していない（下図参照）。

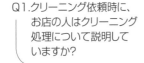

Q1.クリーニング依頼時に、お店の人はクリーニング処理について説明していますか？

Q2.クリーニング受取り時に、お店の人はクリーニング処理について説明していますか？

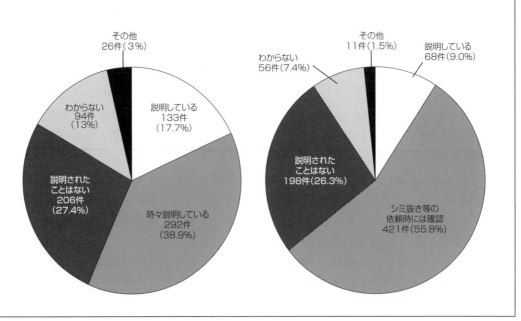

Q1
- その他 26件（3％）
- わからない 94件（13％）
- 説明している 133件（17.7％）
- 説明されたことはない 206件（27.4％）
- 時々説明している 292件（38.9％）

Q2
- その他 11件（1.5％）
- わからない 56件（7.4％）
- 説明している 68件（9.0％）
- 説明されたことはない 198件（26.3％）
- シミ抜き等の依頼時には確認 421件（55.8％）

第2章　クリーニングでの問題事例に学ぶ

1. クリーニング苦情の傾向

　全国の消費生活センターが扱った消費者相談のうち、クリーニングに関する相談件数は図Ⅱ－1のように推移している。

　2020（令和2）年度の商品・役務全相談件数は93.9万件で、2019（令和元）年度とほぼ同じ件数であった。2019年度に比べて増加件数が多いのは、「他の保健衛生用品」「紳士・婦人服」「健康食品」で、減少件数が多いのは「商品一般」「インターネット接続回線」「放送サービス」であった。クリーニングは、2020年度は2,611件で、2019年度に比べて1,125件減少した。クリーニングの内訳をみると、「品質・機能、役務品質」が1,692件、「契約・解約」が1,567件、「接客対応」が1,033件の順であった。

　クリーニング苦情の特徴は、サービスがお客様の目の前で行われないこともあってか、品物の引渡し後しばらく経過して、お

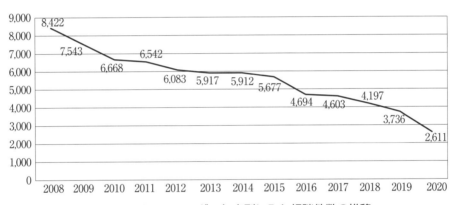

図Ⅱ－1　クリーニングの年度別にみた相談件数の推移

COLUMN
PIO-NETにみる消費生活相談の傾向と特徴

　国民生活センターは全国の消費生活センター等をオンラインネットワークで結び、消費生活に関する相談情報の統計を作成している。2020（令和2）年度の相談件数は約93.93万件で、2019（令和元）年度の約93.95万件に比べ0.02％減少した。クリーニング師研修が開始された1989（平成元）年度の相談件数の16.6万件と2020年度を比較すると5.7倍、一方で過去最大だった2004（平成16）年度との対比では半分以下に減少している。

　利用した覚えのないサイト利用料の請求など「架空請求」の相談は、2012年度から2018年度にかけて増加し2017年度と2018年度は20万件を超えたが、2019年度は10.9万件、2020年度は2.8万件と大幅に減少した。

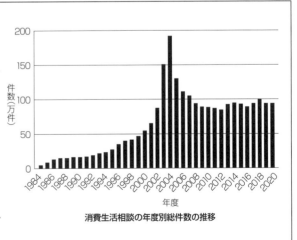

消費生活相談の年度別総件数の推移

客様側が申し出られることである。実際、全国クリーニング生活衛生同業組合連合会のクリーニング綜合研究所に寄せられる事故品の5割から6割程度は、お客様に引渡し後の苦情となっている。しかもそれら事故品のなかには目視で確認できる事例も多い。

時間が経過してからの苦情は、事故原因や責任の所在が追跡できないことも多く、感情的なトラブルに発展してしまうこともある。そうならないためには、洗濯物を引き渡す前の最終点検と、引渡し時のお客様との相互確認の徹底が重要である。

相互確認は、受取り時と引渡し時にそれぞれ実施する。しかし、お客様で店内が混雑しているときなど、その場でできない場合でも、クリーニング前にしっかりチェックし、破損や変退色、ボタン取れなどの異常を発見した場合はすぐにお客様に連絡し、了解を得てからクリーニングに取りかかるべきである。それが、クリーニングトラブルの防止につながる。また、引渡し時もカウンターでカバー（包装）を外すなどして、お客様との相互確認に努める必要がある。

クリーニングの各工程においても検品体制の充実、情報伝達方法の確立が求められる。前述のとおり、目視で確認できる事故が多いにもかかわらず、そのままお客様に不具合があることを知らせず品物を引き渡すのは誠実さに欠ける行為である。検品体制の強化とともに、お客様への情報伝達を図る必要がある。

2. クリーニングの問題事例

お客様からのクレームは様々である。

冒頭に最近の問題事例を紹介している。

各事例には「クレームの内容」、「クレームの原因」、「クリーニング店に望まれる対応」、「トラブル防止のポイント」を示して

いる。

クリーニングクレームには、クリーニング業者に起因したもの、アパレルメーカーに起因したもの、お客様（消費者）に起因したもの、またそれらが複合的に作用したものなどがある。さらに、クリーニングする品物は新品ではなく、着用、洗濯・クリーニング、保管など消費過程にある。当然、お客様によって着用状況、洗濯やクリーニングの状況、保管状況などが異なり、場合によっては年数を経過した品物もクリーニングすることになる。そのため、クリーニング業者は受取り時に手際よくポイントをチェックし、品物に適したクリーニングを行い、適正な状態の品物を引き渡す必要がある。後述するクリーニング事故賠償基準では、これを「受寄物返還義務」と呼んでいる。

目視で確認できる異常であれば、受取り時から引渡し時までの工程中に的確な検品を行うことでチェックできるはずである。これをクリーニングが終了して返却した後にお客様から申し出を受けることは、お客様から預かった洗濯物を適正な状態で引き渡すクリーニング業としての「義務」を怠ったことになる。

仮に、事故の原因がお客様側にある場合でも、「受寄物返還義務」を怠ったことについては、お客様に対しての賠償責任が問われることとなる。

本来であれば負担する必要のない賠償責任を回避するためにも、クリーニングの作業現場では目視による検品を確実に行うことが必要である。また、発見した異常を直ちにお客様に連絡することや、合理的な説明資料を示しながら事故原因を説明して、クリーニングでは起こり得ない現象であることを引渡しの前の段階で了解を得るような体制を整えることが必要である。

第3章　カウンター業務の重要性

1. カウンター業務とトラブル防止

　冒頭の「クリーニングの問題事例」では、事例ごとにトラブル防止のポイントを紹介した。カウンターにおいて、持ち込まれた洗濯物をお客様と一緒に点検しながら、お客様の要望を聞き、適切なクリーニング処理方法や起こり得るリスクなどを説明し、お客様に理解していただくことができれば、事故が発生したとしても、それが大きなトラブルへと発展するのを防ぐことができる。

　クリーニングがきっかけとなって顕在化したり、様々な変化を事前にお客様に伝えることがトラブル防止につながる。

2. カウンター業務

　消費者が求める衣料品は、薄く、軽く、ソフトな風合い、新しい機能や特性を持った素材や加工（保温性、吸湿発熱、接触冷感、吸水速乾、抗菌防臭、はっ水・防水、形態安定、透け防止、防災・難燃、汗ジミ防止、防汚、遮熱性、抗ウイルス性、紫外線遮蔽、光吸収発熱、防蚊性など）、またストレッチ性など着心地の良さを求める傾向にある。そのためメーカーは、様々な工夫を凝らした素材や衣料品を開発し、消費者ニーズに応えようとしている。

　クリーニング業では、こうした新しい素材や加工を施した衣料品の取扱いに対して的確な判断をし、適正かつ合理的、効率的な処理を行うことが必要である。

　しかし、クリーニング業者がいかに的確な判断、適切な取扱いを行ったとしても、素材や加工自体の特性上、何らかの変化が生じてしまう衣料品が現実に販売されているのも事実である。

　本来、こうした衣料品については、販売する側が着用やクリーニングで変化が生じる可能性のあることを伝え、消費者もそれ

COLUMN
クリーニングに関する内容別消費生活相談

　1990（平成2）年度は変色・シミ・穴あきなどが、クリーニングに関する消費生活相談（複数回答）の53.3%と過半数超を占めていた。2020（令和2）年度には33.1%まで低下したが、一方で「契約・解約」11.7%から30.7%へ約3倍となっている。11項目あるクリーニングに関する消費生活相談のうち、「接客対応」を含めた3項目で全体の84%を占めている。この傾向は1990年の調査から大きな変化はない。

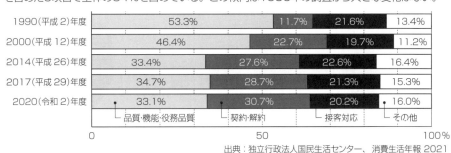

出典：独立行政法人国民生活センター、消費生活年報 2021

67

を納得したうえで、購入・着用・更にクリーニングを利用すべきだが、現状ではほとんど実行されていない。販売者の商品に対するデメリット情報やメンテナンス情報の、消費者への提供が切望される。

カウンター業務は、こうしたクリーニングによって予想される素材や加工自体の特性上の変化をあらかじめ消費者に伝えることで、トラブルの防止を図ることを第一にすべきである。そのためには、対面での接客が必要であり、カウンターには、繊維素材の特性やクリーニングについての十分な知識を持った人材を配置するとともに、インターネットで情報収集するなど、カウンター業務のIT化も必要となっている。

3. 望ましいカウンター業務の手順

クリーニングは、お客様の特定物（財産）を預かって処理することを業としているため、お客様との間に信頼関係を築くこ

とが重要である。細心の注意を払ったクリーニング処理が望まれることはもちろん、クリーニング事故の防止に努めなければならない。これはクリーニングを業として行ううえでの基本倫理である。

クリーニングを法律面からみると、請負契約と寄託契約の混合契約で成り立っており、利用者との契約に基づき、適切なクリーニング処理を行う債務と洗濯物を適切に保管し引き渡す債務を負うことになる。また、クリーニング業者は職務上次のような「注意義務」が要求される。

①洗濯物の状態把握義務
②適正クリーニング処理方法選択義務
③処理方法等説明義務
④クリーニング完全実施義務
⑤受寄物返還義務

カウンターでは、お客様情報の管理が必要である。まずは、個人情報（名前、住所、電話番号など）を伺い、登録・管理す

COLUMN
契約当事者年代別等にみたクリーニングの相談件数

2020（令和2）年度の消費生活センターへのクリーニングに関する2611件の相談件数のうち、年代別では50代が22.6%を占め、70歳以上の高齢者も21%であった。男女別では女性が74%、職業別では給与生活者と家事従事者で全体の76%であった。（不明・無回答は含まない・件数は複数回答）

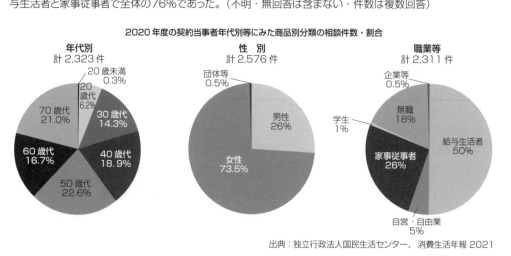

2020年度の契約当事者年代別等にみた商品別分類の相談件数・割合

出典：独立行政法人国民生活センター、消費生活年報 2021

る。預り証には、必要最小限の個人情報を記入（入力）する。後述する長期間放置品対策として、お客様が洗濯物を引取りに来ないときの連絡先は、台帳やPOSで確認することになる。洗濯物は「お客様からの大切な預り物」であるため、適正に管理し必ずお渡ししなければならない。洗濯物を引き渡すときには、「預り証」と照合して、受取り時の点検項目やお客様の要望に対応できているかを確認する。

　クリーニングは、品物の受取りに始まり、品物の引渡しで契約が終了する。品名、数量だけでなく、付属品や加工・修理を行った部分などもお客様と相互確認をする。お客様が預り証を紛失した場合は、店の預り証控えと別途用意した「お渡し簿」などに品物受領サインを求めるようにする。預り証控えやお渡し簿は、トラブルを防ぐために３年間以上保管しておくとよい。

4. 受取り時の心がけ

　お客様とのトラブルは、クリーニング技術の問題もあるが、受取り、保管、引渡しの過程で発生することが多い。営業スタッフの接客態度などから品物の苦情につながるケースもある。店舗での受取り、保管、引渡しにおける管理システム（マニュアル）をつくり、それを全員で実践することがクリーニングトラブルの防止につながる。次のそれぞれの過程でマニュアルを考えてみる。

（1）洗濯物の受取り
ア　店内の整理・整頓

　お客様に気持ちよく利用していただくために、店頭やカウンターは整理・整頓しておく。また、時季のおすすめポスターやお手入れリーフレット（チラシ）を用意しておくと、お客様への啓発や売上増にもな

整理・整頓された店内

る。クリーニングは季節によって繁閑の差が激しく、特に衣替えシーズンは多くのお客様に利用いただき洗濯物も多くなるため、品物の整理が重要である。どんなに忙しい状況でも、お客様の大切な品物は、丁寧に取り扱い、お客様ごとに袋やカゴに入れて素早く整理する。

　また、苦情の申出先となる名称、住所、電話番号を店頭に掲示する必要がある。

イ　お客様情報の管理

　お客様の個人情報は大切に台帳やパソコンで管理・保管する。

①氏名
②住所
③電話番号
④メールアドレス　など

ウ　点検と相互確認

　受取り時には、品物の縫い付けラベル（素材、取扱い表示記号など）やブランドを確認し、特殊な生地、加工、海外製品、中古品などの製品情報はお客様からも入手する。

　海外で購入された製品の取扱い表示記号などは日本と異なることがあり、また、表示自体がないものもある。一見、一般的な衣料品でも染色が弱く色泣きしやすいもの、変化しやすいものなどもある。海外表示のものについては、リスクがあることをお客様に伝える。

また、ドライも水洗いも×表示のものや、もっと適切なクリーニング方法があると考えられるものは、理由を説明してお客様にクリーニング方法について了解を得る。リスクの高いものは、クリーニングを断る勇気も必要である。お客様もクリーニングにリスクがあると理解し、次の購入の際の参考になる。

そして、お客様と一緒に、シミや汚れの箇所、破損や変退色の有無、付属品の数量や状態などを確認する。この受取り時の確認がクレーム防止のために非常に重要である。

ボタンは事故が多く発生するので注意する

《点検事項例》

- 付属品の有無（ベルト、付け襟、リボンなど）
- アクセサリー（ブローチ、徽章など）
- ポケットの中
- 品質表示・取扱い表示記号（クリーニング困難なものかどうか。海外表示か）
- ボタン（破損、欠落、要注意品など）

　…お客様はボタンが気に入って衣料品を購入することもある。ボタンは材質や大きさなどにより事故になりやすい。実際に、ボタンの事故は多く発生しており、同じボタンを入手するのは困難を極める。特に、インポートブランド製品（有名ブランドなど）の場合は入手することが難しく、苦情対応が困難になる。また、ボタンは着用中に、脱落したり破損している場合も多く、お客様に確認が必要である。珍しいボタンや装飾性の高いボタン、高級ブランドのボタン、クリーニング過程（機械力、熱など）で事故になりそうなボタンは、あらかじめお客様に取り外してもらう。

- 毛羽立ちの有無
- 変形（ニット製品・プリーツ製品）
- 部分的な変退色（肩、背中、脇下、股

下など）

- スレの有無（襟、袖口、ポケット口、股など）
- 破れ
- 虫食い
- カビや化粧品、化学物質の付着
- 焼け焦げ（タバコ、アイロンなど）
- ポリウレタン製品の伸び、はく離など

点検で見つかった事項は、その欠陥を指摘する表現にならないように注意して、クリーニングすることで拡大の可能性があることをお客様にお話しする。

また、お客様には、受取り後の工程でさらに詳細に点検をすることや、その点検によって異常が見つかった場合は速やかに連絡を入れることなど、必要な事項を伝えておくことが大切である。連絡には電話が一般的であるが、お客様が電話に出られないことも多く、事前にメールアドレスを伺っておくと、クリーニング過程で生じた変化や異常などの画像を送信して、お客様に確認してもらうこともできる。

エ　預り証の発行

品物の受取り時には必ず預り証を発行する。預り証の形態や書式はいろいろあり、手書き（複写式）やPOSなどから出力さ

お 預 り 証

No. _____

| 受付日 | 年 | 月 | 日 |
| 引渡し予定日 | 年 | 月 | 日 |

_____ 様

電話番号 _____   会員番号 _____

品　　　名	数量	色柄	付属品	料　金	備　　　　　考
合　　　計					
請　求　金　額				前金	後金

当店では引渡し予定日から○×日を過ぎてもお引取りのないお預り品は処分させていただきます。

○○○○クリーニング
住　所　　　　　　　　　　　　　　　電話番号
担当者

図Ⅱ-2　預り証（見本）

れるものがある。預り証には、受取り日、お客様名、洗濯物の品名、色柄、付属品、点数、シミや汚れなど点検時に気づいた内容、料金、引渡し日などを入れる。さらに、預り証には、苦情の申出先（クリーニング所の名称（会社名、店舗名）、住所、電話番号）を明示する必要がある。

《預り証に必要な記載事項》
- お客様の氏名
- 連絡先
- 品名とセット物の場合はその形態（背広上下、ベストと3点セット、ベストは色違いなど）
- 預り品の特徴（素材、色柄など）
- 破損などの特記事項（ボタン、破れなど）
- 預り品の点数とクリーニング料金
- 引渡し予定日
- 後述する長期間放置品処分に関する契約内容
- （苦情の申出先となる）クリーニング所の名称、住所、電話番号

以下に、衣料品別に、受取り時の点検箇所と主な点検事項を示す。

71

衣料品別の点検箇所と主な点検事項

ジャケット

前身頃全体	後身頃全体
シミ、キズ、虫穴、変退色をチェック	シミ、キズ、虫穴、変退色をチェック

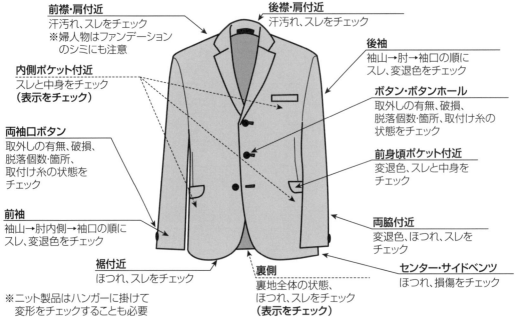

前襟・肩付近
汗汚れ、スレをチェック
※婦人物はファンデーション
のシミにも注意

内側ポケット付近
スレと中身をチェック
（表示をチェック）

両袖口ボタン
取外しの有無、破損、
脱落個数・箇所、
取付け糸の状態を
チェック

前袖
袖山→肘内側→袖口の順に
スレ、変退色をチェック

裾付近
ほつれ、スレをチェック

※ニット製品はハンガーに掛けて
変形をチェックすることも必要

後襟・肩付近
汗汚れ、スレをチェック

後袖
袖山→肘→袖口の順に
スレ、変退色をチェック

ボタン・ボタンホール
取外しの有無、破損、
脱落個数・箇所、取付け糸の
状態をチェック

前身頃ポケット付近
変退色、スレと中身を
チェック

両脇付近
変退色、ほつれ、スレを
チェック

センター・サイドベンツ
ほつれ、損傷をチェック

裏側
裏地全体の状態、
ほつれ、スレをチェック
（表示をチェック）

スラックス

前身頃全体	後身頃全体
シミ、変退色、損傷をチェック	変退色、損傷、スレをチェック

前側ポケット
ポケット口の汗汚れ、スレと
中身をチェック

ファスナー
劣化や動きをチェック
（動きが悪いときは、ろうを使用）

前大腿部、膝付近
股付近の黄変、汗汚れ、損傷、
スレをチェック

裾付近
靴クリームの汚れ、泥はね、
スレをチェック

後側ポケット付近
変退色、汗汚れ、スレ、ボタンの状態
と中身をチェック
（表示をチェック）

後大腿部、膝裏付近
汗汚れ、スレをチェック

裏側
裏地の状態、ほつれ、スレを
チェック
（表示をチェック）

ワイシャツ

前身頃全体	後身頃全体
シミ、変退色、損傷をチェック	変退色、損傷をチェック

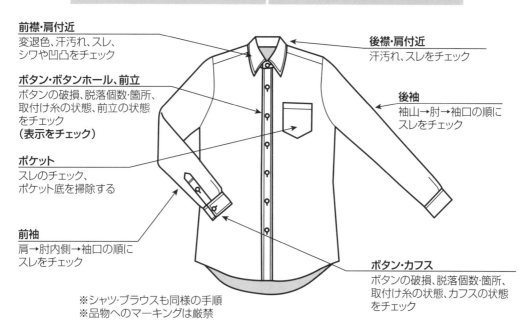

前襟・肩付近
変退色、汗汚れ、スレ、
シワや凹凸をチェック

後襟・肩付近
汗汚れ、スレをチェック

ボタン・ボタンホール、前立
ボタンの破損、脱落個数・箇所、
取付け糸の状態、前立の状態
をチェック
（表示をチェック）

後袖
袖山→肘→袖口の順に
スレをチェック

ポケット
スレのチェック、
ポケット底を掃除する

前袖
肩→肘内側→袖口の順に
スレをチェック

ボタン・カフス
ボタンの破損、脱落個数・箇所、
取付け糸の状態、カフスの状態
をチェック

※シャツ・ブラウスも同様の手順
※品物へのマーキングは厳禁

スカート

前身頃全体	後身頃全体
シミ、変退色、損傷をチェック	変退色、損傷、スレをチェック

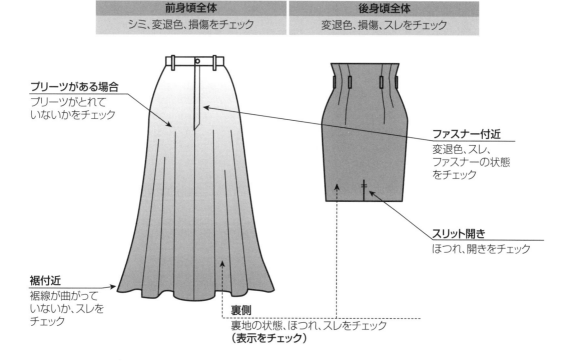

プリーツがある場合
プリーツがとれて
いないかをチェック

ファスナー付近
変退色、スレ、
ファスナーの状態
をチェック

スリット開き
ほつれ、開きをチェック

裾付近
裾線が曲がって
いないか、スレを
チェック

裏側
裏地の状態、ほつれ、スレをチェック
（表示をチェック）

ワンピース

前身頃全体	後身頃全体
シミ、変退色、損傷をチェック	変退色、損傷をチェック

前襟・肩付近
汗汚れ、スレ、吊りジワ
をチェック
※ファンデーションの
シミにも注意

装飾品
キチンとついているか
状態をチェック

前袖・後袖
袖山→肘内側→袖口の順に
スレ、変退色をチェック

スカート
ドレープは整っている
か、左右バランスを
チェック

後襟・肩付近
汗汚れ、スレを
チェック

両脇付近
変退色、ほつれ、
スレをチェック

ファスナー付近
変退色、汗汚れ、スレ、
ファスナーの状態を
チェック
（表示をチェック）

スリット開き
ほつれ、開きをチェック

裾付近
ほつれ、スレをチェック

裏側
裏地全体の状態、ほつれ、スレ、汗汚れをチェック
（表示をチェック）

コート・ジャンパー

前身頃全体	後身頃全体
シミ、キズ、虫穴、変退色をチェック	シミ、キズ、虫穴、変退色をチェック

前襟・肩付近
汗汚れ、スレをチェック
※婦人物はファンデーション
のシミにも注意

ボタン・ボタンホール
取外しの有無、破損、
脱落個数・箇所、取付け糸の
状態をチェック

前袖
袖山→肘内側→袖口の順に
スレ、変退色をチェック

内側ポケット付近
スレと中身をチェック
（表示をチェック）

前身頃ポケット付近
変退色、スレと中身を
チェック

裏側
裏地全体の状態、ほつれ、
スレをチェック
（表示をチェック）

後襟・肩付近
汗汚れ、スレをチェック

後袖
袖山→肘→袖口の順にスレ、
変退色をチェック

バックベルト
取外しの有無をチェック

両袖口ボタン
取外しの有無、破損、
脱落個数・箇所、取付け糸の
状態をチェック

両脇付近
変退色、ほつれ、スレをチェック

センター・サイドベンツ
ほつれ、損傷をチェック

裾付近
ほつれ、スレをチェック

※ニット製品はハンガーに掛けて変形をチェックすることも必要
※ベルトや襟の毛皮の付属品もチェック

セーター・カーディガン

全体(前身頃・後身頃)
ハンガーに掛け、前身頃と後身頃のバランスはどうか、曲がり、歪み、シミ、虫穴、変退色などをチェック

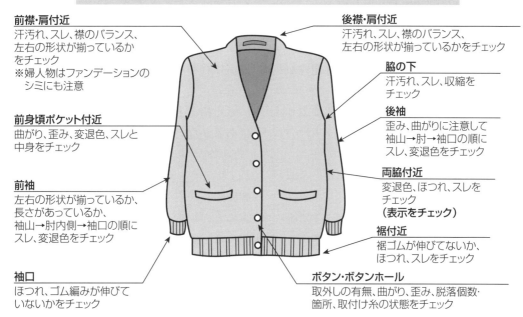

前襟・肩付近
汗汚れ、スレ、襟のバランス、左右の形状が揃っているかをチェック
※婦人物はファンデーションのシミにも注意

前身頃ポケット付近
曲がり、歪み、変退色、スレと中身をチェック

前袖
左右の形状が揃っているか、長さがあっているか、袖山→肘内側→袖口の順にスレ、変退色をチェック

袖口
ほつれ、ゴム編みが伸びていないかをチェック

後襟・肩付近
汗汚れ、スレ、襟のバランス、左右の形状が揃っているかをチェック

脇の下
汗汚れ、スレ、収縮をチェック

後袖
歪み、曲がりに注意して袖山→肘→袖口の順にスレ、変退色をチェック

両脇付近
変退色、ほつれ、スレをチェック
（表示をチェック）

裾付近
裾ゴムが伸びてないか、ほつれ、スレをチェック

ボタン・ボタンホール
取外しの有無、曲がり、歪み、脱落個数・箇所、取付け糸の状態をチェック

着物（袷〔あわせ〕）

全体	
着物ハンガーに掛け、表地と裏地のバランス、柄の状態をチェック	
前身頃全体	**後身頃全体**
シミ、変退色、損傷、柄、金銀箔の状態をチェック	シミ、変退色、損傷、柄、金銀箔の状態をチェック

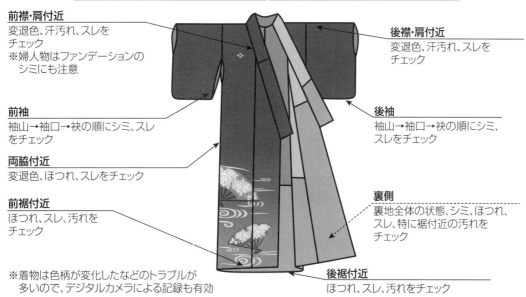

前襟・肩付近
変退色、汗汚れ、スレをチェック
※婦人物はファンデーションのシミにも注意

前袖
袖山→袖口→袂の順にシミ、スレをチェック

両脇付近
変退色、ほつれ、スレをチェック

前裾付近
ほつれ、スレ、汚れをチェック

後襟・肩付近
変退色、汗汚れ、スレをチェック

後袖
袖山→袖口→袂の順にシミ、スレをチェック

裏側
裏地全体の状態、シミ、ほつれ、スレ、特に裾付近の汚れをチェック

後裾付近
ほつれ、スレ、汚れをチェック

※着物は色柄が変化したなどのトラブルが多いので、デジタルカメラによる記録も有効

洗濯物の受取り、保管及び引渡し

オ　お客様への情報の提供

　クリーニング事故に結びつきやすい品物は、事故事例を参考にして、ポスターやチラシでお客様に注意情報を出しておく。

　例えば、次のようなものがある。

①ボタンやスパンコールなどの装飾品は、損傷したり色が変化したりする可能性がある

②ポリウレタン使用製品は経年劣化によりコーティングのはく離、ストレッチ性の低下（糸切れ、伸び）がある

③プリーツ製品はプリーツ加工が悪いと取れてしまう

④綿や麻、絹の濃色製品は、摩擦による毛羽立ちによって白っぽくなってしまう

⑤汗を放置しておくと変退色することがあり、日光が当たるとさらに助長される

カ　クリーニング方法の説明

　クリーニング業法により、お客様に洗濯物の処理方法（水洗い、ドライクリーニング、特殊クリーニングなど）を説明するよう努めなければならない。

キ　工場送り

　品物にタグを付け、工場へ送る。タグは、お客様の品物を傷つけないように注意し、クリーニング中に取れないように、縫い付けラベルや別布を用いて縫い代などに、確実に付ける。クリーニング中にタグが取れてしまうと、不明紛失事故になることもある。ブランドの織ネームなどにタグをピン留めしたため、商品価値を低下させたということで苦情になることもある。また、ワイシャツの襟などにお客様に断りなくペンでマーキングするクリーニング業者も見受けられるが、絶対に避けなければならない。

　工場に品物を送る際は、工場の担当者に、点検結果がわかるように預り証やタグに記入する。工場では、その点検結果をも

とに、配慮して取り扱う。

ク　工場からの受入れ

　クリーニングが終わった品物は店舗に送られてくるが、必ず送り状と品物が合致しているかを確認する。もし、足りない場合はすぐに工場へ連絡し取り寄せる。これを確実に行わなければ、不明紛失事故につながる。

　さらに、上下品が揃っているか、付属品はあるかなどを確認し、お客様の要望事項（シミや汚れは落ちているか、加工は施されているか、仕上がりはきれいかなど）も確認する。もし、不備があった場合は、お客様との約束日に間に合うように工場へ手配する。間に合わない場合は、事前にお客様へ連絡を入れる。

付属品などの紛失がないよう注意する

（2）保管上の注意

　クリーニング業者は、お客様に品物をお渡しするまで責任を負う。預かった品物は、クリーニング後、お客様に引き渡すまでの間、品質保持に努める。蛍光灯や日光の紫外線による変退色や、虫害、カビなどを防止するため温湿度管理や防虫対策をして、シワや形くずれが生じないように保管する。

　また、引渡し予定日から所定の期間を経

過した品物を確認し、お客様に電話やメールで定期的に督促の連絡を行う。そうすることが、長期間放置品の解消や品物の品質低下、紛失事故を減らすことにもなる。

　全国クリーニング生活衛生同業組合連合会では、早期の引取りをお願いするためのポスターを作成しているが、保管サービス以外でクリーニング店に品物を預けたままにするお客様の何気ない行動がクリーニング業者を困らせていることをアピールすることも必要である。

5. 洗濯物の引渡し

（1）洗濯物の確認

　クリーニングの最後が、品物の引渡しになる。ここでも、お客様との相互確認が最も重要である。預り証と洗濯物を照合しながら、お客様の預り品かどうか、上下揃っているか、付属品、要望事項などを確認する。全国の消費生活センターに寄せられるクリーニングの苦情は、過去は多かったが減少傾向にあり、2020年度は2,611件であった。その原因の多くは「相互確認不足」で、他のお客様に間違って品物を渡してしまったことなどによる。ワイシャツやスラックスなどは似た色柄のものが多いので、お客様との確認が必要である。

　確認のためには、カバーを外して品物がよく見える状態にしなければならない。お客様もクリーニング店もカバーを外したくないために、確認作業を行わないことが多い。洗濯物を引き渡す前の最終点検と引渡し時の相互確認を徹底し、クリーニング事故賠償基準がクリーニング業者の義務としている「受寄物返還義務」を確実に実行する。この確認作業がお客様とのトラブルを防ぐことになる。確認が終了したら、お客様のサインをもらう。

《引渡し時のお客様との相互確認事項》
- 品名、数量
- 付属品の有無
- 受付け時に依頼されたシミ抜きや修理の出来栄え
- 全体の仕上がり状態
- 破損など拡大のおそれのあった部分の確認
- 取れなかったシミの事情説明　　など

　また、同時に預かった品物のうち、出来上がっていない品物、工場から店内に入っているが見つからなかった品物は、お客様に時間をいただき、迅速に対応する。預り証には未渡し品であることがわかるように記載しておく。

　非対面型営業の場合、このような引渡し時の相互確認がなされない。そのため事故が起きたときに、クリーニング処理前やクリーニング後の状態について立証が困難になる。また、洗濯物の盗難や紛失に際しては、責任の所在が問題となる。いずれの場合もトラブルが発生すると解決が困難になる。

（注）非対面型営業とは、インターネットによる宅配方式、コンビニエンスストアによる受付ボックス方式、マンションなどに導入されているロッカー方式・コンシェルジュサービス、クリーニング店舗ではあるが自動受渡し機を用いた無人受渡し方式、クリーニングバッグを用いたドアノブ（あるいはメーターボックスなど）吊り下げ方式などがある。

（2）情報の提供

　引渡し時の確認と同様に大切なことは、お客様へのお手入れや保管時のアドバイスである。例えば、持ち帰ったら必ずカバーを外し、通気性のよいところで風を通してから保管してほしいこと、その際に不織布や布のカバーをかけるとホコリ除けになることなどを伝える。また、保管時は日光や

蛍光灯の紫外線が当たらないように、毛・絹など動物繊維製品には防虫剤を、湿気の多い場所には除湿剤や乾燥剤を使用するなど、次のシーズンも着用していただけるようアドバイスする。品物によっては、空気中の酸化窒素ガスにより変退色することもあるので、暖房やボイラーの燃焼ガスや車の排気ガスにも注意する。

着用後にも、ブラッシングをすることや、汗が付着した部分は水を含ませたタオルなどで軽くたたいて乾かすこと、シミが付いたら早めにクリーニングに出すことなどをアドバイスすることによってトラブルの回避を図る。

6. 感染症などへの対策

2019（令和元）年12月に中国で新型コロナウイルス感染症（COVID-19）が確認され、その後世界中に感染が拡大した。クリーニング業は不特定多数が利用すること、そして従事者を守るためにも感染症対策には十分な配慮が必要である。

感染症とは、病原体（病気を起こす細菌、ウイルス、真菌、寄生虫など)が体に侵入して症状が出る病気のことをいう。病原体が体に侵入しても、病原体の感染力と体の抵抗力とのバランスで症状が現れる場合と現れない場合とがある。感染経路は大きく分けて垂直感染（母子感染）と水平感染の2種類がある。水平感染は、人などの感染源から広がるもので、接触感染、飛沫感染、空気感染、媒介物感染の4つに大きく分類できる。

以下に主として新型コロナウイルス感染症への対策を示すが、新たな感染症が発生した場合は対策も変わってくるため、常に最新の情報を入手するように心がける。

（1）共通

- 顧客と従業員や従業員同士の接触を避け、対人距離を確保する（真正面での立ち位置を避けるなど工夫する）。
- マスク等の着用、咳エチケットの励行
- 洗濯前の被洗物取扱い時における手袋の着用
- アルコールによる手指消毒と手洗いの励行
- 密閉空間を避け、換気の励行
- 定期的な清掃と、高頻度接触部位の消毒

（2）受取り時・引渡し時

- 密にならないように店内における顧客数を制限し、順番待ちの際には距離を確保する。
- 顧客にも入店時のマスク着用を呼びかける。
- ポケット残留物（ハンカチ・マスク等）は来店前にあらかじめ顧客に確認してもらうよう促し、受付での衣類点検時に発見した際には顧客自身に取り出してもらう。
- レジではコイントレーでの現金受渡を励行し、場合によってはキャッシュレス決済の利用を促進する。
- 顧客に対して、新型コロナウイルス感染症患者、濃厚接触者が使用した洗濯物や吐しゃ物やふん尿の付着した物品の持ち込みは控えていただくよう周知する。
- 万が一感染が発生した場合に備え、個人情報の取扱に十分注意しながら、顧客の名簿またはお預り証（店側控）を3週間以上、適正に管理する。

（3）一時保管時

- 洗濯前の被洗物と、洗濯後の被洗物を取扱う際の動線が交差しないようにする。

（4）従業員の休憩室

- 一度に休憩する人数を減らし、対面で飲食や会話をしないようにする。
- 対人距離を確保する。
- 常時換気に努める。
- 共有する物品（テーブル、いす等）は、定期的に清拭消毒する。
- 入退室前後に手指消毒または石鹸と流水による手洗いをする。

（5）その他

- 従業員のユニフォーム等はこまめに洗濯する。
- 出勤前に体温測定を実施する。
- 新型コロナウイルス感染症についての相談目安及び「保健所」、「受診・相談センター」の連絡先を従業員に周知する。

7. 消費者苦情への対応

　クリーニングに関する苦情は、プロであるクリーニング師が品物の特性を理解して注意をしたり、お客様へ情報を提供したりすることにより大幅に削減できる。お客様との感情的なトラブルを含め、苦情を減らす努力が求められる。苦情対応がうまく（順調に）いくと、お客様は対応に満足され、「信頼できる店舗だ、ここなら安心だ」と思ってくださり、今まで以上のファンになってくれることも多い。

（1）苦情処理の責任体制をつくる

　クリーニング業法では利用者に対し、苦情の申出先を明示しなければならないとしているため、お客様からの苦情をきちんと受け付け、責任を持って処理することが重要である。そのため、規模の大小にかかわらず、苦情処理体制を整備する必要がある。苦情を申し出たお客様は、調べてくれるのか、どんな対応をしてくれるのか不安に思っている。また、クリーニング店の受付けはパートタイマーが多く、責任者の顔が見えない店が増えている。工場も店舗と離れた場所にあり、技術者と直接話をすることができない現状がある。技術的判断や調査は誰がするのか、損害賠償の判断や対応は誰がするのか、責任者は誰かを定める。これが苦情処理体制である。

　最近では、様々な形態のクリーニング業者が参入し、消費者とのトラブルが発生している。消費者の信頼を得るためにも苦情処理体制を明確にする必要がある。

ア　苦情処理の流れ

　苦情の受付けは、ほとんどの場合、店舗のカウンターで行われる。苦情には、誰が初期対応をするのかを決めておく。苦情の内容を聞き取ったり、苦情品を預かったりするので、苦情受付票を用意しておく。電話での苦情の申し出にも同様に対応する。

　苦情発生時は、①苦情内容の把握、②原因究明のための時間をもらう、③誰が担当するのか、責任者が誰かを伝える、④元に戻すことができず、クリーニング業者に責任がある場合は、クリーニング事故賠償基準に基づき賠償することなどを伝える。また、原因究明のための検査や試験が必要な場合はさらに時間を要することもあるので、途中経過を随時連絡するよう努める。連絡を入れないと、対応が遅いということで、お客様の怒りを助長することになる。

　苦情対応には、迅速に、優先的に、真摯に取り組むことが肝要である。

イ　苦情受付けの心構え

　苦情は突然訪れ、それを受けるのは、誰にとっても嫌で、緊張したり慌てたりする。お客様が激高している場合は、誰でも対応に困る。一番重要なことは、お客様が何に不満を感じているのか申し出内容をよく聞き取ることである。話の区切りで、相

槌を打ち、迷惑をかけたことに謝罪しながら、お客様の話を途中で遮らないように誠実な態度で申し出を聞く。そして、苦情品を見ながら、申し出内容・場所を確認する。最初に申し出を受けた従業者の初期対応の良し悪しが、苦情対応を左右する。お客様の気持ちを和らげ、最終的にはお客様の満足度を高めるために、日頃からスタッフの教育が必要である。

近年、ホームページなどを介してメールで苦情や問い合わせが入る。メールでの回答は、文章が形として残るため、余計なことは書かないように簡潔に要点だけコメントする。いろいろコメントすると、かえってお客様を怒らせてしまうこともある。

ウ　苦情受付票

大事な事項を聞き漏らさないように必要事項を記した受付票を用意しておく。一般

お申し出受付票

店舗名：＿＿＿＿＿＿＿＿＿＿＿＿＿＿＿　　　　　　整理No.

受付年月日：　　　年　　　月　　　日	受付者：

お客様氏名：＿＿＿＿＿＿＿＿＿＿＿　　電話番号：＿＿＿＿＿＿＿＿
住所：＿＿＿＿＿＿＿＿＿＿＿　　メールアドレス：＿＿＿＿＿＿＿

クリーニング受付日：　　　　年　　　月　　　日　　受付者：＿＿＿
クリーニング品引渡し日：　　　年　　　月　　　日
クリーニング方法：＿＿＿＿＿＿＿
品名：＿＿＿＿　色柄：＿＿＿＿　クリーニング料金：　　　　　円
クリーニング受付時のご要望事項(加工など)：＿＿＿＿＿＿＿

購入年月日：　　　年　　　月　　購入先：＿＿＿購入金額：　　　円
着用回数：　　　回　　　日程度　　クリーニング回数：　　　回程度

メーカー名：＿＿＿＿　ブランド名：＿＿＿＿　特徴：＿＿＿＿
メーカー電話番号：＿＿＿＿　担当者氏名：＿＿＿＿

内容：1.破損　2.伸縮　3.ボタン　4.変色　5.シミ　6.紛失(全体・付属品)　7.その他(　　　　)

お申し出内容	所見
回答期限：　　　月　　　日　　　時	

処理経過（日時、折衝相手、内容など）

原因：　当店（受付・洗浄・仕上げ・納品）　・　メーカー　・　お客様　・　不明
解決年月日：　　　年　　　月　　　日
対応結果：

再発防止策

担当者氏名：	決裁者氏名：

図Ⅱ－3　苦情受付票（例）

的には、複写式にして店舗、工場、経理部門などで利用できるようにしておく。（図Ⅱ－3参照）

また、進捗状況の確認・共有、同様な苦情を防止するためにも、パソコンなどにデータを入力し、管理することが望まれる。

(2) クリーニング事故の原因

クリーニング事故は、クリーニング業者やアパレルメーカー・販売店に責任があるばかりでなく、申し出者であるお客様の着用や洗濯、保管に原因があることもある。さらに、勘違いや、素材・製品特性上やむを得ないこともある。お客様へは、平易な言葉で丁寧に説明する。

クリーニング事故の原因を、衣料品の生産・使用・クリーニングのどの段階で発生したかに分け、次に主なものを列記した。事故の責任となると、主たる原因のほか、その情報を伝えなかった者に責任が及ぶこともある。

ア　素材メーカー
- 染色堅ろう度が低い（染色が悪い）もの
- 着用、洗濯に対して耐久性がないもの（物性値の低いもの）

イ　アパレルメーカー
- 使用している生地や付属品、装飾品の組合せが不適切なもの
- 表示が不適切なもの
- プリーツ加工やしわ加工など加工が弱いもの

ウ　お客様の使用・保管中に発生したもの
- 着用による摩耗（襟、肘、袖口、ポケット口、脇、膝、内股、裾など）
- 虫食い
- カビ
- 酸化窒素ガスによる変退色
- 日焼け

エ　クリーニング業者
- ドライ溶剤中の水分過剰による毛製品の収縮
- 再汚染
- 不適切なクリーニング処理による脱色、変色、損傷
- 化学やけど
- 紛失

フロック加工布の接着繊維の脱落
紳士用ベスト。各所、フロックが脱落して接着樹脂が露出

事故原因が判明しても、責任の所在となると直接原因だけではない。このテキストに挙げられている事例は、クリーニング業者ならプロとして知っておくべきことである。洗濯物の受取り時の点検で見極めなければならないものや、お客様にひと言アドバイスをすることで防げるものが多いので、クリーニング業者の責任範囲は広くなる。

また、事故原因を究明できないことも多い。このような場合は、外部の検査機関や全国クリーニング生活衛生同業組合連合会のクリーニング綜合研究所に鑑定を依頼することができる。有料であるが説得の難しいお客様や、原因が推測できない場合は、このような第三者検査機関を利用するほうが結果的には早道である。

オ　クリーニング業者以外に原因がある場合

クリーニング業者以外に事故原因がある場合は、商品情報や文献などで丁寧に説明する。どうしても納得が得られない場合は、消費者センターなど公的相談機関（行政）へ相談できることをお話しする。公的相談機関は、消費者からの相談しか受け付けてくれないため、お客様に相談してもらうことになる。クリーニング業者が、何も対応しないで初めから公的相談機関へ申し出るように言ってしまうと、お客様は感情的になり、苦情が複雑になることもあるので注意する。

なお、素材メーカーやアパレルメーカーに原因があると思えるものは、品質表示ラベルに記載されている連絡先に対応を求める。このときクリーニング業者は、お客様への対応が迅速かつ確実に行われるよう最大限の支援をする。連絡先が不明なものは、購入先でメーカーの連絡先を調べてもらう。

（3）苦情を減少させるために

苦情の申し出があると、多くの労力と時間、費用がかかる。苦情を出さないようにするには、洗濯物の受取り時と引渡し時の点検、相互確認及び説明等が欠かせない。

さらに、お客様に事故情報と商品情報を伝え、購入・着用・洗濯・保管に関する注意を喚起することも重要である。日頃から、チラシやポスターなどを利用して情報を発信するとともに、ひと言添えることで苦情を減らすことができる。

8. クリーニング事故賠償基準

クリーニング業務に関して事故が生じた際、実際の損害賠償を行うに当たっての一つの尺度、いわゆる統一的基準が求められる。それを示したものが「クリーニング事故賠償基準」である。この基準は、学識経験者、消費者、弁護士、流通販売業者、繊維業界、保険業界、厚生労働省、経済産業省、消費者庁、クリーニング業界の各代表者によるクリーニング賠償問題協議会によって策定され、全国クリーニング生活衛生同業組合連合会が自主基準として採用している。多くの中立委員や消費者代表の意見を反映して作成されており、法律に基づく「クリーニング業に関する標準営業約款」にも引用されるなど、中立と公平さは確保されているといえる。

各都道府県の生活衛生営業指導センターの登録店（Sマーク店）とクリーニング生活衛生同業組合加盟店（LDマーク店）では、クリーニング事故があった場合、原則としてこの賠償基準に基づいて対応することになっている。

また、賠償基準は一般にも広く認知されており、行政の消費生活相談窓口でのトラブル解決がこの基準に基づいて行われているほか、基準中の商品別平均使用年数や購

COLUMN
カスタマーハラスメント

　カスタマーハラスメント問題は、判断基準の定義が明確ではなく悪質性の判断が難しい。裁判になったときに、対象者の行為が違法か適法かの判断も困難な場合が多い。「顧客等からの著しい迷惑行為の防止対策の推進に係る関係省庁連携会議」(UAゼンセン資料、2021 年 1 月 21 日)によると、業界団体が司法判断の他に顧客からのハラスメントの判断基準を持つことが重要としている。さらに、企業や業界団体が基準を共有することによって、社会的事実として慣習法上のルールを形成し、企業が自発的・積極的にハラスメントへの対応を行いやすくする必要がある。

◆直近2年以内で迷惑行為の被害にあったことがありますか?

計26,904件

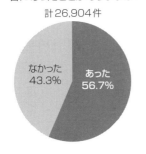

なかった 43.3%
あった 56.7%

◆直近2年以内で迷惑行為をどの位受けましたか?

計26,904件

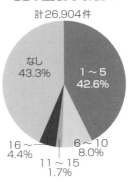

なし 43.3%
1〜5 42.6%
16〜 4.4%
11〜15 1.7%
6〜10 8.0%

◆新型コロナウィルス感染症の影響による迷惑行為はありましたか?

計15,256件

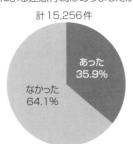

あった 35.9%
なかった 64.1%

◆最も印象に残っている顧客からの迷惑行為は?

	暴言	同じ内容を繰り返す	威嚇・脅迫	長時間拘束	権威的態度(説教)	セクハラ	金品の要求	暴力	土下座	SNS・ネット上の誹謗中傷	その他
割合	39.3%	17.1%	15.0%	11.2%	7.8%	2.3%	2.1%	1.4%	0.6%	0.3%	2.9%
件数	5,988	2,610	2,287	1,711	1,194	350	322	207	90	47	449

◆迷惑行為をしていた顧客の推定年齢

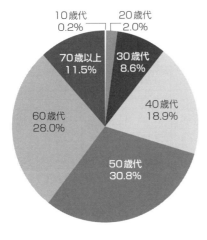

10歳代 0.2%
20歳代 2.0%
30歳代 8.6%
40歳代 18.9%
50歳代 30.8%
60歳代 28.0%
70歳以上 11.5%

◆迷惑行為をしていた顧客の性別

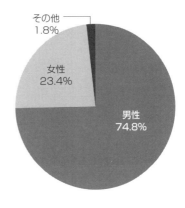

その他 1.8%
女性 23.4%
男性 74.8%

◆迷惑行為のきっかけとなった具体的な理由を一つ選択

	顧客の不満のはけ口・嫌がらせ	接客やサービス提供のミス	消費者の勘違い	商品の欠陥	わからない	システムの不備	その他
割合	33.1%	21.8%	15.2%	9.4%	9.9%	3.0%	7.8%
件数	5,047	3,320	2,314	1,428	1,504	458	1,183

出典：UA ゼンセン

COLUMN
クリーニング所数の推移

　1992年と比較すると2020年のクリーニング所の総数は44.06%の減となっている。一方でクリーニング業法施行規則第1条に規定する指定洗濯物を取扱う施設数は2倍以上に増えている。

クリーニング所数の推移

年度	和暦	クリーニング所施設数 合計	前年比	一般施設	前年比	取次所	前年比	指定施設	前年比	無店舗取次店営業者数	前年比
1992	平成4	153,810	-0.1%	50,010	-1.0%	102,141	0.4%	1,659	-8.1%		
1993	5	156,068	1.5%	49,621	-0.8%	104,839	2.6%	1,608	-3.1%		
1994	6	159,816	2.4%	48,920	-1.4%	109,117	4.1%	1,779	10.6%		
1995	7	161,861	1.3%	48,227	-1.4%	111,907	2.6%	1,727	-2.9%		
1996	8	163,554	1.0%	47,768	-1.0%	113,991	1.9%	1,795	3.9%		
1997	9	164,225	0.4%	47,218	-1.2%	115,010	0.9%	1,997	11.3%		
1998	10	163,999	-0.1%	46,319	-1.9%	115,896	0.8%	1,784	-10.7%		
1999	11	163,027	-0.6%	45,476	-1.8%	115,703	-0.2%	1,848	3.6%		
2000	12	162,347	-0.4%	44,617	-1.9%	115,752	0.0%	1,978	7.0%		
2001	13	159,801	-1.6%	43,771	-1.9%	113,953	-1.6%	2,077	5.0%		
2002	14	157,112	-1.7%	42,307	-3.3%	112,607	-1.2%	2,198	5.8%		
2003	15	155,109	-1.3%	41,866	-1.0%	111,068	-1.4%	2,175	-1.0%		
2004	16	150,753	-2.8%	40,431	-3.4%	108,089	-2.7%	2,233	2.7%		
2005	17	147,132	-2.4%	39,638	-2.0%	105,134	-2.7%	2,360	5.7%	263	−
2006	18	143,699	-2.3%	37,039	-6.6%	103,061	-2.0%	3,599	52.5%	290	10.3%
2007	19	140,823	-2.0%	37,036	0.0%	101,191	-1.8%	2,596	-27.9%	367	26.6%
2008	20	136,751	-2.9%	35,211	-4.9%	98,586	-2.6%	2,954	13.8%	346	-5.7%
2009	21	133,198	-2.6%	34,193	-2.9%	95,805	-2.8%	3,200	8.3%	386	11.6%
2010	22	126,155	-5.3%	31,940	-6.6%	90,825	-5.2%	3,390	5.9%	770	99.5%
2011	23	122,153	-3.2%	31,219	-2.3%	87,386	-3.8%	3,548	4.7%	1,692	119.7%
2012	24	116,380	-4.7%	29,784	-4.6%	83,274	-4.7%	3,322	-6.4%	1,808	6.9%
2013	25	111,778	-4.0%	28,713	-3.6%	79,773	-4.2%	3,292	-0.9%	1,789	-1.1%
2014	26	106,712	-4.5%	26,964	-6.1%	76,341	-4.3%	3,407	3.5%	1,801	0.7%
2015	27	102,311	-4.1%	25,975	-3.7%	72,888	-4.5%	3,448	1.2%	1,869	3.8%
2016	28	97,776	-4.4%	24,336	-6.3%	69,929	-4.1%	3,511	1.8%	1,933	3.4%
2017	29	94,102	-3.8%	23,497	-3.4%	67,110	-4.0%	3,495	-0.5%	1,939	0.3%
2018	30	89,979	-4.4%	22,214	-5.5%	64,266	-4.2%	3,499	0.1%	1,963	1.2%
2019	令和1	86,043	-4.4%	21,274	-4.2%	61,316	-4.6%	3,453	-1.3%	2,062	5.0%
2020	2	81,541	-5.2%	19,968	-6.1%	58,138	-5.2%	3,435	-0.5%	2,159	4.7%

出典：厚生労働省衛生行政報告例

入時からの経過月数に対応する補償割合は、流通業界やアパレル業界の品質管理や消費者からの苦情対応にも活用されることがある。

（1）クリーニング業者の注意義務

「賠償基準」では、クリーニング業者が事故に対し責任を負うのは、クリーニング業務の遂行にあたり、「職務上相当な注意を怠ったことに基づき法律上の損害賠償責任を負うべき場合」に限定し（賠償基準第1条）、次のア〜オを注意すべき義務としている。

ア　洗濯物の状態把握義務

お客様から依頼を受けた洗濯物の機能、汚れの質と量、汚れの放置期間、染色堅ろう度などを的確に把握すること。実務とし

ては、受付け点検、洗浄前点検を適切に実施する。

イ　適正クリーニング処理方法選択義務

その洗濯物のクリーニング処理が不可能な場合には、クリーニングの引受けを断り、クリーニング処理が可能な場合には、最も適正なクリーニング処理方法を選択すること。実務としては、日頃の品質管理の推進及び常に都道府県の生活衛生営業指導センターが実施するクリーニング師研修などに参加して、新技術や新情報を勉強し技術の向上を図る。

ウ　処理方法等説明義務

洗濯物の受取り及び引渡しに際してお客様と品物の状態について可能な限り相互確認をし、上記ア、イの履行に必要な内容に関して説明を行うこと。

COLUMN
1世帯当たり洗濯代支出金額の推移

2021年の洗濯代への支出はコロナウイルス感染症前の2019年と比較すると28.91％減となった。同様に背広代への支出も42.3％の大幅減であった。洗濯代への支出は1992年から2021年の30年間で前年比でプラスとなったのはわずか4回で減少傾向が続いている。

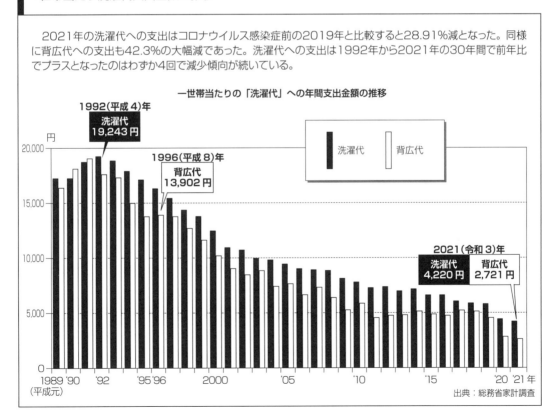

一世帯当たりの「洗濯代」への年間支出金額の推移

1992（平成4）年 洗濯代 19,243円

1996（平成8）年 背広代 13,902円

洗濯代　背広代

2021（令和3）年 洗濯代 4,220円　背広代 2,721円

出典：総務省家計調査

エ　クリーニング完全実施義務

上記イで選択し、ウで説明したクリーニング処理方法を完全に実施すること。

オ　受寄物返還義務

お客様から預かった洗濯物を適正な状態で引き渡すこと。実務としては、返品時の点検を含む。

①ア～オのいずれかの義務を怠りお客様に損害を与えた場合
→請負契約上の債務不履行に基づく賠償責任

②オの義務を怠った場合、例えば不注意によりお客様から預かった洗濯物を紛失、破損などした場合
→寄託契約上の債務不履行に基づく賠償責任

（2）クリーニング業者の定義

賠償基準第2条では、クリーニング業者を「利用者とクリーニング契約（寄託契約と請負契約の混合契約）を結んだ当事者をいう」と定義している。お客様とクリーニング契約を結んだ者が当事者となることから、委託取次店はもとより宅配業者などが集配を行い、あるいは委託（提携）先がクリーニング処理を行うなどの業態であっても、事故が発生した際にはクリーニング契約当事者がクレーム処理の窓口として責任をもって解決にあたることになる。また、洗濯物の受取り及び引渡しや保管を宅配業者等の第三者が行う場合であっても、これらの履行補助者はクリーニング契約の当事者ではないことから、事故原因が履行補助者にあっても、お客様に対しての賠償責任は契約当事者たるクリーニング業者が負うことになる。

（3）説明責任

賠償基準第2条の2では、クリーニング業者は洗濯物の受取り及び引渡しをしようとするときは、あらかじめ、お客様に対し、洗濯物の処理方法等を説明するとともに、賠償基準を提示すること、洗濯物の受取り及び引渡しをしようとするときは、洗濯物の状態をお客様とともに確認することを求めている。

賠償基準の提示は、万が一事故が発生した際に本基準に基づき賠償する旨をあらかじめお客様に示すことを目的にしている。

①説明義務は膨大な洗濯物すべてに対してではなく、クリーニング業法並びに本基準が求めているのはあくまでも《クリーニング事故防止＝利用者利益の擁護》であり、日常的に扱うワイシャツ1点1点にまで説明義務は及ぶものではないと解釈されている。

②説明が必要な洗たく物としては、扱ったことのない素材や取扱い表示のない製品、事故が頻発している素材を用いた衣類、完全に落ちるか不明な汚れが付いた衣類、特殊クリーニングが必要な衣類など、プロの目から見てリスクを伴う可能性の高い品物が該当する。どのようなリスクが内在し、プロとしてどう処理するのかについて、あらかじめ説明が必要となる。

③宅配業者が行う場合や、ロッカー、インターネットでの受付等、対面方式に拠らない方法の場合であっても、洗たく前に検品を行い、電話やインターネット等を通じて品物の状態や処理方法等について事前に説明し、了解を得ることが必要である。

（4）クリーニング業者の責任

賠償基準第3条では、「洗濯物について事故が発生した場合は、クリーニング業者が被害を受けたお客様に対して賠償する。

ただし、クリーニング業者が、その職務の遂行において相当の注意を怠らなかったこと、および利用者またはその他の第三者の過失により事故の全部または一部が発生したことを証明したときは、その証明の限度において本基準による賠償額の支払いを免れる」としている。

クリーニング業者の賠償責任は、『職務上相当な注意』を怠ったことを理由とする過失責任で、いわゆる無過失責任ではない。本条ただし書により、十分な証明を行うことによって、クリーニング業者も賠償責任を免れることができる。

もっとも、洗濯物について事故が発生した場合には、専門家としてのクリーニング業者に比べお客様の知識・情報が著しく少ないことから、お客様の救済を促進するため、証明がなされるまでは一応クリーニング業者に過失が存在し、その過失と損傷との間に因果関係が存在するものと推定されている。（過失の推定）

また、衣料品には、お客様自身の扱いや衣料品の販売までの間の展示・保管等の不適切な処理によって、事故が発生することもある。この場合には、当然に過失相殺が適用され、クリーニング業者の賠償金額は過失の割合に応じて減免される。

(5) 損害賠償の対象

クリーニング事故に関する損害賠償の対象は、原則として事故が生じた洗濯物自体である。ただし、次の場合については、「賠償基準」で定める賠償額に上乗せされることもある（「クリーニング事故賠償基準第4条運用マニュアル」(2)(ロ)）。

①約束した引渡し日に洗濯物がお客様に引き渡されない場合でお客様が代替品を賃借した時の料金

②お客様が損害賠償請求にあたって、あらかじめ、クリーニング業者などの同意を得て負担した調査費（ただし調査費は最終的には過失割合に応じて該当者が負担することが原則となる）

③その他特別の事情による費用の支出をお客様が行っている場合

(6) 賠償額

クリーニング業者が「職務上相当な注意を怠った」場合や不法行為により事故を起こした場合、賠償基準第4条に規定する方式で算定した額の賠償金を業者が支払うこととなる。この算定方式は、事故品が着用に耐えない（全損又はみなし全損）として、クリーニング業者が事故品を引き取る場合に適用される。事故の程度が軽く、お客様が品物を引き取り、引き続き使用するものの品物の価値が減じている場合は、部分損としてその割合に応じて賠償することとなる。また、クリーニング業者が賠償金の支払いと同時にお客様の求めにより事故物品をお客様に引き渡すときは、賠償額の一部をカットすることができる（賠償基準第6条第1号）。

ア　物品の再取得価格が基準

賠償金は「物品の再取得価格」を基準に算出される（賠償基準第4条）。

物品の再取得価格とは、損害が発生した物品と同一の品質の新規の物品を事故発生時に購入するのに必要な金額のことを指す。

(ア)「標準的な小売価格」を基準にする場合…損害を受けた物品を購入したときの価格と、事故発生時におけるその物品の標準的な小売価格とが見合う場合

(イ)「購入時の価格」を基準にする場合…その小売価格と購入時の価格が著しく異なる場合で、クリーニング業者又はお客様が購入価格を明らか

にしたとき

（ウ）「購入時の価格に消費者物価指数を乗じた価格」を基準にする場合…購入時の価格がわかっていても、事故発生時に物品が販売されていなくて事故発生時の標準的な小売価格が不明なとき

イ　賠償額算出方法

　賠償額の算出は次に示すとおり、物品の再取得価格に事故賠償基準の別表２：物品購入時からの経過月数に対応する補償割合（222ページ)に定める補償割合を乗じて行う。

賠償額＝物品の再取得価格
　　　　×別表２に定める補償割合

　この補償割合は事故にあった物品をお客様が取得したときからクリーニング業者に預けたときまでの経過月数と物品の種類

（218〜221ページ　別表１：商品別平均使用年数表参照）、及び損害の程度に対応して定めている。

　なお、物品が贈与品である場合は、その贈与主の購入日から経過月数を算出する。

　また、物品の再取得価格を計算できない場合は、次のような基準で賠償額を算出する（賠償基準第５条）。

（Ａ）ドライクリーニング処理が行われたとき…クリーニング料金の40倍

（Ｂ）ウエットクリーニング処理が行われたとき…クリーニング料金の40倍

（Ｃ）ランドリー処理が行われたとき…クリーニング料金の20倍

（Ｄ）特殊クリーニング処理が行われたとき…クリーニング料金の20倍

　背広の上下など、２点以上を一対としなければその着用が著しく困難な物品については、その一部にのみ損害が生じた場合で

算出例

　２年３か月前（27か月前）に60,000円で購入した合冬物スーツがクリーニングのミスにより損傷、同一の品質の新規の物品が現在63,000円で販売されている。

- 物品の再取得価格…63,000円
- 合冬物スーツの平均使用年数…
  別表１商品区分No.11・４年
- 別表２に定める補償割合…
  A級68%・B級52%・C級40%
- 賠償額…B級＝63,000円×0.52＝32,760円

別表２（抜粋）

平均使用年数	1	2	3	4	補償割合		
					A 級	B 級	C 級
購入時からの経過月数	1か月未満	2か月未満	3か月未満	4か月未満	100%	100%	100%
	1〜2〃	2〜4〃	3〜6〃	4〜8〃	94	90	86
	2〜3〃	4〜6〃	6〜9〃	8〜12〃	88	81	74
	3〜4〃	6〜8〃	9〜12〃	12〜16〃	82	72	63
	4〜5〃	8〜10〃	12〜15〃	16〜20〃	77	65	55
	5〜6〃	10〜12〃	15〜18〃	20〜24〃	72	58	47
	6〜7〃	12〜14〃	18〜21〃	24〜28〃	68	52	40

も、一対のもの全体を考慮して賠償額を算定する。

　ただし、お客様が一対のもののうち1点だけをクリーニングに出し、クリーニング業者がこれを知らなかった場合は、次のような割合によって、1点だけに対する賠償額を算定することができる。

- ツーピースの場合　…上衣60%、スラックス（スカート）40%
- スリーピースの場合…上衣55%、スラックス（スカート）35%、ベスト10%

　このほか、形見、記念品、骨とう品など主観的価値の大きい品物、あるいは海外での購入品など代替品のない品物については、あらかじめお客様と特約を結んでおくのが望ましい。

ウ　クリーニング代金請求の放棄

　クリーニング業者に事故の原因がある場合、クリーニング業者は、クリーニング代金の請求を放棄することとなる。

(7) クリーニング業者が賠償額支払いを免除されるケース

ア　洗濯物を受け取る際、お客様が事故のないことを確認し、異議なくこれを引き取ったことを証明する書面を業者に交付したとき（賠償基準第7条第1項）。

イ　お客様が洗濯物を受け取った後6か月を経過したとき（賠償基準第7条第2項）。

ウ　クリーニング業者が洗濯物を受け取った日から1年を経過したとき。ただし、この場合、次の日数を加算する（賠償基準第7条第3項）。

　（ア）その洗濯物のクリーニングのために必要な期間を超えて仕事が完成した場合には、その超過した日数。

　（イ）特約による保管サービスを行った場合には、その保管日数。

　（ウ）その洗濯物のクリーニングのため

に必要な期間を超えて仕事が完成した後、継続して特約による保管サービスを行った場合には、超過日数と保管日数を合算した日数。

エ　地震、豪雨災害等、クリーニング業者の責めに帰すことのできない大規模自然災害により、預り品が滅失・損傷し、洗濯物をお客様に返すことができなくなったとき（賠償基準第7条第4項）。

オ　クリーニング業者が洗濯物を受け取った日から90日を過ぎても洗濯物をお客様が受け取らず、かつ、これについてお客様に責任がある場合は、受取りの遅延によって生じた損害については、その賠償責任を免れることができる（賠償基準第6条第2号）。

(8) 大規模自然災害により滅失・損傷した預り品の取扱い

　地震や豪雨災害等、クリーニング業者の責めに帰すことのできない大規模自然災害によって、預かっている洗濯物が滅失・損傷した場合、民法の規定に基づきクリーニング業者はその賠償責任は免れる。ただし、クリーニング業者が災害保険等に加入しており、滅失・損傷した洗濯物について補償を得ているときは、お客様はその代償の譲渡を請求することができる。

　なお、この場合のクリーニング料金の取扱いについては、以下の2つのケースに分かれる。

①通常の場合、クリーニング業者は洗濯物の返還債務を免れるが、この際反対給付（クリーニング料金）を受ける権利は失う。既に料金を受領しているときは、返還しなければならない。

②引取りを催告したにもかかわらずお客様が受取りにこなかった洗濯物が滅失した場合、クリーニング業者は債務の履行義

務を免れ、損傷した場合は、損傷した物を返還すればよいとされる。一方、お客様はこの場合であっても、クリーニング料金を支払う必要がある。

（注）地震などによらなくても、例えば隣家から火事が発生し店が類焼した場合などは、民法により上記と同様の取扱いとなる。ただし、出火原因がクリーニング業者にある場合は、当然、クリーニング業者に責任が生じる。このほか水害などにより預かった洗濯物が、滅失・毀損した場合も同様の取扱いになる

9. 長期間放置品への対応

クリーニングの仕上り予定日を過ぎても長い間お客様が引取りに来ない「長期間放置品」は、基本的にお客様の「所有権」が消滅しないことから、長らくクリーニング業者を悩ませてきた。しかしながら、今後さらに高齢化・核家族化・孤独化を迎える社会のなかで放置品が増えていくことが予想されることや、クリーニング店をクローゼット代わりにして、あえて引取りに来ないお客様への対応など、「長期間放置品」の解消に向けての取組みが必要となっている。

そのため、全国クリーニング生活衛生同業組合連合会がクリーニング事故賠償基準を作成するために設けた弁護士や消費生活相談員、クリーニング関係業界の委員らで構成するクリーニング賠償問題協議会で「クリーニング長期間放置品解消検討委員会および分科会」を組織し、2017（平成29）年度に長期間放置品を解消するための方策を取りまとめた。

まず、一義的には、仕上り予定日を過ぎたクリーニング品は一刻も早くお引取りいただくことを基本にしてお客様に理解してもらうことを周知徹底する。

さらに、お客様と放置品の処分に関する条項が含まれた契約を交わし、契約内容の周知および督促等のクリーニング業者の果たすべき責務を完遂したうえで、仕上り予定日から一定期間※を経過したものについて契約に基づき処分できるようにすることを提案している。

この提案では、クリーニング業者が果たすべき責務を次のように例示している。

- 利用者と放置品の処分に関する条項が含まれた契約を交わす。
- 契約による処分を預り証に明記し、説明とともに手渡しする。
  ① クリーニング約款に基づく「クリーニング契約」を説明、明示する。
  ② 契約による処分を預り証に明記し、説明とともに手渡しする。
  ③ 契約による処分を店頭ポスターやステッカーにして掲示する。
- 利用者の連絡先を正確に把握し、同時に個人情報の管理体制を整備する。
- 把握した連絡先をもとに店舗ごとに定めたルールに基づいて定期的に督促の連絡を行う。

※クリーニング長期間放置品解消検討委員会が作成した契約例では、処分までの最短期間を「仕上り予定日から90日」に設定しており、この期間を目安に店舗ごとに処分までの日数を定めるように推奨している。

また、「過去からある放置品」＝処分に関する契約を結んでいない放置品については、お客様と連絡がつかないことを前提に下記のアンケート結果などから、仕上り予定日から5年経過を目安にして、お客様が長期間引取りに来ないことに、所有権を放棄したとみなす考え方を適用し、特例的に処分を行うことを提案している。

長期保管品アンケート調査

　洗濯物の長期間放置品の問題は長年の課題だ。全国クリーニング生活衛生同業組合連合会が実施したアンケート調査によると長期間放置品がある店は9割近くにのぼった。長期間放置品の返却時に保管料（延滞金）を請求したか否かでは、9割が請求したことはないと回答している。

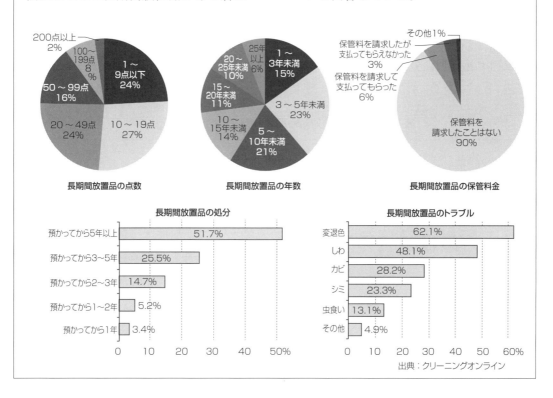

洗濯物の受取り、保管及び引渡し

長期間放置品の点数
- 1〜9点以下 24%
- 10〜19点 27%
- 20〜49点 24%
- 50〜99点 16%
- 100〜199点 8%
- 200点以上 2%

長期間放置品の年数
- 1〜3年未満 15%
- 3〜5年未満 23%
- 5〜10年未満 21%
- 10〜15年未満 14%
- 15〜20年未満 11%
- 20〜25年未満 10%
- 25年以上 6%

長期間放置品の保管料金
- その他 1%
- 保管料を請求したが支払ってもらえなかった 3%
- 保管料を請求して支払ってもらった 6%
- 保管料を請求したことはない 90%

長期間放置品の処分
- 預かってから5年以上 51.7%
- 預かってから3〜5年 25.5%
- 預かってから2〜3年 14.7%
- 預かってから1〜2年 5.2%
- 預かってから1年 3.4%

長期間放置品のトラブル
- 変退色 62.1%
- しわ 48.1%
- カビ 28.2%
- シミ 23.3%
- 虫食い 13.1%
- その他 4.9%

出典：クリーニングオンライン

お引取りのないお預り品の取扱いについて

仕上り予定日を過ぎてもお引取りがないお預り品に関して、仕上り予定日から○○日経過したお預り品を処分させていただきます。
一日も早いお引取りをお願いいたします。
また、お客様の大切な品物を良い状態でお返しするために以下の点にご協力をお願いいたします。

処分までの最短期間「仕上り予定日から90日」を参考に、事業者ごとに処分までの日数を定め周知する。

お客様の連絡先（電話・住所・メール等）を正確にお知らせください。

お預り証を大切に保管してください。

仕上ったお品物は、一日も早いお引取りをお願いします。

詳しくは店頭スタッフへ

ご理解のほどお願い申し上げます

製作／全国クリーニング生活衛生同業組合連合会

周知用のステッカー（製作／全国クリーニング生活衛生同業組合連合会）

第4章　繊維製品等に関する表示の基礎知識

家庭用品品質表示法は、家庭用品の品質に関する表示の適正化を図り、一般消費者の利益を保護することを目的とする。

対象となる家庭用品は、「繊維製品」「合成樹脂加工品」「雑貨工業品」「電気機械器具」の4つの部門に分類されている。指定された商品ごとに表示事項、表示方法などを適切に表示することが義務付けられている。

1. 繊維製品の表示事項

(1) 表示対象品目

表示対象品目の一覧は表Ⅱ−1のとおり。

表Ⅱ−1　表示の対象一覧表（家庭用品品質表示法）

品目		表示事項	組成(注5)	取扱表示	はっ水性(注6)	品目	表示事項	組成	取扱表示	はっ水性
(1) 糸（注1）			○	−	−		靴下	○	−	−
(2) 織物、ニット生地及びレース生地（注2）			○	−	−		手袋	○	−	−
(3) 衣料品等(注3)	コート	特定織物のみを表生地に使用した和装用のもの（注4）	◎	−	○	(3) 衣料品等(注3)	帯	○	−	−
		その他のもの	◎	○	○		足袋	○	−	−
	セーター		○	○	−		帽子	○	−	−
	シャツ		○	○	−		ハンカチ	○	−	−
	ズボン		○	○	−		マフラー、スカーフ、ショール	○	−	−
	水着		○	−	−		風呂敷	○	−	−
	ドレス、ホームドレス		○	○	−		エプロン、かっぽう着	○	−	−
	ブラウス		○	○	−		ネクタイ	○	−	−
	スカート		○	○	−		羽織ひも、帯締め	○	−	−
	事務服、作業服		○	○	−		床敷物	○	−	−
	上衣		◎	○	−		毛布	○	○	−
	子供用オーバーオール、ロンパース		○	○	−		膝掛け	○	○	−
	下着	繊維の種類が1種類のもの	なせん加工品	○	−	−		上掛け	○	○	−
			その他のもの	○	−	−		布団カバー	○	○	−
		特定織物のみを表生地に使用した和装用のもの（注4）		○	−	−		敷布	○	○	−
		その他のもの		○	○	−		布団	○	−	−
	寝衣		○	○	−		カーテン	○	○	−
	羽織着物	特定織物のみを表生地に使用した和装用のもの（注4）		○	−	−		テーブル掛け	○	−	−
		その他のもの		○	○	−		タオル、手拭い	○	−	−
							ベッドスプレッド、毛布カバー、枕カバー	○	○	−

（注）1：糸の全部又は一部が綿、麻（亜麻及び苧麻に限る。）、毛、絹、ビスコース繊維、銅アンモニア繊維、アセテート繊維、ナイロン繊維、ポリエステル系合成繊維、ポリウレタン系合成繊維、ガラス繊維、ポリエチレン系合成繊維、ビニロン繊維、ポリ塩化ビニリデン系合成繊維、ポリ塩化ビニル系合成繊維、ポリアクリルニトリル系合成繊維又はポリプロピレン系合成繊維であるものに限る。

2：(1)に掲げる糸を製品の全部又は一部に使用して製造したものに限る。

3：(1)に掲げる糸や(2)に掲げる織物、ニット生地又はレース生地を製品の全部又は一部に使用して製造し又は加工した繊維製品（電気加熱式のものを除く。）に限る。

4：「特定織物」とは、組成繊維中における絹の混用率が50％以上の織物又はたて糸若しくはよこ糸の組成繊維が絹のみの織物をいう。

5：組成欄の「◎」詰物を使用しているものについては、表生地、裏生地及び詰物（ポケット口、肘、衿等の一部に衣服の形状を整えるための副資材として使用されている物を除く。）を表示する。

6：「はっ水性」の表示は、レインコート等はっ水性を必要とするコート以外の場合は必ずしも表示をする必要はない。

（2）表示事項

①繊維の組成（組成表示）
②家庭洗濯等取扱い方法（取扱表示）
③はっ水性

（3）表示方法

ア　組成表示

　組成繊維である全ての繊維の名称を示す用語に、それぞれの繊維混用率を百分率で示す数値を併記して表示する。

　上着、スカート、ワンピース、スラックスなど、裏生地のあるものは、裏生地の組成、上着又はコートで詰物（中わた）のあるものは、詰物の繊維も併せて表示する。

（ア）繊維の名称（指定用語）

　繊維の名称を示す用語には、「指定用語」（表Ⅱ－2）を用いる。

（イ）混用率

　a. 製品に使用されている全ての繊維の、混用割合をパーセントで表示する。
　b. 製品の部位を分離して示し、分けた部分ごとにそれぞれを100として混用率を示すことができる。この場合の分け方はどのように分けてもよいが、部分を示す文字は、その部分を分かりやすく示すものでなければならない。
　c. デザインの複雑さ、その他その製品の特質などによりパーセント表示が困難な特定の繊維製品には、混用割合をパーセントで表示することに代えて、混用率の大きな繊維から順番に名称を列記するか、混用率の大きな繊維の名称を最低限二つ列記して残りの繊維を一括してその他と記載するなどの方法も認められている。

イ　取扱表示

　取扱表示は、洗濯、クリーニングなどの取扱い方法に関する情報を伝えるもので、2016（平成28）年11月30日まではJIS L 0217による記号を使用していたが、2016年12月1日からはISOに整合化したJIS L

 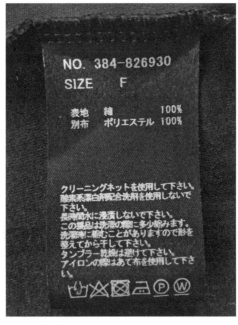

組成表示、取扱表示

分類	繊維の種類		指定用語(表示名)	分類	繊維の種類		指定用語(表示名)
植物繊維	綿		綿 コットン COTTON	半合成繊維	アセテート繊維	水酸基の92%以上が酢酸化されているもの	アセテート ACETATE トリアセテート
	麻 (亜麻及び苧麻のみ)		麻 亜麻 リネン			その他のもの	アセテート ACETATE
			麻 苧麻 ラミー		上記以外の半合成繊維		「半合成繊維」の用語に、その繊維の用語または商標を括弧で付記
	上記以外の植物繊維		「植物繊維」の用語に、その繊維の用語または商標を括弧で付記	合成繊維	ナイロン繊維		ナイロン NYLON
動物繊維	毛	羊毛	毛 羊毛 ウール WOOL		アラミド繊維		アラミド
		アンゴラ	毛 アンゴラ		ビニロン繊維		ビニロン
		カシミヤ	毛 カシミヤ		ポリ塩化ビニリデン系合成繊維		ビニリデン
		モヘヤ	毛 モヘヤ		ポリ塩化ビニル系合成繊維		ポリ塩化ビニル
		らくだ	毛 らくだ キャメル		ポリエステル系合成繊維		ポリエステル POLYESTER
		アルパカ	毛 アルパカ		ポリアクリルニトリル系合成繊維	アクリルニトリルの質量割合が85%以上のもの	アクリル
		その他のもの	毛			その他のもの	~~アクリル系~~⇒モダクリル *アクリル系は法改正によりモダクリルに変更された、令和4年1月1日告示
			「毛」の用語に、その繊維の用語または商標を括弧で付記		ポリエチレン系合成繊維		ポリエチレン
	絹		絹 シルク SILK		ポリプロピレン系合成繊維		ポリプロピレン
	上記以外の動物繊維		「動物繊維」の用語に、その繊維の用語または商標を括弧で付記		ポリウレタン系合成繊維		ポリウレタン
再生繊維	ビスコース繊維	平均重合度が450以上のもの	レーヨン RAYON ポリノジック		ポリ乳酸繊維		ポリ乳酸
		その他のもの	レーヨン RAYON		上記以外の合成繊維		「合成繊維」の用語に、その繊維の用語または商標を括弧で付記
	銅アンモニア繊維		キュプラ	無機繊維	ガラス繊維		ガラス繊維
	上記以外の再生繊維		「再生繊維」の用語に、その繊維の用語または商標を括弧で付記		炭素繊維		炭素繊維
					金属繊維		金属繊維
					上記以外の無機繊維		「無機繊維」の用語に、その繊維の用語または商標を括弧で付記
				羽毛	ダウン		ダウン
					その他のもの		フェザー
							その他の羽毛
				分類外繊維	上記以外の繊維		「分類外繊維」の用語に、その繊維の用語または商標を括弧で付記

※上記の「分類」が明らかで、「繊維の種類」が不明な場合は、繊維の名称を示す用語または商標(＝括弧部分)が省略できる

※複合繊維の名称を示す場合には、「複合繊維」の用語の後に1種類以上、3種類までのポリマーの名称を示す用語等（全てのポリマーの名称が前の表の右欄に掲げる指定用語（「上記以外の植物繊維」、「上記以外の動物繊維」、「上記以外の再生繊維」、「上記以外の半合成繊維」、「上記以外の合成繊維」、「上記以外の無機繊維」又は「上記各項目に掲げる繊維等以外の繊維」に該当する指定用語を除く。）に当たる場合はその指定用語を、それ以外の場合は複合繊維の名称を示す「商標」又は「指定用語及びポリマーの名称を示す用語」）を表示する（繊維規程第6条第2項）。

0001による記号に切り替えられた。

なお、2016年（平成28）12月前後に販売された商品は、JIS L 0217とJIS L 0001が併記されているものがある。

（ア）記号の組合せ順序

JIS L 0001による記号は「洗濯」「漂白」「乾燥」「アイロン仕上げ」「商業クリーニング」の順に並べることになっている。

（イ）ラベルの性能

JIS L 0001では、「ラベルは，少なくともラベルを付ける繊維製品と同程度の家庭洗濯処理及び商業クリーニング処理に耐え得る適切な素材で作成する」、「ラベル並びにラベルに印字した記号及び付記用語は，容易に読み取れる大きさとし，製品の耐用期間中は判読可能でなければならない」としている。

（ウ）ラベルの取付け

JIS L 0001では、「ラベルは，消費者が簡単に分かる箇所に見やすく，縫い目などに隠れず，かつ，しっかりと容易に取れない方法で繊維製品に取り付けなければならない。」としている。

ウ　はっ水性

レインコートなどはっ水性を必要とする製品で、JIS L 1092に規定された方法により"はっ水性の試験"を行ったとき、はっ水度2級以上あれば「はっ水」の表示ができる。

洗濯又はドライクリーニングにより、性能が低下する場合は、その旨を付記する。

（4）表示者名及び連絡先

その表示についての責任を明らかにするため、「表示者名」を付記しなければならない（消費者からの品質内容の問い合わせ、苦情の申し出などに対して連絡がとれること）。

表示者名とは「表示者の氏名（名称）」と「住所又は電話番号」をいう。表示者名：正式名称（登記名）が原則。株式会社、有限会社は（株）（有）に省略可能。

住所、電話番号（携帯電話番号は不可）：問い合わせに対して確実に連絡がとれること（番地等の省略は不可、ホームページアドレスやメールアドレスも不可）。

組成表示、はっ水表示にそれぞれ表示者名が必要。組成表示（下札タグ）及び（縫い付けラベルなど）にそれぞれ表示する。

（5）JIS L 0001とJIS L 0217の対比表

取扱いに関する表示記号は、2016（平成28）年12月1日からISOに整合化したJIS L0001による記号に切り替えられているが、クリーニングにはJIS L 0001とJIS L 0217の記号を使用した製品の両方が相当な期間混在して持ち込まれることになる。

このため、クリーニングでは、JIS L 0001とJIS L 0217の表示品を仕分けする作業が必要になる可能性や、お客様からJIS L 0001とJIS L 0217の表示品をそれぞれ別々に処理するように求められる可能性などが懸念されていた。

そうした懸念を払拭するため、厚生労働省、経済産業省、消費者庁が連名して、JIS L 0001とJIS L 0217の記号をグループ化した対比表（表Ⅱ－3）を作成している。

本対比表は、JIS L 0217とJIS L 0001の表示品を混在して同一ロットで処理するときの参照資料を想定して作成しているが、JIS L 0217とJIS L 0001では基本的な考え方や記号の数が異なることから、記号相互間に対応関係はなく、それぞれが異なる規則によって運用されていることを理解した上で活用するようにしたい。

ちなみに、「ドライクリーニングのため

の表示記号」中の「パークロロエチレン」は、「テトラクロロエチレン」の別名である（148ページの「まめ知識　テトラクロロエチレン」参照）。

（6）付記用語

　JIS L 0001附属書C（参考）では、「付記用語は、幾つかの処理記号を続けて表示した後に別行で付記し，製品又は同時に家

表Ⅱ－3　JIS L 0001 表示記号に対するクリーニング業界の対応

洗濯処理のための表示記号

JIS L 0001：2014			JIS L 0217：1995		
番号	表示記号	表示記号の意味	番号	表示記号	表示記号の意味
190	〔95〕	液温は、95℃を限度とし、洗濯機で通常の洗濯処理ができる。	101	〔95〕	液温は、95℃を限度とし、洗濯ができる。
170	〔70〕	液温は、70℃を限度とし、洗濯機で通常の洗濯処理ができる。			JIS L 0217 には対応する記号なし。JIS L 0001 を参照して処理する。
160	〔60〕	液温は、60℃を限度とし、洗濯機で通常の洗濯処理ができる。	102	〔60〕	液温は、60℃を限度とし、洗濯機による洗濯ができる。
161	〔60〕	液温は、60℃を限度とし、洗濯機で弱い洗濯処理ができる。			
150	〔50〕	液温は、50℃を限度とし、洗濯機で通常の洗濯処理ができる。			JIS L 0217 には対応する記号なし。JIS L 0001 を参照して処理する。
151	〔50〕	液温は、50℃を限度とし、洗濯機で弱い洗濯処理ができる。			
140	〔40〕	液温は、40℃を限度とし、洗濯機で通常の洗濯処理ができる。	103	〔40〕	液温は、40℃を限度とし、洗濯機による洗濯ができる。
141	〔40〕	液温は、40℃を限度とし、洗濯機で弱い洗濯処理ができる。			
142	〔40〕	液温は、40℃を限度とし、洗濯機で非常に弱い洗濯処理ができる。	104	〔弱40〕	液温は、40℃を限度とし、洗濯機の弱水流又は弱い手洗いがよい。
130	〔30〕	液温は、30℃を限度とし、洗濯機で通常の洗濯処理ができる。			JIS L 0217 には対応する記号なし。JIS L 0001 を参照して処理する。
131	〔30〕	液温は、30℃を限度とし、洗濯機で弱い洗濯処理ができる。	105	〔弱30〕	液温は、30℃を限度とし、洗濯機の弱水流又は弱い手洗いがよい。
132	〔30〕	液温は、30℃を限度とし、洗濯機で非常に弱い洗濯処理ができる。			
110	〔手〕	液温は、40℃を限度とし、手洗いによる洗濯処理ができる。	106	〔手洗イ30〕	液温は、30℃を限度とし、弱い手洗いがよい。洗濯機は使用できない。
100	〔×〕	洗濯処理はできない。	107	〔×〕	水洗いはできない。

漂白処理のための表示記号

	JIS L 0001：2014			JIS L 0217：1995	
番号	表示記号	表示記号の意味	番号	表示記号	表示記号の意味
220	△	塩素系及び酸素系漂白剤による漂白処理ができる。	201	(エンソサラシ)	塩素系漂白剤による漂白ができる。
210	△	酸素系漂白剤による漂白処理ができるが、塩素系漂白剤による漂白処理はできない。		JIS L 0217 には対応する記号なし。JIS L 0001 を参照して処理する。	
200	✕	漂白処理はできない。	202	(エンソサラシ)	塩素系漂白剤による漂白はできない。

乾燥のための表示記号

	JIS L 0001：2014			JIS L 0217：1995	
番号	表示記号	表示記号の意味	番号	表示記号	表示記号の意味
320	⊙(••)	洗濯処理後のタンブル乾燥処理ができる。高温乾燥：排気温度の上限は最高80℃		JIS L 0217 には対応する記号なし。JIS L 0001 を参照して処理する。	
310	⊙(•)	洗濯処理後のタンブル乾燥処理ができる。低温乾燥：排気温度の上限は最高60℃			
300	⊠	洗濯処理後のタンブル乾燥処理はできない。			
440	⊡	つり干し乾燥がよい。	601		つり干しがよい。
430	⊟	ぬれつり干し乾燥がよい。			
420	⊟	平干し乾燥がよい。	603	平	平干しがよい。
410	⊟	ぬれ平干し乾燥がよい。			
445	◹	日陰でのつり干し乾燥がよい。	602		日陰のつり干しがよい。
435	◹	日陰でのぬれつり干し乾燥がよい。			
425	◸	日陰での平干し乾燥がよい。	604	平	日陰の平干しがよい。
415	◸	日陰でのぬれ平干し乾燥がよい。			

アイロン処理のための表示記号

	JIS L 0001：2014			JIS L 0217：1995	
番号	表示記号	表示記号の意味	番号	表示記号	表示記号の意味
530		底面温度 200℃を限度としてアイロン仕上げ処理ができる。	301		アイロンは 210℃を限度とし、高い温度（180～210℃まで）で掛けるのがよい。
520		底面温度 150℃を限度としてアイロン仕上げ処理ができる。	302		アイロンは 160℃を限度とし、中程度の温度（140～160℃まで）で掛けるのがよい。
510		底面温度 110℃を限度としてスチームなしでアイロン仕上げ処理ができる。	303		アイロンは 120℃を限度とし、低い温度（80～120℃まで）で掛けるのがよい。
500		アイロン仕上げ処理はできない。	304		アイロンがけはできない。

ドライクリーニングのための表示記号

	JIS L 0001：2014			JIS L 0217：1995	
番号	表示記号	表示記号の意味	番号	表示記号	表示記号の意味
620		パークロロエチレン及び記号Ⓕの欄に規定の溶剤でのドライクリーニング処理*⁾ができる。通常の処理	401		ドライクリーニングができる。溶剤は、パークロロエチレン又は石油系のものを使用する。
621		パークロロエチレン及び記号Ⓕの欄に規定の溶剤でのドライクリーニング処理*⁾ができる。弱い処理			
610		石油系溶剤（蒸留温度150℃～210℃、引火点 38℃～）でのドライクリーニング処理*⁾ができる。通常の処理	402		ドライクリーニングができる。溶剤は、石油系のものを使用する。
611		石油系溶剤（蒸留温度150℃～210℃、引火点 38℃～）でのドライクリーニング処理*⁾ができる。弱い処理			
600		ドライクリーニング処理ができない。	403		ドライクリーニングはできない。

注 *⁾：ドライクリーニング処理は，タンブル乾燥を含む。

ウエットクリーニングのための表示記号

	JIS L 0001：2014			JIS L 0217：1995	
番号	表示記号	表示記号の意味	番号	表示記号	表示記号の意味
710		ウエットクリーニング処理ができる。通常の処理			
711		ウエットクリーニング処理ができる。弱い処理			JIS L 0217 には対応する記号なし。JIS L 0001 を参照して処理する。
712		ウエットクリーニング処理ができる。非常に弱い処理			
700		ウエットクリーニング処理はできない。			

庭洗濯及び／又は商業クリーニングされるその他の被洗物に損傷を与えることなく元の状態に復元し、通常の使用ができるようにするために付加する取扱情報である。」とし、一般的に使用する付記用語が例示さ

れている（表Ⅱ－4）。

また、「消費者又はクリーニング業者が当然実施すると考えられる通常の取扱方法によって、製品又は他の被洗物に損傷を与えるおそれがある場合には、ここに記載し

洗濯物の受取り、保管及び引渡し

表Ⅱ－4　付記用語の例

付記用語	対応英語	付記用語	対応英語
使用前に洗濯する	wash before use	ねじり又は絞り禁止	do not wring or twist
湿った布で拭取りだけ	damp wipe only	湿った状態で形を整える	reshape whilst damp
洗濯前に…を取外す	remove... before washing	形を整えて平干し	reshape and dry flat
同系色と一緒に洗う	wash with like colors	熱源（直熱）から離して乾燥	dry away from direct heat
単独で洗う	wash separately	乾燥機からすぐに取り出す	remove promptly
裏返しにして洗う	wash inside out	あて布使用	use press cloth
洗濯ネット使用	use wash net	テカリ又は黄変防止のためにあて布使用	iron on a cloth to prevent glazing or yellowing
中性洗剤使用	－	アイロンは裏側から	iron reverse side only
蛍光増白剤禁止	no optical brighteners	飾り部分アイロン禁止	do not iron decoration
柔軟剤禁止	do not add fabric conditioner	プリント部分アイロン禁止	－
つけ置き禁止	do not soak	スチームアイロン禁止	do not steam iron
短時間脱水	－	スチームアイロン推奨	steam iron recommended
弱く絞る	－	スチームだけ（浮かしアイロン）	steam only

注記1　対応英語は、対応国際規格（ISO 3785）を参考として記載した。
注記2　付記用語は、表示例のように記号の近くに付記することが望ましい。

表示例

中性洗剤使用
洗濯ネット使用
あて布使用
飾り部分アイロン禁止

た用語以外の付記用語を記載する必要がある。なお、ラベルに記載する付記用語の数は、最小限にとどめるのがよい。」としている。長文になる「取扱い上のご注意」などは下げ札表示になることもある(表Ⅱ-5)。

表Ⅱ-5　取扱い注意事例

シワ加工

取扱い上のご注意

1. この商品は生地の光沢をより美しく、そして自然についたシワのように見せるため、特別のシワ加工をしております。
2. このシワは熱や樹脂加工により完全にセットしたものではありませんので、御着用中に新しいシワができたり、またアイロンをかけますと、シワが消失したり致します。
3. クリーニングに出されるときは、クリーニング店にシワ加工であることをお伝えください。

インディゴ染め商品

取扱い上のご注意

この商品は天然素材（藍染め）の独特な風合いを求めた現代感覚のファッション製品です。
製品の次の特質をご承知のうえ、おしゃれをお楽しみください。

1. 洗えば洗うほど（10回位）色が落ちていきます。
2. 洗濯により洗液がにごりますので他のものと一緒にしないで単独でお洗いください。
3. 白いものと重ね着用されますと色移りがしますのでご注意ください。
4. ドライクリーニングは避けてください。

2. 革製衣料の表示

革製衣料は「雑貨工業品品質表示規程」に従って表示することになっている。

材料（裏地がついている革製衣料にあっては裏地に使用したものを除く。以下同じ）の種類の表示は、次の表の左欄に掲げる材料の種類に応じ、それぞれ同表の右欄に掲げる材料の種類を示す用語を用いて表示される。この場合、2種類以上の材料を使用した革製衣料にあっては、その使用した部分ごとに、その部分を示す名称を付して使用した材料の種類が表示される。また、製品の一部として繊維を使用したものについては、繊維製品品質表示規程の内容に準じて、繊維の名称を示す用語にその混用率を示す数値を併記して表示される。

表Ⅱ-6　革製衣料の材料の種類と用語

材料の種類	材料の種類を示す用語
牛の革	牛革
羊の革	羊革
やぎの革	やぎ革
鹿の革	鹿革
豚の革	豚革
馬の革	馬革
前各項に掲げる革以外の材料	材料の種類の通称を示す用語

取扱い上の注意は、次に掲げる事項が製品の品質に応じて表示されている。

①色落ち、硬化又は劣化に関する注意事項
②保存、手入れ方法に関する注意事項
③アイロンがけに関する注意事項

表示には、表示した者の氏名又は名称及び住所又は電話番号が表示される。ただし、革製の衣料（表面の面積のうち革の割合が100％を占める縫製品に限る）については、表示した者の氏名又は名称及び住所又は電話番号に代えて、経済産業大臣の定めるところにより、その承認を受けた番号を付記することができるとされている。

表示は、革製衣料ごとに、消費者の見やすい箇所に分かりやすく記載される。また、取扱い上の注意表示については、下げ札又はラベルの縫い付けなど本体から容易に離れない方法で行うこととされている。

材料の種類：牛革

取扱い上の注意：

イ．洗濯（ベンジンを用いる場合を含む）または
　　水洗いをすると革の色が落ち、または革が硬
　　化するおそれがあります。

ロ．重ね置きをしないで温度及び湿度が低く、か
　　つ通気の良い所に保存することとし、特に梅
　　雨期において陰干しを行ってください。

ハ．革の汚れを落とす場合は、革製衣料専用のク
　　リーナーを用いてください。

ニ．アイロンは低温で厚い紙または布の上からか
　　けることとし、蒸気アイロンは用いないでく
　　ださい。

　　　　　　　　　　　　　　　○○革製衣料株式会社

革製衣料の例

3. 海外の表示

　日本国内で販売される製品は、外国製輸入品も海外生産品も全て国産品と同様に「家庭用品品質表示法」に基づいて表示することが義務付けられている。海外で付けられた表示と日本の表示の両方が付いているものがあり、判断に困ることもあるが、全て日本の表示が優先する。また、直接海外で購入した製品も多くクリーニングに出されるので、これらの表示を理解する必要がある。

（1）主要国の繊維表記
　主要国の繊維表記を表Ⅱ－7に示す。

海外製品の表示

表Ⅱ－7　主要国の繊維表記

日　　本	綿	麻 亜麻	麻 苧麻	絹	毛	レーヨン	キュプラ	アセテート	ナイロン	ポリエステル
イギリス	cotton	flax	ramie	silk	wool	rayon	cupra	acetate	nylon	polyester
ド　イ　ツ	baumwolle	flachs	ramie	seide	wolle	kunstseide rayon	kupferseide	acetat	nylon	polyester
フランス	coton	lin	ramie	soie	laine	rayonne	cupra	acetate	nylon	polyester
イタリア	cotone	lino	ramie	seta	lana	raion	cupra	acetato	nailon	poliestere
スペイン	algodon	lion	ramio	seda	lana	rayon	cupra	acetato	nailon	poliester
オランダ	katoen	vlas	ramee	zijde	wol	rayon	cupra	acetaat	nylon	polyester
デンマーク	bomuld	hoer	ramie	silke	uld	rayon	kobberrayon	acetat	polyamid	polyester
韓　　国	면	아마	저마	견/실크	모	레이온		아세테이트	나일론	폴리에스테르
中　　国	棉			绢	毛	粘胶		醋酯	锦纶	涤纶
台　　湾	棉			絹	毛	嫘縈		醋酯	尼龍(耐隆)	聚酯

日　　本	アクリル	モダクリル	ポリプロピレン	ポリ塩化ビニル	ポリエチレン	ポリウレタン
イギリス	acrylic	modacrylic	polypropylene	polyvinylchloride	polyethylene	polyurethane
ド　イ　ツ	acryl	modacryl	polypropylen	polyvinylchlorid	polyathylen	polyurethan
フランス	acrylique	modacrylique	polypropylene	chlorure polyvinylique	polyethylene	polyurethanne
イタリア	fibra acrilica		polipropilene	cloruro di polivinile	polietilene	poliuretano
スペイン	fibra acrilica	modacrilico	polipropileno	clrouro de polivinilo	polietileno	poliuretano
オランダ	acryl	modacryl	polypropeen	polyvinylchloride	polyetheen	polyurethanen
デンマーク	acryl	modacryl	polypropylen	polyvinylchlorid	polyethylen	polyurethan
韓　　国	아크릴		폴리프로필렌	폴리염화비닐	폴리에칠렌	폴리우레탄
中　　国	腈纶		聚丙烯纤维（丙纶）	聚氯乙烯纤维（氯纶）	聚乙烯纤维	聚氨基甲酸酯纤维（氨纶）
台　　湾	聚丙烯腈		聚丙烯纖維	聚氯乙烯纖維	聚乙烯纖維	聚按基甲酸乙酯

（2）英語による文字表示

　英語による文字表示の例を表Ⅱ－8に示す。

《組成表示例と読み方》

　（図Ⅱ－4）は海外製品に付いていた組成表示の1例である。

　海外（ヨーロッパ）の各国の言葉が並んでいる。とりあえず英語の表示を読むのが理解の早道である。

1. 洗濯

(1) **Do not wash**：水洗いしないでください。
(2) **Machine wash**：業務用又は家庭用洗濯機で洗濯し、すすぎ、遠心脱水してください。
　Boiling：最高液温95℃
　Very hot：最高液温70℃
　Hot：最高液温60℃
　Hand hot：最高液温50℃
　Warm：最高液温40℃
　Cool：最高液温30℃
　Cold：常温
(3) **Home launder**：家庭用洗濯機による洗濯。温度については上記と同様。
(4) **Hand wash**：最高液温40℃で手洗いのみしてください。
(5) **Separately（注1）**：単独に又は同じ色物と一緒に洗ってください。
(6) **Small load**：洗濯量を洗濯機の推しょう負荷より少なくしてください。
(7) **Wash inside out**：保護のため製品を裏返しして洗濯してください。
(8) **Do not use soap**：石けんを使用して洗濯しないでください。
(9) **Do not soak**：洗濯前に製品を水又は洗液中に浸漬しないでください。
(10) **Mechanical action normal**：機械的作用を「普通」にしてください。
(11) **Mechanical action reduced**：機械的作用を「弱」にしてください。
(12) **Mechanical action much reduced**：機械的作用を「より弱」にしてください。
(13) **Warm rinse**：最高水温40℃ですすいでください。
(14) **Cool rinse**：最高水温30℃ですすいでください。
(15) **Cold rinse**：常温水ですすいでください。
(16) ：以下略

2. 漂白

(1) **Do not bleach**：あらゆる漂白剤を使用しないでください。
(2) **Chlorine bleach**：塩素系漂白剤（次亜塩素酸イオン）を使って漂白してください。
(3) **Do not chlorine bleach**：塩素系漂白剤を使用しないでください。
(4) **Use non-chlorine bleach**：非塩素系漂白剤（酸素系又は還元系漂白剤）を使用して漂白してください。

3. 洗濯後の乾燥

(1) **Tumble dry**：タンブル乾燥機を使用してください。
　Hot：乾燥機を最高温度に設定。
　Warm：乾燥機を中温に設定。
　Cool：乾燥機を低温に設定。
　Permanent press article：乾燥機をパーマネントプレス製品用の温度に設定。
　No heat：乾燥機を昇温せずに働くように設定。
　Remove promptly：製品が乾燥したとき直ちに取出して振り、折りたたみ又はハンガーに掛けてください。
　Do not tumble dry：タンブル乾燥機を使用しないでください。
(2) **Drip dry**：絞らずに吊り干ししてください。

(3) **Line dry**：吊り干ししてください。
　Do not line dry：吊り干ししないでください。
(4) **Dry in shade**：陰干ししてください。
(5) **Dry away from heat**：直熱から離してください。
(6) **Dry flat**：平干ししてください。
(7) **Re-shape (block) to dry**：湿っている間に当初の寸法に形を直してください。
(8) **Smooth by hand**：湿っている間に手でシワを除き、縫い目や縁取りを真っ直ぐにしてください。
(9) **Dry without delay**：直ちに乾燥してください。

4. アイロンがけ及びプレス

(1) **Hot iron**：高温約200℃に設定。
(2) **Warm iron**：中温約150℃に設定。
(3) **Cool iron**：低温約110℃に設定。
(4) **Do not iron**：アイロンがけしないでください。
(5) **Iron on reverse side only**：裏側からアイロンがけ又はプレスしてください。
(6) **Do not steam**：蒸気をあてないでください。
(7) **Steam only**：接触加圧せずに蒸気をあててください。
(8) **Steam press or steam iron**：スチームプレス又はスチームアイロンを使用してください。
(9) **Iron damp**：アイロンがけする前に製品を湿らせてください。
(10) **Use press cloth**：あて布を使用してください。
　Use press cloth, dry：乾いたあて布を使用してください。
　Use press cloth, damp：湿ったあて布を使用してください。

5. ドライクリーニング

(1) **Dry clean , normal articles**：普通の有機溶剤を用いて、営業ドライクリーニングを行うか、又はセルフサービスの機械でドライクリーニングを行って、タンブル乾燥し、形を回復させてください。
(2) **Professionally dry clean or commercially dry clean only**：専門業者によるドライクリーニングのみを行ってください。
　No steam：形を回復させるために蒸気を使用しないでください。
　Sensitive articles：溶剤、機械的作用、処理時間、水分添加量、乾燥温度、蒸気による形状回復又は仕上方法をある程度制限してドライクリーニングしなければなりません。
　Tumble at reduced temperature：高温のタンブル乾燥を避け、低温でタンブル乾燥してください。
　Do not tumble dry：セルフサービスのドライクリーニングを避けてください。タンブル乾燥しないでください。
(3) **Do not dry clean**：ドライクリーニングできない製品です。

6. 毛皮、皮革及び合成・人工皮革のクリーニング

毛皮、皮革又は合成・人工革製品については、次のような特別の方法・注意が必要です（注2）。
(1) **Fur clean**：非液体クリーナー又は乾燥した粒状混合物と一緒にかくはんしてきれいにし、毛皮の工程に従って形を直し、つや付けしてください。
(2) **Leather clean**：スエード、普通の皮革及び合成・人工皮革の製品をドライクリーニングする特別の処理方法を用いてください。

（注）1：**Separately**と同じ表現として、「**With like colors**：同系色まとめ洗い」がある。
　　　2：毛皮、皮革及び合成・人工皮革のクリーニング表現に関しては、実例として次の表現がある。
　　　　Do not wash or dry clean by fabric methods　　　**Have cleaned by leather expert**
　　　　最近はやりのコーティング物の表示の実例としては以下のようなものがある。
　　　　＊**SMEARING OF POLYURETHANE**　　＊**POLYURETHANE COATING**
　　　　＊**COATING INNER SURFACE**　　　＊**SMEARING OF PVC AND POLYURETHANE**
　　　　＊**100％POLYESTER WITH POLYURETHANE COATING**　　　　（**SMEAR**：塗りつける）

```
TESSUTO-CLOTH-STOFF
TISSU-TEJIDO-TECIDO

62% COTONE-COTTON
    BAUMWOLLE
    COTON-ALGODON
    ALGODAO
38% POLIURETANO
    POLYURETHANE
    POLYURETHAN
    POLIURETANICA

FODERA-LINING-FUTTER
DOUBLURE-FORRO

64% ACETATO-ACETATE
    ACETAT
36% CUPRO-RAYON
```

（ヨーロッパの表示）

```
        CLOTH
62%     COTTON
38%     POLYURETHANE

        LINING
64%     ACETATE
36%     CUPRO
```

（英語の表示）

表地	綿	62%
	ポリウレタン	38%
裏地	アセテート	64%
	キュプラ	36%

（日本語の表示）

図Ⅱ－4　海外製品の組成表示例
イタリアのコート
（ウレタンコーティング生地使用）

ウェストバージニア州ベックリーのコインランドリーの
ポスター、衣服のタグにある一般的な洗濯指示アイコン
の多くがリストされている

英語の表示を日本の表示にすると上図のようになる。基本的な繊維名の英語は覚えておくと便利である。

《表示責任者に関して》

国内で販売する場合は表示責任者名と住所又は電話番号の表示が義務付けられているが、海外製品には責任者名のないものや、あったとしても実際には連絡できないものがあるのが現状である。

それだけに、事故が起こると一方的に被害をこうむることになるので、留意する必要がある。

クリーニングの結果に不安があるような場合は、事前にお客様と確認、相談することが事故予防になる。日頃から海外製品であるがためのクリーニングの問題点をお客様に理解していただけるような関係を持つことが大切である。

4. クリーニング業から見た表示

クリーニング業の立場から、表示に関してどのような点に注意すればよいかを考察する。

（1）組成表示

組成表示には、その衣料を構成している主素材の繊維名（指定用語）と混用率が百分率で表示されている。

表示されているのは、衣料の主要部分の繊維に関することだけであり、縫い糸など部分的に用いられているごく少量の繊維や芯地、パッド、ボタン、ビーズ、リボンなどの副資材などについては表示されていない。また、使用されている染料やコーティング、ラミネートなどの加工樹脂についても表示義務がない。

（2）取扱い表示記号

JIS L 0217による取扱い絵表示は、消費者が家庭で洗濯などをする場合の方法を指示することを目的とするもので、商業クリーニングの方法を示すものではなかった。

これに対して、ISOに整合化したJIS L 0001は、繊維製品の取扱いを行う間に回復不可能な損傷を起こさない最も厳しい処理・操作に関する情報を提供するためのもので、ドライクリーニングとウエットクリーニングの表示は、商業クリーニングの方法を示す表示として定められている。

また、記号で表示される家庭洗濯のための情報は、クリーニング業者の参考にもなる、としている。

（3）表示者名

家庭用品品質表示法では、表示者の責任の所在を明らかにするための氏名又は名称及び住所又は電話番号を表示することを義務付けている。JIS L 0001では、「取扱いに関する表示記号又は付記用語で示した事項は、信頼性のある根拠（試験結果、素材の特性、過去の不具合実績など）による裏付けを持つことが望ましい。」としていることから、消費者からの品質内容の問い合わせ、苦情の申し出などやクリーニング工程の決定に際しての問い合わせなどに利用して、事故の未然防止に役立てていただきたい。

副資材などには表示義務がない

第5章　消費者保護に関する取組みと法規

1. 消費者保護に関する取組みと動き

　わが国の消費者保護の取組みについては、1968（昭和43年）に消費者保護基本法が制定され、同法の目的や仕組みに基づいて推進されてきた。

　本法律は消費者と事業者の間で、情報（専門的知識など）の質量や交渉力に大きな差があり、その差を補い対等な関係とすることを目的に定められた経緯がある。

　また、米国では、消費者保護基本法が制定される前に既に1962（昭和37）年、当時のケネディ大統領が消費者の４つの権利（安全であることの権利、知らされる権利、選ぶ権利、意見が聞き届けられる権利）を守ることを特別教書で提唱している。

2. 消費者基本法

　長年、我が国の消費者保護の中心的な法律であった消費者保護基本法であるが、その後消費者の権利意識や権利擁護の高まりなどを踏まえ、新たに「消費者の権利」の尊重と自立支援などを柱とする、消費者基本法が2004（平成16）年に消費者保護基本法を大幅に改正する形で新設された。

　同法などに基づき、クリーニング業者には、業務上の法規制だけでなく、他の事業者と同様に消費者への義務も課せられている。

（1）消費者の権利

　消費者基本法は消費者の基本的な権利を定めた法律で、「消費者の権利」として次の事項があげられている。

- 安全が確保されること
- 商品や役務について消費者が自主的か

つ合理的に選択できること
- 情報の提供や消費者教育の機会が提供されること
- 消費者の意見が反映されること
- 消費者に被害が生じたときは、適切、迅速に救済されること

上記に示された消費者の権利について、消費者と事業者の間で現実のものとするために、国、地方公共団体、事業者、事業者団体、消費者、消費者団体にそれぞれ責務を課している。

（2）事業者の責務

　本法律を踏まえてクリーニング業者の責務となる事例は以下のものが考えられる。

ア　消費者の安全を守るために必要な措置を講ずること
- 洗濯物や店内の衛生状態が悪くならないよう、店内や工場の消毒などクリーニング業者に定められている衛生管理を十分行うこと
- 化学やけどを防ぐための措置を行うことなどがある。

イ　消費者との取引の公正の確保
- クリーニング料金を明確にし、料金表を掲示すること
- 特約条項についても掲示し、お客様の理解を得ておくこと
- 広告や表示が適切であることなどがある。

　また、チラシ広告や店内表示について、消費者が誤解を招くような書き方になっているとトラブルの原因になるだけでなく、消費者が記載内容で実際よりも良いと勘違いするような表示は禁止されており、消費者が疑問に思ったときは、都道府県の担当

課や公正取引委員会に申し出ることができる。

そのため、事業者は消費者に誤解を与えないよう、広告や表示は慎重に記載する必要がある。

ウ 消費者に対して必要な情報を明確・平易に提供すること

- クリーニング事故につながる商品情報や、消費者が注意する必要のある情報は分かりやすくきちんと伝えること

などがある。

同じ情報でも若者と高齢者、勤労者と専業主婦とでは情報の理解の仕方が異なってくることから、情報の提供、説明の仕方は相手の理解度を考慮して行う必要がある。

エ 消費者との間で生じた苦情を適切かつ迅速に処理するために必要な体制の整備などに努め、当該苦情を適切に処理すること

- 苦情を受けたときの処理の流れを決め、マニュアルを作成して従業者に徹底すること
- 苦情受付票を用意し、必要事項が誰でも同じように記入できるようにしておくこと
- 苦情処理の責任者を明確にすること

などがある。

オ 国又は地方公共団体が実施する消費者政策に協力すること

消費生活センター等の活動や実施は、同法の消費者政策の一つであることから、事業者は消費生活センター等からの問い合わせ等に対して真摯に対応することが求められる。

カ その他

事業者は、消費生活に関し環境の保全に配慮するとともに、その供給する商品及び役務について品質その他の内容を向上させ、その事業活動に関し自らが遵守すべき基準を作成するなどの取組みを行うことに

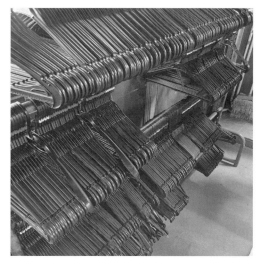

クリーニング業界は環境保全にも配慮する

よって消費者の信頼を確保するよう努めていく必要がある。

また、クリーニング業界は、環境保全、ハンガーやカバー用のポリ袋の使用の合理化の取組みについて一層の努力を図るとともに、消費者にも取組みへの理解と協力が得られるように努めることが求められる。

クリーニング技術とサービス向上に向けた努力は業務遂行上の基本であり、クリーニング業法をはじめとする各種関連法規を遵守しなければならないことは当然である一方、昨今は様々な業種でコンプライアンス（法令遵守）の不徹底が問題視されている。

まず、法律遵守に関するチェックの項目をつくり定期的にチェックすること、お客様サービスや技術の向上のために目標を定め、定期的に確認するなどの取組みが求められる。

3. 消費者安全法

消費者安全法は、2009（平成21）年、同年に発足した消費者庁創設とともに制定された法律であり、消費生活センターなどで収集された消費者事故に関する事例（人身事故や取引被害など）の被害情報を消費

者庁に集約、国民に速やかに情報提供するとともに事業者に対して行政措置を図り、被害の拡大防止を目的としている。

具体的には、
- 消費者事故等（生命・身体に直接被害を与える事案だけではなく、財産をだまし取られる等の財産事案も含む）の発生拡大、ないし拡大のおそれがある場合の措置を規定している。

　また、所管省庁のない隙間事案については、消費者庁が対応することでその解消を図ることとしている。
- 消費者安全調査委員会による消費者事故の調査等
- 都道府県及び市町村による消費生活相談等の実施及び消費生活センターの設置
- 消費生活相談員の国家資格試験制度
- 高齢者を見守る地域の見守りネットワーク「消費者安全確保地域協議会」の設置、

などを定めている。

4. 消費生活センターとは

消費者安全法の制定に伴い、都道府県に消費生活センターの設置が義務付け（市町村は設置するよう努めること）られ、2022（令和4年）年現在、すべての地方公共団体に消費生活センター、消費生活相談窓口等が設置されている。（名称は消費者センター、消費者行政センター等の場合もある。）

消費生活相談は地方公共団体が住民サービスとして実施しているため、在住、在勤、在学の人からの消費生活に関する相談を受け付けている。

また、消費生活センター等の窓口では、専門知識・技術を持った国家資格である消費生活相談員が対応している。

消費生活センター等に相談が寄せられた場合、消費生活相談員は、相談者に対して

助言や情報提供、相談内容によっては、相手方の事業者に消費生活相談員が連絡をして話し合い（あっせん）をするケースがある。

なお、消費者契約について、本来は消費者と事業者間の契約ではあるが、消費者の安全確保を目的として、消費生活相談員があっせんをすることは、同法に基づいて実施される消費生活相談の一環であり、消費生活センター等からの連絡があった場合、消費者の苦情に対して、内部調査や事実確認等を行うなど、真摯に対応する必要がある。

※消費生活相談員は、情報の質や量、交渉力の格差のある消費者を支援するが、あくまでも公平中立の立場である。

5. 消費者契約法

消費者契約法は、消費者と事業者の契約にかかわるものとして、2001（平成13）年に制定された。

消費者と事業者の間の情報（専門的知識など）の質や量、交渉力に差があるため、事業者が消費者に対する何らかの行為で消費者が誤認したり困惑した場合は、契約を取り消すことができるというものである。

クリーニング業にかかわる部分は多くはないが、次のような点では関係があり、留意する必要がある。

（1）事業者の責務

事業者は、消費者の理解を深めるために、消費者の権利義務、消費者との契約内容について、必要な情報を提供するよう努めなければならないとされており、消費者が誤解なく理解するためには、明確で平易な情報提供が求められる。

クリーニング業者も消費者に対して、洗濯物の受取り時に預り証を発行したり、確認作業時などに商品知識や保管方法、クリーニング事故の起こりやすい状況などの

情報提供をしなければならない。

また、事故賠償基準や特約など店頭表示やパンフレットを置くだけでは、十分な説明をしたことにはならないとみなされるため、口頭でも説明を添え、消費者の理解を促す必要がある。

特に、消費者が責任を負う賠償規定については、クリーニング業者は日頃から説明に努め、消費者に理解しておいてもらうようにしなければならない。

（2）契約条項の無効

契約条項に事業者の都合のよいような内容が盛り込まれている場合は、その条項は無効になると規定されている。

例えば、クリーニング業者の過失による火災で預かった洗濯物を失った場合や事故などで洗濯物を損失した場合など、損害賠償を免れるような条件をつくっている場合は無効になる。

6. 不当景品類及び不当表示防止法（景品表示法）

景品表示法は、①商品やサービスの品質、内容、価格等を偽って表示を行うことを厳しく規制し、②過大な景品類の提供を防ぐために景品類の最高額を制限することなどにより、消費者がより良い商品やサービスを自主的かつ合理的に選べる環境を守ることを目的に、1962（昭和37）年に制定された。

クリーニング業においては、主にはチラシ広告やインターネット広告等の表示に関係する。

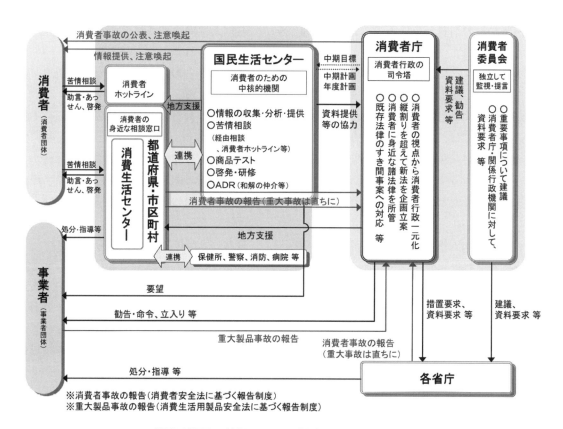

消費者行政の仕組みと国民生活センターの役割

例えば、「ワイシャツ1枚、通常500円のところ300円」などの広告の場合、最近相当期間にわたって500円で請け負っていた実績がない場合は違反となる。また、「最新の技術、当店だけ」などの広告の場合、その技術が他店でも行われているような場合には違反である。

7. 特定商取引に関する法律（特定商取引法）

特定商取引法は、事業者による違法・悪質な勧誘行為等を防止し、消費者の利益を守ることを目的に、1976（昭和51）年に制定された。

同法では、訪問販売、通信販売、電話勧誘販売、連鎖販売取引、特定継続的役務提供、業務提供誘引販売、訪問購入等の消費者トラブルを生じやすい取引類型を対象に、事業者が守るべきルールと、クーリング・オフ等の消費者を保護するルールを定めている。

クリーニング業においては、主には、インターネットによるクリーニングの注文受付が通信販売として関係する。

通信販売では、広告表示の規制として、代金や送料、その他消費者が負担する金額、クリーニング業者の氏名（名称）、住所、電話番号などの表示すべき事項が定められている。

また、誇大広告等の禁止や、消費者が申込み内容を容易に確認、訂正できるように措置していない行為などを禁止しており、こうした行政規制に違反した事業者は、業務停止命令等の行政処分のほか、罰則の対象となる。

とりわけ、通信販売においては、消費者は表示しか情報を得る手段がないことから、具体的で明確な表示をすることで消費者トラブルの未然防止を図ることができる。

8. 個人情報の保護に関する法律

個人情報の保護に関する法律に定める個人情報とは、生存する個人に関する情報であって、当該情報に含まれる氏名、生年月日その他の記述等により特定の個人を識別することができるものをいう。

また、個人情報の保護に関する法律においてクリーニング業者にも関連する内容は、次のようなものである。

①個人情報を取得する時は、何に使うか目的を決めて、公表する又は本人に伝える。
②取得した個人情報は決めた目的以外のことには使わない。
③個人情報を利用する必要がなくなったときは、遅滞なく消去するよう努めなければならない。
④取得した個人情報は安全に管理する。
⑤個人情報を他人に渡す際は、本人の同意を得る。
⑥本人からの「個人情報の開示請求」には応じる。

クリーニング業としてお客様から得る情報は、お客様への連絡のための氏名、住所、電話番号などに限られる。お客様からの個人情報の開示要請には応じる義務があり、個人情報の消去の要請に対しては、努力義務となっている。

なお、③〜⑥は個人情報をデータベース化（特定の個人を検索できるようにまとめたもの）した場合にかかるルールであるが、顧客の情報を管理するにあたって通常は検索可能な状況にあると考えられ、クリーニング業者として守るべきルールである点に注意が必要である。

COLUMN
パートタイム労働者の雇用管理の改善のために

　小規模事業者にとって人材の確保策は喫緊の課題だ。良い人材の確保は事業者にとっても組織強化の観点から重要な課題である。クリーニング業界にとっても例外ではない。

　正規雇用労働者はもとより、有期雇用労働者やパートタイム労働者等、非正規雇用労働者の方々も大きな戦力となっている。

　パートタイム労働者等の人材を確保するためには、法律に則った労務管理を行い、適正な賃金、手当等の支給等を行うことが必要である。そこで、パートタイム労働者・有期雇用労働者の公正な待遇を確保するため改正された「パートタイム・有期雇用労働法」について、概要を押さえておきたい。

　この法律は、2020（令和2）年4月1日に施行された（中小企業への適用は2021（令和3）年4月1日）。

（主な改正内容）

> **1.不合理な待遇差の禁止**
> 　同一企業内において、正規雇用労働者とパートタイム・有期雇用労働者との間で、基本給や賞与等のあらゆる待遇について、不合理な待遇差を設けることが禁止される。
>
> **2.労働者に対する待遇に関する説明義務の強化**
> 　事業主は、パートタイム・有期雇用労働者から求めがあった場合は、正規雇用労働者との間の待遇差の内容や理由等について、説明をしなければならない。
>
> **3.行政による事業者への助言・指導等や裁判外紛争解決手続の整備**
> 　都道府県労働局において、無料・非公開の紛争解決手続きを行う。

　例えば、クリーニング所において、正規雇用労働者は、パートタイム・有期雇用労働者と比べて、職務内容（業務の内容と責任の程度）や職務内容・配置の変更の範囲等が異なる場合が多いと考えられる。このような場合、パートタイム・有期雇用労働法では、基本給や賞与、各種手当、福利厚生、教育訓練等、個々の待遇ごとに、①職務内容、②職務内容・配置の変更の範囲、③その他の事情のうち、それぞれの待遇の性質・目的に照らし適切と認められる事情を考慮して、正規雇用労働者とパートタイム・有期雇用労働者との間の不合理な待遇差を設けてはならないとされている。

　また、短時間・有期雇用労働者及び派遣労働者に対する不合理な待遇の禁止等に関する指針（平成30年厚生労働省告示第430号。いわゆる「同一労働同一賃金ガイドライン」）においては、正規雇用労働者と非正規雇用労働者（パートタイム労働者、有期雇用労働者、派遣労働者）との間で、待遇差がある場合、どのような待遇差が不合理に当たるか等の、原則となる考え方と具体例が示されている。

　事業者は、正規雇用労働者とパートタイム・有期雇用労働者との間の待遇差について、自社の状況が法律の内容に沿ったものか点検を行い、法施行までに、必要に応じた制度の改定に向けて、労使においてしっかり話し合うことが重要となる。

　今後、このようにしっかりとした労務管理を構築することが、事業者に求められるが、このことで労使関係に信頼が生まれ、組織力強化が図られていくことも期待されている。

パートタイム・有期雇用労働法周知ポスター

（参考）厚生労働省HP　同一労働同一賃金特集ページ

　自社の状況が法律の内容に沿ったものなのかどうか、点検の手順を示した「取組手順書」や、生活衛生業の特性を踏まえて、具体例を付しながら各種手当・福利厚生・賞与・基本給について点検・検討手順を詳細に示した「不合理な待遇差解消のための点検・検討マニュアル　生活衛生業編」が掲載されている。

https://www.mhlw.go.jp/stf/seisakunitsuite/bunya/0000144972.html

COLUMN
従事クリーニング師数・交付件数・取消件数

　クリーニング師は2004年以来毎年減少している。2020年は1996年と比較するとほぼ半減している。クリーニング師免許の交付件数は1000人前後で推移している。

従事クリーニング師数・交付件数・取消件数

年度	和暦	従事クリーニング師数	前年比	交付件数	取消件数
1996	平成8	70,500	0.4%	1,563	1
1997	9	69,742	-1.1%	1,365	1
1998	10	69,964	0.3%	1,291	1
1999	11	67,708	-3.2%	1,155	2
2000	12	66,880	-1.2%	1,152	1
2001	13	66,871	0.0%	957	
2002	14	65,292	-2.4%	980	
2003	15	65,796	0.8%	1,059	
2004	16	63,750	-3.1%	1,138	
2005	17	61,682	-3.2%	1,008	2
2006	18	61,545	-0.2%	1,002	
2007	19	59,856	-2.7%	1,031	
2008	20	57,707	-3.6%	882	3
2009	21	56,547	-2.0%	1,028	1
2010	22	54,845	-3.0%	1,122	
2011	23	53,871	-1.8%	1,034	4
2012	24	51,112	-5.1%	955	1
2013	25	49,662	-2.8%	1,069	2
2014	26	47,230	-4.9%	990	
2015	27	45,593	-3.5%	1,097	3
2016	28	43,560	-4.5%	1,049	1
2017	29	42,762	-1.8%	1,139	8
2018	30	41,004	-4.1%	1,040	
2019	令和1	39,669	-3.3%	1,038	3
2020	2	37,862	-4.6%	887	1

出典：厚生労働省衛生行政報告例

洗濯物の処理

Part 3

POINT

　2019年に始まった新型コロナウイルス感染症（COVID-19）の世界的な感染拡大により、社会的にも公衆衛生に関する関心が高まっている。クリーニング師は、公衆衛生及び洗濯処理に関する専門知識等を有する者であり、クリーニング所の衛生管理を行う上で、実質的な責任者として位置づけられている。洗濯による処理は衣類を衛生的に保つための最も基本的かつ効果的な方法であり、本編の充分な理解と技術の習得が求められる。

第1章　「クリーニングの種類」では、クリーニングの方法を概観する。

第2章　「ランドリー」では、水に対する耐久性のある衣料品を、石けん、洗剤、アルカリ剤などを用いて洗濯機で温水洗いするクリーニングの方法を学ぶ。

第3章　「ドライクリーニング」では、ドライクリーニングの原理と工程、品質を維持する上での溶剤管理の重要性や、ドライソープ濃度の記録方法について解説している。

第4章　「ウエットクリーニング」では、JIS L 0001 のウエットクリーニング処理記号に設定されている試験条件を紹介し、その参考値として示されているMA値の上限以下になるように条件設定した処理を行うことを解説している。
　　　　また、ウエットクリーニングは、素材へのダメージを抑えることを優先するため、洗浄性が低く、シミ抜きや石油系ドライクリーニングなどを併用することが望ましいことや、家庭洗濯不可とウエットクリーニング記号を組合せた製品の解釈などについても解説している。

第5章　「特殊クリーニング」では、毛皮、皮革、和服及びカーペットのクリーニングについて紹介する。

第6章　「溶剤と洗剤、クリーニング機械」では、ドライクリーニング溶剤の安全管理などについて学ぶ。なかでもドライソープの働きは重要で、石油系溶剤の引火・爆発を防ぐためにもドライソープを規定量使用することは大切なことである。

第1章　クリーニングの種類

クリーニング業とは、「溶剤又は洗剤を使用して、衣類その他の繊維製品又は皮革製品を原型のまま洗濯をすることを営業とすること」である。そのクリーニングをするには、衣類その他の繊維製品又は皮革製品と、それに付着している汚れを理解していなければ、当然適切な処理はできない。

1. シミ抜き等

「原型のまま洗濯をする」とは、洗濯物を解体しないで丸ごと洗濯するという意味である。衣類には、着用中にいろいろな種類の汚れやシミが付着するが、究極の洗濯は、原型を崩さずに汚れやシミだけを取り除くことである。

(1) 汚れの種類

汚れは、その溶解性から分類すると、次の4種類に大別できる。多くの場合これらが混在している。

ア　水溶性汚れ（水に溶ける汚れ）

汗、尿、果汁、アルコール、たんぱく質、アンモニア、糖類、デンプン、塩など。

イ　油性汚れ（溶剤に溶ける汚れ）

油脂、皮脂、機械油、化粧品、脂肪酸、鉱物油、ペンキ、グリース、タールなど。

ウ　不溶性汚れ（水にも溶剤にも溶けない汚れ、固形汚れ）

ススやホコリが主。泥、粘土、セメント、金属粉、墨汁、細菌、カビなど。

エ　特殊な汚れ

色素、サビなど。

(2) シミの見分け方

汚れが局部的で衣類全体を洗う必要がない場合や、衣類全体を洗っても汚れが局部的に残る場合はシミ抜きを行うことになる。

シミ抜きでは、付着しているシミが何であるかを判別し、それに基づいて使用するシミ抜き剤を選択することが理想である。

油性、水溶性、不溶性のシミについては、次のような見分け方がある。

ア　油性のシミ

油性のシミは、一般に生地が透けて見え、手ざわりが柔らかい。シミの周囲の輪郭は、はっきりしていないものが多い。

イ　水溶性のシミ

水溶性のシミは、霧吹きで霧をかけると、生地よりもシミのほうが水分を早く吸収する。シミの周囲の輪郭は、比較的はっきりしているものが多い。

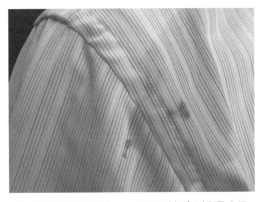

汚れの種類を判別し、それに基づき処理する

シミ抜き薬剤

ウ　不溶性のシミ

　拡大鏡などで拡大すると粒子状物質である。

（3）シミ抜き方法

　シミ抜きは、①油性処理、②水溶性処理、③酵素処理、④酸化漂白処理、⑤還元漂白処理の順に処理を進め、処理の効果が認められるものについては、その処理を徹底して行うようにする。それぞれの処理に使用する基本的なシミ抜き剤は次のとおり。

ア　油性のシミに使用するシミ抜き剤

　モノクロロベンゼン、シンナー、アセトン、酢酸アミルなどを使用する。これらの薬品にドライソープを混合すると更に効果的である。

イ　水溶性のシミに使用するシミ抜き剤

　水と中性洗剤を基本のシミ抜き剤とする。市販の水溶性シミ抜き剤には、アルカリ性のものと酸性のものがあり、タンパク系のシミにはアルカリ性のシミ抜き剤、タ

シミ抜き工程例（一部）

シミ抜き剤を含ませる

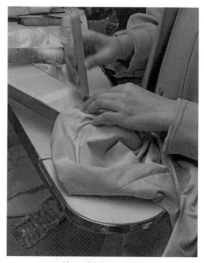

シミ抜き剤をなじませる

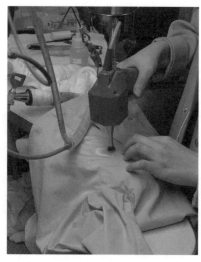

超音波シミ抜き機で丁寧にシミを落とす

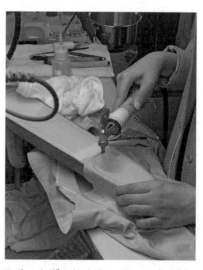

スチームガンによるエアーの吹き付け

ンニン系のシミには酸性のシミ抜き剤を使用する。

ウ　特殊なシミに使用するシミ抜き剤

　酸化漂白剤、還元漂白剤、サビ取り剤、酵素の4種類が基本である。

エ　不溶性のシミに使用するシミ抜き剤

　潤滑作用のある固形石けん、グリセリンなど。

2. ドライクリーニング

　ドライとは、「乾燥する」という意味で、転じて「湿っていない」「水分が少ない」「水分がない」という意味に用いられる。すなわち、ドライクリーニングというのは、水を使わないクリーニングという意味である。ドライクリーニングは、水をほとんど使わず、水でない「溶剤」を使う洗浄方法である。

　ドライクリーニングでは、揮発油のような石油系溶剤、塩素系溶剤（テトラクロロエチレン、通称「パーク」）、フッ素系溶剤（HFC－365mfc）などを用いる。ランドリーに適さない品物、例えば、絹、毛、水洗いすると色の出る品物、形が崩れたり、縮みやすい品物を洗うのに適している。

3. ランドリー

　水洗いには石けんや洗剤とアルカリ剤を用いて機械洗いするランドリーと、品物の品質を低下させないように穏やかな方法で洗うウエットクリーニングとがある。

　ランドリーは、ワッシャーと呼ぶ洗濯機を使い温水で回転洗浄する洗浄作用の強い洗濯方法で、強い汚れの除去に適する。

4. ウエットクリーニング

　一般的に、ドライクリーニングでは水溶性の汚れやシミが除去されにくい。従来は、こうしたドライクリーニングの欠点を

パークドライ機

ウエットクリーニング洗浄機

水分調整ウエットクリーニング乾燥機

洗濯物の処理

表Ⅲ-1　ランドリーとドライクリーニングの比較

	ランドリー	ドライクリーニング
汚れ落ち	良好	油性汚れは落ちるが、水溶性汚れは落ちにくい
衣類の形くずれ・収縮・色泣き	大きい	小さい
風合い変化	大きい	小さい
対象衣料	水系で、高温の強い機械力に耐える素材	ほとんどのもの（樹脂素材は注意が必要）

補完するための水洗いをウエットクリーニングとしていたが、2016（平成28）年12月1日から適用されているISOに整合化したJIS L 0001において、ウエットクリーニングを「特殊な技術を用いた業者による繊維製品の水洗い処理」と定義し、処理の可否を示すための表示記号が規定されている。

5. その他の特殊クリーニング

以上のほかに、毛皮専用のクリーニング、皮革クリーニング、和服クリーニング、カーペットクリーニングなどがあり、それぞれの特性に応じた処理や処理条件を設定しなければならない。

6. 消毒を要する洗濯物のクリーニング

クリーニング業法施行規則により、消毒を要する洗濯物として以下のものが定められている。

- 伝染性の疾病にかかっている者が使用した物として引き渡されたもの
- 伝染性の疾病にかかっている者に接した者が使用した物で伝染性の疾病の病原体による汚染のおそれのあるものとして引き渡されたもの
- おむつ、パンツその他これらに類するもの
- 手ぬぐい、タオルその他これらに類するもの
- 病院又は診療所において療養のために使用された寝具その他これに類するもの

これらは指定洗濯物と呼ばれ、クリーニング所における衛生管理要領により消毒効果を有する洗濯方法として処理の方法が具体的に示されている（56ページ）。つまり、これらの洗濯物を扱う場合はこれに準拠する必要があり、品物によっては処理することが非常に困難なことがある。

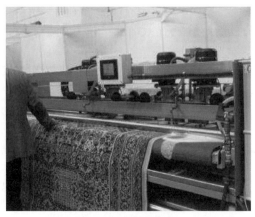

カーペット洗浄機

第2章　ランドリー

1. ランドリーの定義

　ランドリーとは、ワイシャツやシーツなど、水に対する耐久性のある衣料品を、石けん、洗剤、アルカリ剤、漂白剤などを用いてドラム式洗濯機で温水洗いする洗濯方法をいう。

2. ランドリー工程

（1）分類

　衣料品は、洗剤や温度に対する耐久性が異なるため、最適な洗濯条件で処理するには、分類が不可欠である。洗濯物を洗濯機に入れる前に品名別や色別に分ける。ワイシャツ、シーツ、作業服などに分け、同じ種類であっても白物と色物に分ける。色物はさらに、淡色ものと濃色ものとに分ける。濃色系は赤・黄色などの暖色系と、青・緑などの寒色系に分ける。白物でも、綿100％とポリエステル混紡品とでは特性が違うので分ける必要がある。

（2）洗濯処理

　洗濯方式は、水量（水位又は水深度）、温度、時間及び洗剤の4条件からなる。

ア　予洗

　繊維、汚れ、糊などを膨潤させ、汚れを取りやすくする。洗剤の浸透を助ける。血液のついたシーツ、油性汚れのひどいものは予洗する。一般洗濯の場合、予洗は必要ない。

　使用薬剤としてアルカリ剤（メタ珪酸ナトリウム）を用い、水量は本洗いより多めで、温度は40℃以下にする。

イ　本洗い

　繊維から汚れを引きはなし、取れた汚れが布に付着するのを防ぐ。

　石けん又は洗剤を使用し、アルカリ剤（メタ珪酸ナトリウム）を加える。アルカリ剤は、pHを10〜11に保つことで洗剤の洗浄を助ける。また漂白剤も併用する。

ウ　漂白

　漂白剤は黄ばみ、シミ、汚れを分解して漂白する。衣類殺菌の効果がある。

　漂白剤には、過炭酸ナトリウムや過酸化水素水などがある。次亜塩素酸ナトリウムは作用が強く染料が脱色したり、繊維をいためやすいので注意を要する。

漂白剤は黄ばみ、シミ、汚れを分解して
白さを回復させる

エ　すすぎ

　溶解、懸濁〔けんだく〕、分散している汚れや繊維くず、石けんカスなどを洗い流す。

　水量を多めにし、すすぎ温度は、初回は洗濯温度より10℃以上下げず、2回目以降は常温でよい。

オ　糊付け

　布に光沢、ハリを与える。

　繊維をコーティングすることにより汚れが直接付かないようにし、付着した汚れが容易に取れるようにする。

糊剤には、でんぷん糊（コーンスターチ、小麦でんぷん）、CMC、PVA、ポリ酢酸ビニルなどがある。

カ　脱水

余分な水分を除き、乾燥を早める。色泣きを防ぐ。

普通、遠心脱水により行う。脱水時間は通常5～10分とする。

脱水率は脱水後の含水率で表される。

脱水率（％）＝（絞った後の重さ－乾いた品物の重さ）÷乾いた品物の重さ×100

キ　水深の測り方

水深は、給水の際、洗濯ドラムを数回転させて洗濯物が水を含んで停止した状態で測る。洗濯機内の水は内胴回転時に測っても、動いているため一定しない。

ク　洗濯方式の例

表Ⅲ－2及び3のとおりである。

《よい洗濯をするための条件》
- 水質のよい水を使う
- 分類を正しく行う
- 洗濯機に品物を詰めすぎない
- 水深と温度を正しく守る

- 適正量の洗剤と助剤を用いる
- 洗濯時間を適正に設定する
- すすぎ回数を多くする

《染色物の洗濯に関する注意事項》
- 水量を多くして移染を防ぐ
- 無蛍光の中性洗剤を用いる
- 温度を抑制する
- 漂白は行わない
- 洗濯時間、すすぎ時間を短くする
- 脱水終了後は速やかに取り出す

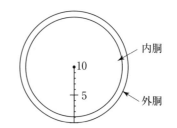

	水深度
洗　　　い	3～4度
す　す　ぎ	6～8度

水　位……内胴の底の内側を0として上向き
水深度……外胴の内のり半径を10度とし、
　　　　　外胴の底の内側を0として上向き

図Ⅲ－1　水深の表し方

表Ⅲ－2　高温洗濯方式（綿）の例

工　程	水位（水深度）	温度（℃）	時間（分）	添加剤
洗　い1	中（4）	40	5	洗剤、アルカリ剤
〃　2	中（4）	70	15	洗剤、アルカリ剤、漂白剤
すすぎ1	高（6）	60	5	―
〃　2	高（8）	常温	3	―
〃　3	高（8）	常温	3	―
仕上げ	低（3）	40	10	糊剤、柔軟剤
脱　水	―	―	10	

表Ⅲ－3　低温洗濯方式（ポリエテスル／綿）の例

工　程	水位（水深度）	温度（℃）	時間（分）	添加剤
洗　い1	中（4）	40	5	洗剤、アルカリ剤
〃　2	中（4）	50	15	洗剤、アルカリ剤、漂白剤
すすぎ1	高（6）	50	5	―
〃　2	高（8）	常温	3	―
〃　3	高（8）	常温	3	―
仕上げ	低（3）	40	10	糊剤、柔軟剤
脱　水	―	―	5	

(3) 乾燥・仕上げ

ア 乾燥

水分を完全に除き乾かす。

殺菌、消毒作用がある。

仕上げをしやすくする(生乾きにする)。

普通、乾燥はタンブラー乾燥機を使うが、そのほか乾燥室、自然乾燥などがある。タオル、ポリエステル衣類など完全乾燥するものと、仕上げのための予備乾燥するものがある。

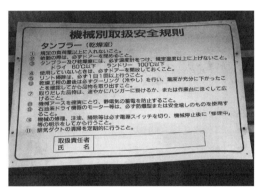

タンブラー(乾燥室)の説明

イ 仕上げ(糊付け)

布にハリと光沢を与える。

殺菌、消毒作用がある。

仕上げは普通アイロン、プレス機、シーツロール機で行う。仕上げ温度は200℃以下。繊維により仕上げ条件がかなり異なるので注意が必要である。

各繊維素材に対応するJISアイロン表示記号の上限温度を示すと表Ⅲ－4のとおりである。

3. リネンサプライ

(1) リネンサプライとは

リネンは「亜麻」、サプライは「供給する」という意味で「リネンサプライ」を直訳すると「麻の布を供給すること」になるが、シーツ・タオル類、クロス・ナプキンなどを「リネン」と呼称して、クリーニングサービス付きで繰り返し顧客に貸し出す業態がリネンサプライである。貸し出すリネンの種類から主たる洗濯作業はランドリーになり、浴衣やガウンなども取扱い対象品になっている。

洗濯物の処理

表Ⅲ－4　各繊維素材に対応するJISアイロン表示記号の上限温度

繊維名	JIS L 0001	上限温度℃	JIS L 0217	上限温度℃
綿・麻	アイロン(点3)	200	アイロン(高)	210
毛 絹 レーヨン ポリエステル ナイロン アセテート	アイロン(点2)	150	アイロン(中)	160
ポリウレタン アクリル	アイロン(点1)	110	アイロン(低)	120
ポリ塩化ビニル	アイロン(禁止)		アイロン(禁止)	

（2）リネンサプライの種別

リネンサプライを分類すると、ホテルリネン、病院リネン、フードリネン、産業リネン、鉄道リネン、貸しおしぼり、ダイアパー（貸しおむつ）及びダストコントロールとなる。

このうちで洗濯作業上では、病院寝具、貸しおしぼり及びダイアパーは、それぞれ個別に厚生労働省から「指導基準」又は「衛生基準」により消毒や洗濯の方法などが示されている。

（3）リネンの洗濯作業

リネンサプライによる洗濯処理は、通常のランドリーに比べて大量に処理するため、連続洗濯システムで処理されることが多い。機械によって洗濯及び脱水のシステムが異なるが、洗濯理論の基本は変わらない。

リネン用ふとんカバーの仕上げ

第3章　ドライクリーニング

1. ドライクリーニングの原理

　ドライクリーニングとは、水洗いすると縮んだり、形くずれしたり、色が落ちたりするような衣料品を、水の代わりに有機溶剤を用いて衣料品への影響を抑えた洗浄方法である。

　ドライクリーニングする洗濯物の多くは「外衣」である。外衣に付く主な汚れは、空気中のススやホコリである。このススやホコリは、払えば容易に取り除けるはずである。ところが、普通、そのススやホコリは身体から分泌される皮脂や、排ガスに含まれる油分などで洗濯物に粘着している。油分と一緒になったススやホコリは、もはや払っても取れなくなる。

　しかし、この状態の汚れをドライ溶剤に浸すと、まず、ドライ溶剤がその油状物を溶解する。この粘着油状物が溶けてしまえば、あとのススやホコリなどは、機械作用によって簡単に除去することができる。これが、ドライクリーニングの原理である（図Ⅲ－2参照）。

2. ドライクリーニングの歴史

　商業ドライクリーニングの起源については、19世紀、フランスのジョリー・ブランがパリ郊外で始めた説や、トーマス・ジェニングスがアメリカで始めた説など、諸説ある。ドライ溶剤として当初はベンゼンやテレピン油を使用していたが、その後、世界各地にドライクリーニングが広まるにつれ、ドライ溶剤も石油ベンジン、四塩化炭素やトリクロロエチレンなどを経て、日本では現在、主に石油系溶剤とテトラクロロエチレン（通称パーク）が使用されている。

3. ドライクリーニング工程

（1）洗浄前の点検とポケット掃除

　受取り時の点検は、トラブルを未然に防ぐために重要である。

　発見した衣料品の異常や欠陥は、速やかに、営業を通じて顧客と相互確認してから、作業に入る。

　また、ボタンや付属品の保護もここで行い、アルミホイルやカバーでくるんだり、場合によっては取り外す。

　ポケット掃除は、ポケット内の忘れ物の確認と隠れたゴミを取り除くために行う。万一、ポケット内にインクや口紅が入ったままクリーニングすると洗濯物を汚すおそれがあり、ライターが入っていると石油系溶剤を使用している工場では、爆発火災が起きる危険がある。

（2）仕分け・分類

　洗濯物に最適なクリーニング処理をするために、丈夫なものとデリケートなものと

洗濯物の処理

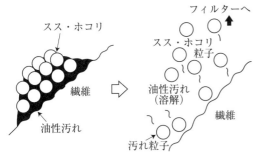

図Ⅲ－2　洗浄前と洗浄中

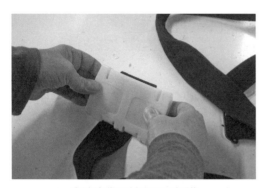

①洗浄前の付属品の保護

②洗浄前のボタンの保護

は区分し、色が濃い品物と淡い品物も区分する。分類はドライクリーニングの洗浄品質を大きく左右するものである。

（3）洗浄
ア　チャージシステム
「チャージシステム」とは、あらかじめ

ドライ溶剤にドライソープを添加しておいて洗う方法で、一般的なドライクリーニングシステムである。

チャージシステムでは、ソープ濃度は0.5〜1％を用いるのが普通である。その中へ水が入っても、少量であれば水はソープに吸収されて、洗濯物を濡らすことはな

COLUMN
洗剤出荷実績

2021年の洗剤出荷実績は34,957トンで前年比96.3％減の1,336トンとなった。

表　全項目別総計出荷報告

（単位：トン）

年度	ドライ用				ランドリー用							再販用合成洗剤	出荷総合計
	パーク系	フッ素系	石油系	計	石けん	合成洗剤	液体洗剤	ソフター	粉末漂白剤	合成糊剤	計		
2005 (平成17)	632	34	1,775	2,441	709	18,804	8,555	5,830	1,831	1,782	37,511	3,782	43,734
2010 (平成22)	309	53	1,233	1,595	495	17,394	7,563	5,118	1,574	1,325	33,469	1,831	36,895
2011 (平成23)	275	52	1,155	1,482	417	17,538	7,412	4,955	1,512	1,221	33,055	1,739	36,276
2012 (平成24)	253	47	1,112	1,412	466	18,329	7,833	5,002	1,597	1,231	34,458	1,751	37,621
2013 (平成25)	216	51	1,087	1,354	392	17,660	7,841	4,872	1,522	1,123	33,410	1,614	36,378
2014 (平成26)	186	43	1,044	1,273	370	17,634	7,988	4,877	1,500	1,045	33,414	1,466	36,153
2015 (平成27)	167	51	1,060	1,278	359	18,188	8,678	4,983	1,549	1,082	34,839	1,343	37,460
2016 (平成28)	162	51	1,038	1,251	309	18,573	9,044	5,448	1,498	1,020	35,892	1,254	38,397
2017 (平成29)	139	48	999	1,186	297	18,651	9,649	5,652	1,388	957	36,594	1,204	38,984
2018 (平成30)	129	45	931	1,105	276	18,418	10,375	5,816	1,233	897	37,015	1,060	39,180
2019 (令和1)	124	42	953	1.119	246	19,131	13,099	6,587	1,284	1,089	41,436	850	43,405
2020 (令和2)	101	35	793	929	220	14,679	11,762	5,928	1,107	998	34,694	670	36,293
2021 (令和3)	82	28	737	847	189	13,681	11,752	5,899	1,077	956	33,554	556	34,957

（注）　ドライ用のエタン系は各年度とも 0.5 トン未満
資料：「洗剤等の出荷実績概況」日本クリーニング用洗剤同業会

出典：「洗剤等の出荷実績概況」日本クリーニング用洗剤同業会

い。そのため、色落ちも収縮もせずに安全に洗うことが出来る。また、ソープには静電気の発生を抑制する作用があり、石油系溶剤を使用する場合は引火・爆発の危険を防止する。

イ　チャージシステムの注意点

（ア）ソープが規定濃度であっても、繰り返し使用によりソープが汚れを含んで（しまって）いるとソープの有効活性分が低下して、安定した洗浄力が期待できない。

（イ）チャージソープを使用した場合、溶剤と被洗物が、ある湿度の範囲内（70〜75％）でないと水溶性汚れの除去が悪くなったり衣料に悪影響（色泣き、収縮、再汚染など）を及ぼすことがあるが、工場において湿度を厳密に管理することは、現実的に難しい。外気や被洗物の影響で溶剤の湿度が高くなり、収縮などの悪影響が懸念される場合、品物を洗浄する前に乾燥した綿布などを洗浄することで一時的に溶剤の湿度を下げることができる。

ウ　ドライ溶剤の浄化と溶剤管理

　洗浄によって汚れた溶剤は浄化しなければならない。ワッシャー中の汚れた溶剤は、ポンプでフィルター（ろ過器）へ送られ、繰り返し循環される。そのとき、ドライ溶剤に出てきた汚れのうちの、主として不溶性の汚れが除去される。フィルター内に活性炭や脱酸剤が入っている場合は色素や脂肪酸なども吸着除去できる。しかし、ドライ溶剤中に溶け込んだ油性汚れの多くは、フィルターのみでは除去することができない。そこで、蒸留が必要となる。汚れたドライ溶剤を加熱して蒸発させ、そのガスを冷却液化し、溶剤を再生する。しかし、石油系ドライ機の大半は毎回蒸留することができないため、溶剤の清浄度を確認しながら適宜蒸留する必要がある。溶剤の

石油系ドライクリーニング洗浄機

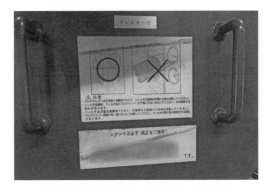

ドライ溶剤の汚れをフィルターで除去

清浄度を保つための溶剤管理はドライクリーニングの品質を維持する上で重要な技術の一つである。

（4）脱液、乾燥

　洗浄後、洗濯物からドライ溶剤を取り除く工程が「脱液」と「乾燥」である。脱液が強ければ、乾燥効率がよくなる。

4. 再汚染の原因と防止策

（1）再汚染の原因

　溶剤中に洗い出された汚れが、クリーニ

ング中に洗濯物へ再び付着するか吸着されることを再汚染という。

主な原因は、次のとおりである。
①不適切な仕分け
②過負荷
③不適切な溶剤管理（透過率、ソープ濃度、酸価等）
④洗浄時間不足
⑤溶剤流量不足（フィルター圧が高い、配管の詰まり、バルブの開閉不良、ポンプの性能低下）
⑥洗浄タンクの溶剤量不足
⑦蒸留量不足
⑧フィルター不良

(2) 再汚染の防止策

再汚染を防止するには、その原因である上記の①から⑧を改善することである。

5. JIS L 0001表示記号に対応する洗浄条件及びドライソープ濃度の記録について

JIS L 0001による各ドライクリーニング処理記号には、表Ⅲ－5のとおり試験条件が定められている。クリーニングの現場では、この試験条件以下で洗浄すれば、回復不可能な損傷が生じることはないはずである。仮にドライクリーニングの処理で洗濯物に事故が発生した場合、クリーニング業者が、自身が行ったクリーニング処理に問題がないことを主張するためには、対応するドライクリーニング処理記号の試験条件以下で洗浄したことを証明する必要がある。そのため、次の事項を記録、保管しておくことが望ましい。

---

1. 使用しているドライ機の内胴寸法を確認し、洗浄条件基準書を作成する

ドライ機の内胴寸法が直径1080㎜以上のものは機械力が過剰になる可能性があるため、洗浄時間や脱液時間などを調整して機械力を下げるようにする。

2. 洗浄条件を記録、保管する

事故品の洗浄条件が試験条件の範囲内であることを証明するため、洗浄条件基準書（例）と洗浄条件記録表（例）を作成し、個々の品物の洗浄条件が分かるように記録、保管する。

3. ドライソープ濃度を測定して記録、保管する

石油系ドライクリーニングでは、ドライソープを適正に使用していることを証明するため毎日の始業前点検でソープ濃度を測定して、ソープ濃度チェック表に記録、保管する。

表Ⅲ－6～8を参照。

（注）ソープ濃度センサー等を使用している場合でも、センサーが正常に機能していることを証明するため、ソープ濃度の測定は必要である。また、センサーの多くが電気伝導度を指

表Ⅲ－5　各ドライクリーニング処理記号に対応する試験条件

| 試験条件／記号 | 基本定数 kg/m³ | 溶剤温度 ℃ | 洗剤充填量 g/L | 水の添加 % | 工程時間（分） | | | | 乾燥温度（℃） | | 冷却時間 分 |
					洗い	中間脱液	すすぎ	最終脱液	熱風取入口	排気口	
Ⓟ・Ⓕ	50±2	30±3	1+2	2	15	2	5	3・5	80±3	60±3	5
Ⓟ・Ⓕ	33±2	30±3	1	0	10	2	3	2・5	60±3	50±3	5

※試験に使用するドライ機についても内胴直径600mm～1080mm 奥行最小300mm などの規格が定められている。

標としており、溶剤中の汚れや水分により影響されることがある。

クリーニングの側にこの記録がない場合には、クリーニング処理やドライソープの使用法に問題があったと決め付けられても反論することができないことになる。

表Ⅲ－6 洗浄条件基準書（例）

> ドライ機を複数台使用している場合は、機械ごとに洗浄条件基準書を作成します。

> 使用しているドライ機の内胴寸法を記入します。
> ※直径1080mm以上のものは機械力が過剰になる可能性があるため、洗浄時間や脱液時間などを調整して機械力を下げるようにします。

使用機械・溶剤：石油系溶剤① ／ ドライ機の内胴寸法：600mm

洗浄方法	負荷量(kg)	溶剤温度(℃)	ソープ濃度(%)	水の添加(%)	工程時間（分）				乾燥温度(℃)		冷却時間（分）
					洗い	中間脱液	すすぎ	最終脱液	熱風取入口	排気口	
コースA（紳士スーツ等）	15	実測値	0.5	なし	15	2	5	5	80	60	5
コースB（婦人スーツ等）	10	実測値	0.5	なし	10	2	3	5	80	50	5
コースC（婦人スカート等）	5	実測値	0.5	なし	5	2	2	5	60	40	5

> 実際に行っている洗浄方法と洗浄条件を記入し、洗浄条件基準書を作成します。

表Ⅲ－7 洗浄条件記録表（例）

> ドライ機を複数台使用している場合は、機械ごとに洗浄条件記録表を作成します。

> 洗浄方法と溶剤温度をロットごとに記入します。

（2021年6月分） 使用機械・石油系溶剤①

日	1	2	3	4	5	6	7	8	9	10
曜日	月	火	水	木	金	土	日	月	火	水
天気・気温(℃)	晴／25	曇／25	／	晴／26	曇／20	晴／23	／	曇／20	曇／18	／
1ロット目（溶剤温度）	コースC（20℃）	コースB（28℃）	休日	コースB（29℃）	コースC（20℃）	コースB（28℃）	休日	コースC（20℃）	コースA（28℃）	休日
2ロット目（溶剤温度）	コースB（26℃）	コースA（28℃）		コースA（30℃）	コースA（28℃）	コースA（28℃）		コースB（26℃）	コースA（28℃）	
3ロット目（溶剤温度）	コースA（28℃）			コースA（30℃）				コースA（28℃）		
4ロット目（溶剤温度）	コースA（30℃）							コースA（28℃）		

> 例えば、利用者Aから6/4にお預かりしたスカートは「石油系溶剤①の機械で6/5の1ロット目に洗浄した」ということが分かるようにして、記録を保管します。

> 利用者Aのスカートに事故が生じてしまった時に、洗浄条件記録表とソープ濃度チェック表を示すことにより、記号に定めた試験条件以下で洗浄したことの証明になります。

127

表Ⅲ－8　ソープ濃度チェック表

（　　　年　　　月分）

点検項目	（日）	1	2	3	9	10
	（曜日）					
	天気・気温					
ソープ濃度の測定		少・適・多	少・適・多	少・適・多	少・適・多	少・適・多
ソープ濃度の調整		ソープ追加	ソープ追加	ソープ追加	ソープ追加	ソープ追加
		溶剤追加	溶剤追加	溶剤追加	溶剤追加	溶剤追加
洗濯機ボタントラップ、フィルター等の清掃						
乾燥機リントフィルターの清掃						
床等の清掃						

点検項目	（日）	11	12	13	19	20
	（曜日）					
	天気・気温					
ソープ濃度の測定		少・適・多	少・適・多	少・適・多	少・適・多	少・適・多
ソープ濃度の調整		ソープ追加	ソープ追加	ソープ追加	ソープ追加	ソープ追加
		溶剤追加	溶剤追加	溶剤追加	溶剤追加	溶剤追加
洗濯機ボタントラップ、フィルター等の清掃						
乾燥機リントフィルターの清掃						
床等の清掃						

点検項目	（日）	21	22	23	29	30	31
	（曜日）						
	天気・気温						
ソープ濃度の測定		少・適・多	少・適・多	少・適・多	少・適・多	少・適・多	少・適・多
ソープ濃度の調整		ソープ追加	ソープ追加	ソープ追加	ソープ追加	ソープ追加	ソープ追加
		溶剤追加	溶剤追加	溶剤追加	溶剤追加	溶剤追加	溶剤追加
洗濯機ボタントラップ、フィルター等の清掃							
乾燥機リントフィルターの清掃							
床等の清掃							

6. 前処理等

ドライクリーニングのみでは十分に除去できない汚れやシミは、主として水溶性汚れである。これを除去するために、前処理、シミ抜きあるいは収縮や風合い変化を極力避けるように工夫した緩やかな水洗いを行う。

（1）前処理

洗浄前に、あらかじめ前処理液で汚れ箇所をブラシがけするとか、前処理剤を汚れ箇所にスプレーしておく処置である。この場合には、そこで用いた水分が洗濯物に悪影響（再汚染や部分収縮など）を及ぼさないよう注意が必要である。また、石油系ド

ライ機では引火点の低い溶剤を用いた前処理は行わない。

（2）シミ抜き

洗浄で落ちなかった部分的な汚れに対する処置である。

シミ抜きに応用する基本作用は、溶解作用、化学作用、酵素作用、潤滑作用の4作用である。

ア　溶解作用

「水」や「有機溶剤」で汚れを溶かす作用である。「水」は水溶性汚れに有効であり、「有機溶剤」はドライ溶剤で除去できなかった酸化した油脂や樹脂系汚れに効果的である。

イ　化学作用

薬品を利用してシミの性質を変化させて除去する作用である。例えば、水に溶けない鉄サビ汚れを、シュウ酸などを用いて、水溶性の鉄に変化させて除去する。

ウ　酵素作用

熱や時間の経過で凝固したたんぱく質汚れなどに、たんぱく質分解酵素などを作用させて、水に溶ける汚れに変えて除去するものである。

エ　潤滑作用

固形石けん、グリセリン等の潤滑剤を利用して、微細な不溶性汚れを滑らせて除去するものである。

（3）収縮や風合い変化を極力避けるように工夫した緩やかな水洗い

ドライクリーニングでは処理できない水溶性汚れが広範囲に付着している場合には、従来から行われている収縮や風合い変化を極力避けるように工夫した緩やかな水洗いが必要になる。

なお、パークを使用している工場では、ドライクリーニングした後に水洗いをする

と、衣類に残留したパークが排水中に混入することがあるため、十分に乾かすことが必要である。

7. 仕上げ

クリーニングの目的は、汚れ、シミを落としてきれいにするほかに、衣服の形態を復元することである。

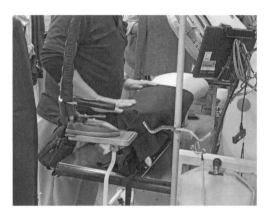

仕上げ

立体乾燥機

（1）仕上げの３条件

仕上げに必要な条件は、３つある。

①湿気：繊維の弾性^(注)を減少させる

②熱：水分を追い出し、繊維の弾性^(注)を回復させる

③圧力：形を整える

(注) 繊維の弾性：繊維に外から力を加えて変形させたとき、繊維が変形前の状態に戻ろうとする力

すなわち、品物に応じた最適の湿気・熱・圧力を使用して仕上げるのである。これらの３つを「仕上げの３条件」という。繊維と熱との関係は、121ページの表Ⅲ－４を参照願いたい。

（2）蒸気と上ごてとバキュームの使い方

ア　ドライ仕上げの最適な蒸気圧は0.5Mpa（5kgf/cm²）

蒸気圧が低い（0.35～0.4MPa）ときは、スチーミング（蒸気ふかし）とプレスに時間がかかり、ポケット口などが波打ったり、シワが目立ったり、生地のハリが出なかったりする。

高い（0.6～0.7MPa）ときは、高熱のため、スチーミングの際に作業員に対しても生地に対しても危険である。素材の収縮事故の原因になる。

イ　蒸気の使い分け

- 下ごて蒸気：品物をふくらませる効果があるので、柔らかく仕上がる。
- 上ごて蒸気：プレスをしながら蒸気をあてるので、生地の張りを保ち、形を決める仕上げに適する。背広の襟、スラックスの折目に用いる

ウ　蒸気とバキューム

上ごてを下ろしたまま上ごて蒸気を用い、そしてバキュームを行った場合、こて光りや縫い目の押し跡（アタリ）ができる。軽い品物に対して、上ごてを下ろしたまま、下ごて蒸気を使用するとシワができやすい。

第4章　ウエットクリーニング

ウエットクリーニングの起源はドライクリーニングの補完としての水洗処理であったが、JIS L 0001 の原典ISO 3758 では、ドライクリーニングの代替手段として表示記号が設定されている。

1. 定義と目的

ウエットクリーニングは、JIS L 0001 による表示記号が適用されるまで、「本来はドライクリーニングすべき洗たく物を水溶性の汚れが多いためにやむを得ず、40 ℃以下のぬるま湯で中性洗剤を用いて原形を損なわずに水洗いする洗たく方法」とされていた。

2016（平成28）年12月1日から適用されているJIS L 0001 では、ウエットクリーニングを「特殊な技術を用いた業者による繊維製品の水洗い処理。ただし、洗剤及び／又は水洗いによる影響を最小限度に抑えるために、水洗い・すすぎ及び遠心脱水時に添加剤などを使用する場合もある。」と規定し、各記号に適用する試験条件を設けている。

2. 対象品

JIS L 0001 のウエットクリーニング記号が表示された製品のほか、次の製品がウエットクリーニングの対象品になる。

⑴ ドライクリーニング対象品であるが、水溶性汚れを除去する必要がある製品。例としては、毛素材で飲食物汚れのある子供用外衣、絹素材で汗ジミのあるブラウスなど。
⑵ ドライクリーニングが不可能な製品。例としては、ポリ塩化ビニル製品や耐ドライクリーニング性の低い樹脂を用いたプリント製品など。
⑶ 機械力を抑える必要がある製品。例としては、壊れたり脱落しやすい装飾等が付属している製品など。
⑷ 表示等で、家庭洗濯や商業用水洗いが指示されており、他のクリーニング方法と比較してウエットクリーニングが望ましい状態にある製品。

洗濯物の処理

水溶性の汚れを前処理で除去

3. 処理方法

JIS L 0001 のウエットクリーニング記号には、洗いから乾燥まで表Ⅲ－9・表Ⅲ－10 の試験条件が規定されており、原則として各記号の試験条件で処理したときの参考値として示されているMA値の上限（Ⓦ=85, Ⓦ=45, Ⓦ=30）以下になるように条件設定した処理を行う。

仕上げは、人体プレス、パンツトッパー、ウールプレス機のいずれか1機種もしくは複数の機種を組合せてクリーニング工場の標準的な条件で仕上がること、ブラウス、ポロシャツ、Tシャツなどの軽量衣料は、クリーニング師の誰でも簡単にできるような一般的なアイロン仕上げで対応できることが基本となっている。

4. ウエットクリーニングと洗浄性

ウエットクリーニングは、素材へのダメージを抑えることを優先するため、JIS L 0001 のウエットクリーニング記号に規定された試験条件も含めて一般に洗浄性が低い。純粋な水溶性汚れはほぼ除去可能だ

表Ⅲ－9　A形基準洗濯機（ドラム式）によるウエットクリーニング試験条件

		Ⓦ	Ⓦ̲	Ⓦ̳
被洗物質量		2.0 kg	2.0 kg	2.0 kg
主洗い	洗剤量／被洗物質量	20 g/kg	6.5g/kg	6.5g/kg
	水量・最高温度	16 L・40℃	26 L・30℃	26 L・30℃
	回転動作（すすぎ時同様）	8秒回転・7秒停止	3秒回転・30秒停止	3秒回転・30秒停止
	洗い時間・排水・脱水	15分・1分・なし	15分・1分・低速1分	5分・1分・低速1分
すすぎ1	水量・時間	14 L・3分	26 L・5分	26 L・5分
	排水・脱水	1分・なし	1分・低速3分	1分・低速3分
すすぎ2	水量・時間	14 L・2分	—	
	排水	1分		
すすぎ3	水量・時間	14 L・2分		
	排水・脱水	1分・低速2分		
乾燥		タンブル乾燥		
	排気設定温度	最高60℃	最高60℃	—
	乾燥時間	60分	6分	
	放置（自然乾燥）	つり干し又は平干し	つり干し又は平干し	つり干し又は平干し

表Ⅲ－10　C形基準洗濯機（パルセータ式）によるウエットクリーニング試験条件

		Ⓦ	Ⓦ̲	Ⓦ̳
被洗物質量		2.0 kg	2.0 kg	2.0 kg
主洗い	洗剤量／被洗物質量	20 g/kg	20g/kg	20g/kg
	水量・最高温度	40 L・40℃	54 L・30℃	54 L・30℃
	回転動作（すすぎ時同様）	0.8秒回転・0.6秒停止	1.3秒回転・5.8秒停止	1.3秒回転・5.8秒停止
	洗い時間・脱水	6分・高速3分	6分・低速2分	3分・低速2分
すすぎ1	水量・時間	40 L・2分	54 L・2分	54 L・2分
	脱水	高速3分	低速2分	低速2分
すすぎ2	水量・時間	40 L・2分	54 L・2分	54 L・2分
	脱水	高速3分	低速≦1分	低速≦1分
乾燥		タンブル乾燥		
	排気設定温度	最高60℃	最高60℃	—
	乾燥時間	60分	6分	
	放置（自然乾燥）	つり干し又は平干し	つり干し又は平干し	つり干し又は平干し

が、油性汚れはドライクリーニングの5〜25%程度しか除去できない。

また、不溶性汚れは洗浄方式に左右されるが、除去できない場合が多い。酸化等により除去しにくくなった汚れも、ほとんど除去できない。

このため、洗濯物の素材や汚れの種類・程度により各種クリーニングを使い分けたり、部分洗いやシミ抜き、石油系溶剤ドライクリーニングなどを併用することが望ましい。

5. 家庭洗濯不可とウエットクリーニング記号の組合せ製品

夏物のウールスーツなどには、家庭洗濯不可とウエットクリーニングの非常に弱い処理の記号を組合せた ☒ Ⓦ 製品が流通している。

JISでは、取扱表示を「洗濯などの取扱いを行う間に回復不可能な損傷を起こさない最も厳しい処理・操作に関する情報」としているが、この記号の組合せでは、「家庭洗濯できない製品＝家庭洗濯で回復不可能な損傷が生じる製品」をなぜウエットクリーニングできるのか、という疑問が生じる。

これに対しては、家庭で洗濯はできても元の状態に仕上げることができないことが回復不可能な損傷である、との解釈がその回答になる。

つまり、この組合せによる表示がされた製品は、原則として「家庭で洗濯はできても元の状態に仕上げることができない製品＝クリーニングでの仕上げを必要とする製品」であることを意味する。

ただし、ウエットクリーニングの試験方法は、表Ⅲ−9と10の条件でJISに規定されているが、仕上げの方法については抽象

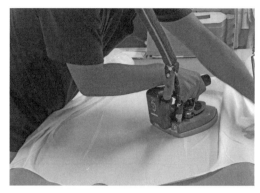

アイロン仕上げ

的な概念しか示されていない。

そのため、全国クリーニング生活衛生同業組合連合会、特定非営利活動法人日本繊維商品めんてなんす研究会、一般社団法人日本テキスタイルケア協会の3団体では、「ウエットクリーニング記号を表示することの可否を判断するための試験」を設定し、そのなかでウエットクリーニング試験の「標準的な仕上げ方法」は、前述した人体プレス、パンツトッパー、ウールプレス機のいずれか1機種もしくは複数の機種を組合わせたクリーニング工場の標準的な条件を基本とし、アイロンによる仕上げはクリーニング師の誰でも簡単にできるような一般的な仕上げの程度とすることを取り決めた。

この取り決めをアパレルなどの表示者に周知する必要があることから、一般社団法人日本アパレル・ファッション産業協会が事務局団体となって作成した「表示責任者のための取扱い表示記号作成ガイドライン」には、3団体が「ウエットクリーニング記号を表示することの可否を判断するための試験」を設定したことの紹介に加えて、「クリーニング関連団体が設定した試験や同等の根拠に基づいて一般的なクリーニング店で処理できる製品作りが必要です。」との一文が掲載されることとなった。

133

まめ知識
pHと洗浄性

　溶液の性質を表す指標として、pH（ピーエッチ/ペーハー）と呼ばれる0から14までの数字が使われる。pHは7を中心（「中性」）に、数値が低くなるにつれて「酸性」が強くなり、数値が高くなるにつれて「アルカリ性」が強くなる。

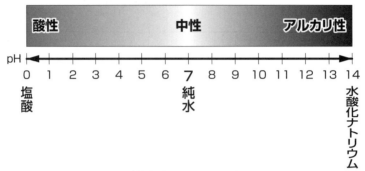

　家庭用品品質表示法における洗剤などの液性を表す用語とpHの範囲は以下のようになる。

pH	液性
3.0 未満	酸性
3.0 以上　6.0 未満	弱酸性
6.0 以上　8.0 以下	中性
8.0 を超えて 11.0 以下	弱アルカリ性
11.0 を超えるもの	アルカリ性

　水洗いの衣類用洗剤を溶解した水溶液のほとんどは「弱アルカリ性」か「中性」を示す。衣類の水洗いでは油汚れを落とすことが重要なことが多く、脂肪酸などの油汚れにはアルカリ性の方が良く落ちる。あまり強いアルカリ性は繊維を傷めてしまうため、洗浄力を重視した洗剤は「弱アルカリ性」のものが多いのはこのためである。しかし、動物性繊維（毛や絹）はアルカリ性に弱くダメージを受けやすいことから、一般にソフトに洗いたいものは「中性」の洗剤を使用する。以前は、粉末の洗剤は弱アルカリ性、液体の洗剤は中性のものが主流だったが、洗剤の開発が進み、家庭用、業務用ともに液体の弱アルカリ洗剤も多く見られるようになった。

まめ知識
MA値

　MA値はウエットクリーニングなどで参考にされている洗濯機械力の指標の一つである。MA値はデンマーク技術研究所のメカニカルアクション試験布（MA試験布）などを用いて測定する。このMA試験布は、一定の剛軟度の綿白布の中央部分にあらかじめ直径35mmの穴を五つ打ち抜いてあり、洗濯物にピンや糸で固定して使用する。洗濯・乾燥終了後、5つの穴のそれぞれについて、穴の内側に押し出された糸の数を数え、合計した値がMA値になる。MA値が大きいほど洗濯物が受ける機械力が大きいことを示す。MA試験布は1度しか使用できない（再利用はできない）。

洗浄前

洗浄後

MA 試験布（24×24cm）

第5章　特殊クリーニング

1. 毛皮のクリーニング

（1）毛皮の性質

　毛皮の特徴としては、高温、高湿度に弱いことと虫が付きやすいことが挙げられる。

　また、毛皮は、繊維製品と比べて均質性を得るのが難しい。一枚の毛皮について見ると、腹の部分と背中の部分では毛の長さ、密度、色合いが異なっている。また、一匹一匹全く同じということはない。ミンクのロングコートは、40～50匹を使用してつくられている。

（2）受取り時の注意事項

- 着用による毛先のスリ切れ、脱毛、破れはないか
- 変色はないか
- 淡色、白色の毛皮の黄変はないか
- 収縮はないか
- 硬くなっていないか
- 焼けこげはないか
- 縫い目の破れはないか
- 虫食いはないか
- においはないか
- 目玉、爪、歯、耳、足、留金、付属品に損傷がないか
- カビが発生していないか

（3）毛皮クリーニングの工程（例）

　毛皮は、パウダークリーニングをする。コーンパウダー（トウモロコシの芯の粉）やソーダスト（おがくず）など50～100メッシュの粉末に、毛皮用洗剤と加脂栄養剤を含ませてタンブルし、汚れをパウダーに吸着させて洗う方法である。脱脂されるので、ドライクリーニングは避ける。

ア　洗　浄

　パウダー洗浄：20分

　ダスティング^{（注）}：20分

（注）ダスティング：洗浄後のパウダーを振り落とす作業をいう

イ　仕上げ

　毛皮は熱に弱いので、仕上げは裏地にのみアイロンをかけ、表はブラッシングあるいはグレイジングマシン（艶出し回転ロール）で毛並みを整える。

（4）保管と注意事項

　保管温度は10～15℃、湿度45～50％が最適である。

　虫害は4月中旬～9月末の期間に発生しやすく、この対策として温度を下げたり、

毛皮のパウダー洗浄機

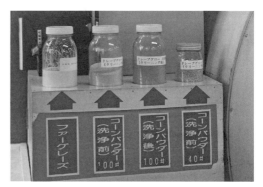

コーンパウダー

防虫剤を使用する。

スエードとに分けることができる。

2. 皮革のクリーニング

（1）皮革の性質

皮革は、次の性質がある。
- 熱に弱く高熱を受けると硬化収縮する
- 染色堅ろう度が弱く、クリーニングで脱色しやすい
- 汚れ、シミが深部まで浸透しやすく、落ちにくい
- 水に濡れると柔軟性が変化しやすい
- カビが生えやすく、生えると収縮や強度低下を起こしやすい
- 皮質が一定でない

皮革は、大別すると表皮の銀面と裏皮の

（2）皮革製品受取り時の念押し言葉

- 色の変化が起きやすい
- シミ、生体時の傷あと、部分色差が起きやすい

ムートンの洗浄

COLUMN
クリーニングにおける特殊加工

クリーニングの本来の目的は衣類などから汚れを取り除き、形を整えることだが、多くのクリーニング業者は差別化や付加価値の向上を目的に特殊加工を手掛けている。繊維及び繊維製品第3章で繊維加工について触れているが、衣料品の製造段階での加工（一次加工）とは異なり、クリーニングにおける特殊加工は、本来、製品には備わっていない新しい性能を後から付与するなどの処理（二次加工）をするため、特別な注意が必要である。

はっ水加工

はっ水加工ではシリコーン系やフッ素系の加工剤を使用している場合が多く、衣類に及ぼす風合いの変化について特に注意が必要である。自工場で使用している加工剤の風合いの変化を事前に把握し、お客さまと相互確認することがトラブルの防止に繋がる。また、ソープの影響で加工効果が低下する場合があるため、ソープを変更する場合は加工効果を再度確認する必要がある。

折目加工

シロセット加工は薬剤の化学反応を利用して毛素材に折目をセットする加工である。また、リントラク加工は折目の内側（裏側）に樹脂を塗布し、折目を固定する方法である。品質を安定させ、トラブルを防止するには、それぞれの加工の知識や技術の習得が重要となる。モヘヤは硬い素材であるため、折目付近の繊維一本一本が強く折り曲げられて破損しやすくなるデメリットがあり、混紡率が高い場合、折目加工は勧められない。

抗菌防臭加工・防カビ加工・抗ウイルス加工など

公衆衛生への関心が非常に高まっており、抗菌防臭・抗カビ・抗ウイルスといった衛生加工に注目が集まっている。衛生加工は自社で効果を確認することが難しく、安定した品質を維持するには加工工程をしっかりと管理することが必要である。加工効果を客観的に確認するには、繊維製品の性能を試験する公的な機関を利用するのも良い。また、特に衛生加工の広告については、効果を謳う文言が適切か、法的に問題ないかなどの配慮が必要である。

いずれの加工も、加工の特性や処理できる繊維・素材についてよく理解し、工程を適切に管理することが重要である。

- カビ、シミが完全にとれない
- 寸法の変化が起きやすい
- 異なった色の皮革の組合せは色泣きしやすい
- スエード類の表面プリント模様は消失しやすい

（3）クリーニング工程（例）

ア　前処理

スエードの場合は、前処理をする。これは、洗う前にあらかじめシミや汚れの部分に、サンドブラスト（加圧式噴砂機）を用い、小さな穴から微粒子の砂を吹き付けて汚れを削り取る作業である。

イ　洗浄

皮革のクリーニングは、石油系溶剤又はテトラクロロエチレンを使用し、皮革用の特殊な洗剤や加脂剤を添加して、汚れの状態や色、動物の種類などによってクリーニング時間を決める。

また、環境保全のため、水洗い方法も開発され利用されているが、ドライ溶剤での処理より収縮などが起きやすく、より高度な技術が要求される。

ウ　後処理

変退色が著しい場合、染料、顔料や塗料などで色修正（復色）を行う。

エ　仕上げ

人体プレス機を使うが、60〜70℃で蒸気量を少なめにして短時間処理をする。

蒸気を多く出すと硬化収縮する製品が多いので注意を要する。

スエードは人体プレスにかけながら、スエード用ブラシで全体を整形する。

（4）クリーニング取扱い上の問題点

- 縫製時に使用する接着剤によるシミの発生
- 異色の皮革素材の組合せによる色泣き
- スエード類の表面プリント模様の消失

- 異素材と皮革の組合せ衣料のクリーニング不可能製品
- 床革衣料の破れ

皮革は色や風合いの変化が生じやすく、洗浄で加脂剤を添加したり、必要に応じて色修正を行う。そのため、全く変化を与えず、汚れだけを取ることは非常に困難であり、その点をお客さまにご理解いただく必要がある。

（5）皮革の保管

皮革製品の保管で大切なことはカビを防ぐことである。日本のように高温で湿度の高い夏期はカビが生えやすい。クリーニングされた品物でも、保管が悪いとカビが生えやすく、よく乾燥した後、乾燥剤を入れて涼しいところに保管する。

3. 和服のクリーニング

（1）受取り時の念押し、点検の注意事項

- 金・銀箔などは、はがれることがあるので、お客様に念を押す
- 絞りの着物は、絞りが伸びることがあるので注意する
- 洗う前、気付かなかったシミが、洗った後目立つことがあるので、あらかじめ念を押す

特に注意する品物について	
留袖　喪服	金銀の箔落ち、刺しゅう糸のほつれ、比翼の出すぎ、比翼裏の色付き、紋の色出、張紋の場合は別にしておく
訪問着・振袖付下げ・裄	金銀の箔落ち、柄移り、絞りの伸び、色焼け、タタミ焼け、色付き、色出、破れ、刺しゅう糸のほつれ
羽織	紐がついているか、ないかを確かめる
道行	ボタンのスレ、溶けているか、ないかを確かめる
帯	金、銀糸の変色を確かめる

特に注意を要する和服の取扱い注意事項（例）

- シミの部分は、糸で印を付けるとよい
- 汚れ、シミのひどいもの、寸法の狂った
  ものは、品物によっては洗い張りをする
  のもよい
- ネーム付けは、ホチキスを使用しないで
  針と糸を使用する

（2）クリーニング方法

　一般衣料のドライクリーニングと同じでよ
いが、絹和服の洗浄は、石油系溶剤による

ブラシ洗いに重点が置かれ、ワッシャーに
よる処理はすすぎを行う程度にとどめる。

ア　生洗い〔いきあらい〕

　襟、袖口、裾口、裾、身頃の一部の汚れ
を、部分的に洗浄して除去する方法であ
る。着物全体を溶剤に浸漬しない。溶剤と
しては、ベンジンや石油系溶剤を用いる。
乾燥は自然乾燥をする。

イ　丸洗い

　汚れの部分をブラッシングしたのち、石

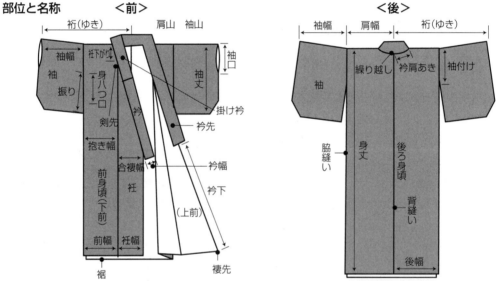

帯の種類		
袋　帯	・最も格調高い ・フォーマルからカジュアルまで（金銀糸が織り込まれたり、重厚な織柄のものは礼装に） ・幅31cm×長さ430cm程度　・二重太鼓に結ぶ	
名古屋帯	・セミフォーマルからカジュアルまで ・体に巻く部分「て」が半幅に仕立てられているのが特徴 ・幅30cm×長さ360cm程度 ・一重太鼓に結び、結びやすい	
半幅帯	・カジュアル〜セミフォーマルまで ・袋帯の半分の幅の帯 ・帯結びも豊富	
兵児帯 （へこおび） ※生地帯	・浴衣、カジュアルに ・芯の入っていない布状の帯 ・幅や長さもいろいろある ・結びやすく、軽い	

図Ⅲ－3　着物の部位と名称

油系溶剤で、着物全体を浸漬して洗う方法である。洗いは、できる限り短時間を基本とし、乾燥は、ハンガーに掛け立体乾燥で40℃以下の低温で行う。

ウ　洗い張り

昔から行われてきた着物の手入れ法である。着物をほどき、反物状にして水洗いをした後、「湯のし」をして、仕立直しをする方法である。

和服のシミ抜き工程例（一部）

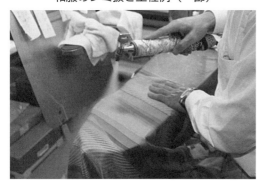

スチームポットでエアーを吹き付けている

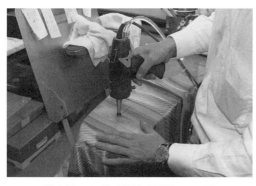

超音波シミ抜き器を使用している

筆で水を含ませている

4. カーペットのクリーニング

（1）クリーニング上の注意事項

- パイルの脱色、変色、退色、艶の消失などに注意する
- パイルを黄変、脆化〔ぜいか〕させない
- パイルを傷つけない
- 裏面のラテックス、ゴム接着などの加工が脆化しないように注意する
- 収縮、表面の波打ちなどの発生に注意する
- 模様などの色落ちに注意する

（2）クリーニング方法

クリーニングの方法として、水洗い、シャンプー洗い、ドライクリーニングなどがある。

ア　水洗い

カーペットを床に広げ、洗剤液を用いてブラシ洗いの後、吊り干しにより乾燥するか、あるいは、幅広の洗浄機に入れて洗浄したあと、脱水後吊り干し乾燥する方法などがある。洗浄効果は最も大きいが、脱色、収縮のおそれのあるものには応用できない。

イ　シャンプー洗い

基布までを濡らさないようにする目的で、パイルに洗剤の泡をつけてポリッシャー（回転ブラシ）でブラッシングをし、汚れを吸着した泡をバキュームマシンで吸い取る方法である。汚れの除去力は不十分であるが、濡らすことが不可能であったり、取外しが困難な敷きつめカーペットの洗浄に用いられる。

ウ　ドライクリーニング

カーペットの本質としては望ましいクリーニング方法であるが、ドライワッシャーに入る程度の大きさであること、裏ゴム張りが施されていないこと、などの条件に合わなくては適用できない。

第6章　溶剤と洗剤、クリーニング機械

1. ランドリー用水

（1）ランドリー用水の条件

①無色透明、無味無臭、液性が中性（pH＝5.8～8.6）であること。

②軟水であること：水中の硬度成分は、主としてカルシウムやマグネシウムの水溶性塩で、これらの成分は洗剤の力を低下させ、衣料を灰色化させる原因となるので、50ppm（ドイツ硬度3°DH）以下が望ましい。

③鉄分やマンガンが含まれていないこと：無色透明であっても、鉄分やマンガンが水溶性塩の形で溶けていると、いくらすすいでも生地に残留し黄褐色の原因となる。鉄分として0.1ppm以下が望ましい。

（2）水質の維持

　地下水の場合は、必ず定期的な水質検査を実施すること。水質に問題がある場合は、軟化装置あるいは水質軟化剤（EDTAなど）、除鉄装置により改善する。水道水であっても配管などからサビが混入しないように気をつけなければならない。

2. 界面活性剤

（1）洗剤の働き

　洗剤は、いずれも界面張力を下げる働きを持っており、その主成分は界面活性剤である。

　洗剤が持っている働きは、次のとおりである。

①界面張力を低下させる働き

②浸透、吸着、湿潤する働き

③乳化、可溶化する働き：油（例：油汚れ）を水の中に、あるいは水を有機溶剤（例：ドライ溶剤）の中に微粒子状に分散し、乳液状（乳化）、または透明液状（可溶化）にする。

④懸濁する働き：固形粒子（例：土砂、ホコリなど）を水あるいは油の中に均一安定に分散する。

　洗浄作用は、石けんや洗剤の浸透・吸着・膨潤・乳化・懸濁などの諸性能の総合されたものである。

（2）洗剤のイオン性

　洗剤のイオン性は、主成分である界面活性剤のイオン性にほかならない。界面活性剤には、以下のタイプがある。

①アニオン（陰イオン）系

②カチオン（陽イオン）系

③ノニオン（非イオン）系

④両性イオン

　洗剤や仕上げ剤などのイオン性によって、薬剤の併用性を判断する。アニオン系にノニオン系を併用することは差し支えないが、アニオン系とカチオン系の併用は、イオン結合を起こして本来の効能が相殺されることがある。

3. ランドリー用助剤

（1）アルカリ剤

　ランドリーでは、メタ珪酸ナトリウムなどがアルカリ助剤として洗剤と併用される。その理由は、汚れの酸性を中和し、硬水を軟化し、繊維や汚れを膨潤させ、洗濯液をアルカリ性に維持する働き（緩衝作用）があり、これらの総合結果として洗剤の洗浄力を著しく増強する効果（ビルダー効果、相乗効果）があるからである。

(2) 再汚染防止剤

再汚染防止剤としてはCMC（カルボキシメチルセルロース）などの高分子が広く使用されている。CMCはパルプを原料としてつくられた粉末状の水溶性高分子物質で、綿布などに対して再汚染防止効果が優れ、洗濯物の白さが向上する（糊料としても使用される）。

(3) 漂白剤

ランドリーで主に使用される漂白剤は、過炭酸ナトリウムと次亜塩素酸ナトリウムである（自動投入装置が設置されている場合は過酸化水素水も使用される）。

使用上の注意は、以下のとおりである。

ア 過炭酸ナトリウム：粉末状、酸素系漂白剤

- 40℃以上で効果を発揮する。緩やかに分解するので、生地を傷めることが少ない

- ほとんどの染色物に適用できる。ただし、含金染料染色物には、この漂白剤が金属と反応して生地を損傷するため使用不可である

- 標準使用量は、1ℓあたり0.5～1g、温度は高く、時間は長いほど漂白効果が出る

イ 次亜塩素酸ナトリウム：液状、塩素系漂白剤

- 低温で漂白効果がある。反面高温では急激な分解が起こり、生地を損傷する

- 綿、麻などのセルロース系繊維に適し、絹、毛、ナイロン、ポリウレタン、染色物には使用できない

- 有効塩素12％品として市販されているものが多いが、経時とともに徐々に分解して効果が低下するので、なるべく早く使用する。保管も冷暗所がよい

- 標準使用量は、1ℓあたり2g以下とする。これ以上は繊維を傷める

表Ⅲ－11 繊維と漂白剤との関係

分類	繊維名／商品名	植物性繊維（セルロース繊維）					合成繊維					含窒素繊維					
		綿・麻	レーヨン／ポリノジック	キュプラ	アセテート	トリアセテート	ビニロン	ポリクラール	ポリ塩化ビニル	ポリプロピレン	ポリエステル	モダクリル	アクリル	ナイロン	プロミックス	毛・絹	ポリウレタン（スパンデックス）
酸化漂白剤	過炭酸ナトリウム	○	○	○	○	○	○	△	△	△	△	△	○	×	×	△	△
	次亜塩素酸ナトリウム	◎	◎	◎	◎	◎	×	△	△	△	△	△	△	×	×	×	△
	過酸化水素	○	○	○	○	○	○	△	△	△	△	○	○	×	×	◎	◎
	亜塩素酸ナトリウム	○	○	◎	◎	◎	◎	△	△	△	△	○	◎	○	×	×	△
	過ほう酸ナトリウム	○	○	○	○	○	○	△	△	△	△	△	○	○	×	△	○
	過マンガン酸カリウム	○	○	○	○	○	○	△	△	△	△	△	○	△	×	×	△
還元漂白剤	酸性亜硫酸ナトリウム	△	△	△	△	△	◎	△	△	△	△	◎	◎	○	○	○	◎
	ハイドロサルファイト	△	△	△	△	△	◎	△	△	△	△	△	◎	◎	○	○	◎

◎印は、漂白効果が大である。
○印は、漂白効果は小さい。繊維は安全である。
△印は、漂白効果はない。繊維はやや安全である。
×印は、繊維が損傷したり、変色する。
注）加工剤の種類によっては必ずしもこの表のとおりにならない。例えば、綿やレーヨンでも粗悪な尿素樹脂加工されているときは変色（黄化）することがあるから◎でなく×である。

（出典：東　昇・奥山春彦監修「クリーニングの知識」）

洗濯物の処理

(4) 糊剤

　天然糊ではコーンスターチ、合成糊ではポリ酢酸ビニルが最も常用されている。コーンスターチは、でんぷん糊の中では、硬さ、浸透性がよい。ポリ酢酸ビニルは、少量で硬さを発揮できるが、脱糊性が悪いものもあるので注意する。

(5) 柔軟剤（ソフター）

　ソフターは自己乳化型のカチオン界面活性剤が成分で、これが繊維に吸着して加脂効果を発揮して繊維を平滑にし、静電気を抑え、衣服を柔らかくふっくらした感触に仕上げる。

4. ドライクリーニング溶剤

　日本国内で使用されているドライクリーニング溶剤は、石油系溶剤の比率が圧倒的に高く、次がテトラクロロエチレン（パーク）となっている。代替溶剤としてシリコーン系溶剤やフッ素系溶剤などが使用されている。

　ドライクリーニング溶剤の選定にあたっては、溶剤各種の特性と、それに関連するクリーニング適性との関係を理解していることが大切である。石油系溶剤とテトラクロロエチレンの主な特性は以下のとおりである。表Ⅲ－12に溶剤の特性の詳細を、また、表Ⅲ－13に溶剤とクリーニング適性との関係を示す。

ア　石油系溶剤

- 油脂溶解力が小さく、比重が軽いので、ソフト洗いに適している
- 衣料乾燥に高温と時間を要するため、風合い、生産性で問題にされやすい
- 引火性で、消防法や建築基準法の規制を受ける

イ　テトラクロロエチレン（パーク）

- 油脂溶解力が大きく、揮発しやすいので、短時間で洗浄、乾燥ができ、生産性が高い
- 反面、樹脂を溶かしやすく、付属品に注意が必要である。不燃性である
- 化審法の第2種特定化学物質に指定されており、取扱いや環境保全対策が必要

表Ⅲ－12　ドライクリーニング溶剤の特性

起源分類　　溶剤　項目	合成系　塩素系溶剤　テトラクロロエチレン（パーク）	天然系　石油系溶剤	参考　水
化学式	$CCl_2=CCl_2$	炭化水素化合物（石油留分）	H_2O
分子量	165.8		18.02
比重	1.627	0.77〜0.82	(4℃)1.00
粘度（mm²/s）	0.88	0.3〜0.6	1.00
表面張力（mN/m）	32.2	20〜50	72.75
水の溶解度（mg/ℓ）	150	0.007	―
カウリブタノール（KB）値	90	27〜45	―
沸点（℃）	121.2	150〜210	100.0
比熱（cal/g・℃）	0.205	0.52	1.00
蒸気圧（kpa）	16	8〜10	17.5
引火点（℃）	なし	40	なし
管理濃度（ppm）	25		

表Ⅲ-13 溶剤の特性とドライクリーニング適性との関係

溶 剤 の 特 性		ド ラ イ ク リ ー ニ ン グ 適 性
洗 浄 性	比 重 （液体）	小さいほど、たたき洗い効果が小さく、衣料を傷めない。
	粘 度 、 表 面 張 力	小さいほど、衣料に浸透しやすく、きれいに洗える。
	水 の 溶 解 度	大きいほど、水溶性の汚れの洗浄に効果的である。
	カウリブタノール値（KB値）	大きいほど、油溶性の汚れの洗浄力が大きく、洗浄時間を短縮できる。
乾燥速度	沸 点	低いほど、低温で蒸発乾燥できる。
	蒸 気 圧	大きいほど、低温で蒸発乾燥できる。
蒸留回収エネルギー	沸 点	低いほど、蒸留回収時の所要エネルギーが少なくてよい。
	比 熱	小さいほど、蒸留回収時の所要エネルギーが少なくてよい。
安 全 性	引 火 点	"なし"は、引火爆発の危険性がなく、消防法の危険物に該当しない。
	管理濃度、許容濃度	高いほど、毒性が低い。

5. ドライクリーニング用洗剤及び関連資材

(1) ドライクリーニング用洗剤（ドライソープ）

　ドライクリーニング溶剤だけでは、十分なクリーニングができないばかりか、弊害が出る。ドライソープを正しく使ってこそ、良いクリーニングが可能になる。

《ドライソープの働き》
- 洗濯物への浸透促進
- 不溶性汚れの除去促進と再汚染防止
- 水を可溶化し、水溶性汚れとシミ除去を促進
- 静電気の防止・抑制
- 風合いの維持、向上

(2) ろ過とろ過助剤

　洗浄により汚れた溶剤を、清浄なドライ溶剤に再生する方法の一つがろ過であり、主に溶剤中の不溶性汚れを除去する。それに使用する資材がろ過助剤である。

ア　カートリッジフィルター

　カートリッジフィルターはろ紙とろ過助剤が一体になっており、石油機で一般的に使用されている。ろ過助剤は活性炭や脱酸剤などが使用され、カートリッジ内部に充填されている。活性炭の粒子には無数の微細孔があり、汚れた溶剤中の色素や脂肪酸、発臭物質などをこの中に吸着することにより、溶剤を清浄化する。ただし、新品のカートリッジフィルターを使用し始めたときは、充填されている活性炭にドライソープも吸着され、ソープ濃度が低下するため、特に濃度管理に留意する。

イ　スピンディスクフィルター

　スピンディスクフィルターは廃棄物の発生量を減らし、蒸留残渣の処理を容易にすることを目的に、パーク機で一般的に使用されている。ろ布を被せた、中心に穴の空いている円盤（ディスク）を軸に多数通して重ねた構造になっており、ろ布のメッシュによりろ過するものである。ろ布に付着した汚れは、円盤を高速回転して遠心力により分離し、溶剤と共に蒸留器に送って蒸留する。ろ過性能はカートリッジフィルターと比べて劣り、ろ過助剤も使用されない。

6. 溶剤・機械などの安全管理

（1）有機溶剤などの危険性

　洗濯物の処理に使用するクリーニング溶剤の取扱い上、特に考慮すべき危険性としては

- 引火、火災、爆発を導く引火・発火性
- 中毒、職業病に結び付く有害・有毒性
- 環境汚染につながる公害性

などが重要である。

　クリーニング業で主に使われている有機溶剤と、その危険性を整理してみると、表Ⅲ－14のようになる。

（2）取扱注意事項と法令

　クリーニング業者として、クリーニング溶剤などを取り扱ううえで遵守しなければならない法律には、「消防法」「建築基準法」「化学物質の審査及び製造などの規制に関する法律」「水質汚濁防止法」「大気汚染防止法」「下水道法」「労働安全衛生法」「廃棄物の処理及び清掃に関する法律」、規則には、「有機溶剤中毒予防規則」「特定化学物質障害予防規則」などがあり、ドライクリーニング溶剤の主体となっているテトラクロロエチレンと石油系溶剤の使用にあたっては、表Ⅲ－15に示すような関係法令等を遵守しなければならない。

表Ⅲ－14　主なクリーニング用有機溶剤

用途		溶剤名	引火・可燃性	有毒・有害性	公害性
洗浄用		テトラクロロエチレン	なし	あり：25ppm	水質汚濁ほか
	シミ抜き用	石油系溶剤	あり：40℃＜	少しあり	大気汚染
		アセトン	あり：－10℃	少しあり：500ppm	――
		酢酸イソアミル	あり：27℃	あり：50ppm	――
		ベンジン	あり：－40℃	少しあり	――
		モノクロロベンゼン	あり：29℃	あり：10ppm	――

（注）表のうち、①引火性の欄中の数字は引火点
　　　②有毒・有害性の欄中の数字は作業環境測定における管理濃度

表Ⅲ－15　テトラクロロエチレンと石油系溶剤の主な関係法令一覧

項目	関係法令等	テトラクロロエチレン	石油系溶剤
環境保全	化学物質の審査及び製造等の規制に関する法律 ・規制区分 ・環境汚染防止のための措置に関する容器、包装等の表示 ・クリーニング営業者に係るテトラクロロエチレンの環境汚染防止措置に関する技術上の指針	第2種特定化学物質 該当 適用	－
	特定化学物質の環境への排出量の把握等及び管理の改善に関する法律（化学物質管理促進法又はPRTR法） ・規制区分 ・排出量の把握及び提出 ・化学物質等安全データシート（SDS）の交付	第1種指定化学物質 適用 適用	第1種指定化学物質を含有する場合あり
	環境基本法 ・水質汚濁に係る人の健康の保護に関する環境基準（年間平均値） ・大気の汚染に係る環境基準（1年平均値） ・土壌の汚染に係る環境基準	0.01mg/L以下 0.2mg/m³以下 0.01mg/検液1L以下	－

項目	関 係 法 令 等	テトラクロロエチレン	石油系溶剤
排水に関する規制	水道法 ・水道水質基準	0.01mg/L 以下	
	水質汚濁防止法 ・有害物質を含む地下浸透水の地下への浸透 ・施設の構造等についての定期点検・記録・保存 ・一律排水基準	禁止 該当 0.1mg/L 以下	5mg/L 以下 (排水量50m³/日以上)
	・特定施設の設置及び変更届 ・排水の汚染状態の測定結果の記録と保存	該当 適用	−
	下水道法 ・下水の排除の制限に係る水質の基準	0.1mg/L 以下	
大気に関する規制	(旧)厚生省生活衛生局長通知(平成元年7月10日衛指第114号) ・クリーニング所におけるドライ機からの排出溶剤蒸気の回収装置の設置	ドライ機の処理能力の合計30kg 以上は設置、30kg 未満も設置が望ましい	−
	環境基本法 ・大気の汚染に係る環境基準(1年平均値)	0.2mg/m³ 以下	−
	大気汚染防止法 ・規制区分 ・指定物質排出施設及び指定物質抑制基準 　ドライクリーニング機(処理能力30kg/回以上のもの(密閉式のものを除く))	指定物質 既設500mg/m³N (1997.4.1現在設置) 新設300mg/m³N (1997.4.1以降設置)	−
	公害防止条例等による大気中への排出口濃度規制 ・東京都 ・神奈川県 ・新潟県(要綱)	300mg/m³ 以下 50ppm 以下 平均値20ppm 以下/最大値50ppm 以下(処理能力の合計が30kg 以上の施設が対象)	−
	炭化水素類排出の指針等 ・埼玉県	該当(洗濯能力23kg 以上) →処理設備の設置	該当(洗濯能力23kg 以上) →処理設備の設置
	・千葉県	該当(VOCの最大の使用量の合計が6トン以上/年) →自主的取組の対象	該当(VOCの最大の使用量の合計が6トン以上/年) →自主的取組の対象
	・横浜市	該当 →低公害の溶剤の使用、排出防止装置の設置など	
	・大阪府	該当(洗濯能力30kg 以上/回) →処理装置の使用	該当(洗濯能力30kg 以上/回) →処理装置の使用
衣類残留防止	神戸市民のくらしを守る条例	−	洗濯物に注意表示義務(残留溶剤による皮膚炎防止)
	(旧)厚生省生活衛生局指導課長通知(平成3年7月1日衛指第111号)「石油系溶剤を用いたドライクリーニングにおける衣類への溶剤残留防止について」	−	洗濯物の溶剤残留チェック
廃棄物の処理	廃棄物の処理及び清掃に関する法律 ・特別管理産業廃棄物 ・特別管理産業廃棄物管理責任者の設置、帳簿の記載等 ・処理を委託できる者	該当 特別管理産業廃棄物収集運搬業者及び特別管理産業廃棄物処分業者	該当 特別管理産業廃棄物収集運搬業者及び特別管理産業廃棄物処分業者
	・処理受託者に対する特別管理産業廃棄物管理票(紙マニフェスト)の交付又は電子マニフェスト情報登録	該当	該当

145

項目	関 係 法 令 等	テトラクロロエチレン	石油系溶剤
作業環境	労働安全衛生法 ・作業主任者の選任 ・特定化学物質障害予防規則 ・有機溶剤中毒予防規則 ・特殊健康診断 ・作業環境測定 ・作業環境評価基準(管理濃度) ・作業記録等の30年保存	特定化学物質作業主任者 該当(第2類物質) (特化則による準用あり) 該当 該当 25ppm 該当	有機溶剤作業主任者 該当(第3種有機溶剤) タンク等の内部のみ該当 － － － －
火災防止	消防法 ・危険物の分類	－	第4類第2石油類
	建築基準法 ・用途地域規制	第1種住居・第2種住居・準住居の各地域(ただし、原動機を使用する工場で作業場の床面積の合計が50m²を超えるもの、原動機の出力の合計が1.5kWを超える空気圧縮機を使用する作業場を営む工場を除く。)近隣商業・商業の各地域(ただし、原動機を使用する工場で作業場の床面積の合計が150m²を超えるものを除く。)及び準工業・工業・工業専用の各地域に建築可	準工業・工業・工業専用の各地域に建築可

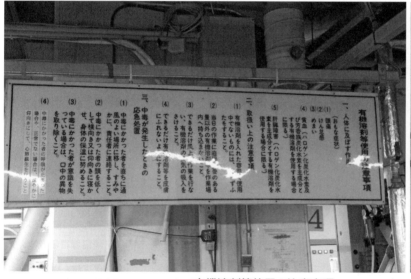

有機溶剤等使用の注意事項

(3) 石油系溶剤の安全管理
ア 危険物としての取扱注意事項
- 危険物第2石油類の指定数量は1000ℓ、第3石油類は2000ℓである
- 指定数量以上の貯蔵、取扱いは許可を要す
- 指定数量の5分の1以上、指定数量未満の貯蔵、取扱いは届け出を要す
- 廃棄物は、特別管理産業廃棄物として取り扱う
- 石油系ドライ機の取扱いについては特に注意する

- みだりに火気の接近、加熱をせず、周囲を整理整頓する
- 作業指揮者が作業指揮、点検、記録及び措置を行う
- 火気使用禁止、立入り禁止などの表示をする
- 適合する消火設備の設置を行う

イ　有機溶剤としての注意事項

- 責任者が直接作業方法の決定、指揮、排気装置の点検（毎月）を行う
- １年に１回機械の自主検査を実施し、記録を３年間保存する。遠心機として及び乾燥機としての自主検査を同時に行う
- 人体への影響、取扱注意事項、応急処置を掲示し周知させる
- 取扱所の区分に応じ色で表示する（第３種有機溶剤である石油系溶剤は青色）
- 溶剤は漏れなどのない容器に入れ、立入りを防止し、排気設備のある所に貯蔵する。空容器は密閉し一定場所に集積しておく

ウ　石油系溶剤による化学やけど（皮膚障害）

洗濯物に石油系溶剤が残留した場合、化学やけど（皮膚障害）が発生する。直接の原因は、石油系溶剤使用の際の乾燥不十分にほかならない。遠因には、乾燥しにくい合成皮革や複合素材の流行、無理をした全品即日渡しシステム、においの少ない低アロマ（低芳香族）タイプの石油系溶剤の普及などがあげられる。しかし、クリーニング業者が、衣類と溶剤の特性を十分に理解し、合成皮革製品などについてはできるだけウエットクリーニングすれば、事故は防げるはずである。

（4）石油系ドライ機の使用時の注意

①引火点が40℃以上の石油系溶剤を使用する。

②適量の石油系溶剤用ドライソープを、所定濃度になるように添加し洗浄する。

- ドライソープ濃度はソープ濃度測定セットを使い、毎日の始業前に測定する
- ドライソープは帯電防止性能のよいものを使用する
- ドライソープに引火点の低い溶剤が入っていないことを、洗剤メーカーに確かめる
- 清浄装置又は清浄剤入りカートリッジフィルターを使用している場合には、ソープ濃度測定セットで適宜濃度測定を行いながらドライソープを逐次追加する

③溶剤の温度は、35℃を超えないようにして洗浄する（30℃以下が望ましい）。

④引火点の低い溶剤（ベンジン、シンナーなど）を用いる前処理は行わないようにする。やむを得ない場合はよく乾燥させてから洗浄作業を行う。

⑤ポケットの掃除を徹底する。

⑥機械及び機械の周辺について次の点に注意する。

石油系ドライクリーニング乾燥機

- 機械の接地（アース）が完全に行われているか確認する
- 機械の周辺の整理・整頓に心がける。周辺に可燃物や熱の発生源がないことを確認する
- 部屋の換気を十分に行って作業する
- 機械の点検を行う

⑦厚生労働省による「クリーニング所における衛生管理要領」（Ⅰ衛生法規及び公衆衛生第5章参照）及び国土交通省による「引火性溶剤を用いるドライクリーニング工場の安全対策に関する技術的基準」を遵守する。

（5）テトラクロロエチレンの安全管理
ア　適正管理
- 施設・場所、洗濯物の処理、ドライ機の操作、蒸留器の操作、ガス回収装置、排液処理装置、廃棄物の保管、ワッシャー数、フィルター圧について毎日点検し記録する
- 溶剤の漏れなどについての点検は毎週行う
- 溶剤の補給量、排液及び排気の濃度測定、フィルターの処理、廃棄物の処分についてその都度記録する
- 記録を3年間保管する
- 廃棄物は特別管理産業廃棄物として取り扱う

イ　特別有機溶剤としての取扱注意事項
- 6か月以内ごとに1回、作業環境測定士による作業環境測定を行い、その結果の評価により、必要があれば作業環境を改善する
- 測定の記録とその評価の記録を30年間保存する
- 有機溶剤作業主任者技能講習修了者から特定化学物質作業主任者を選任し、作業に従事する労働者がテトラクロロエチレンにより汚染され、又は吸入しないよう、作業の方法を決定したり、ドライクリーニング機の点検、保護具の使用の確認などを行わせる
- ドライクリーニング機を取り扱う労働者に対し、一般的な健康診断に加え、雇入れなどの際と、6か月以内ごとに1回、代謝物の検査など、特別な項目についての健康診断を行う

▌まめ知識
テトラクロロエチレン

　テトラクロロエチレン（tetrachloroethylene）はドライクリーニングや化学繊維、金属の洗浄などの目的で工業的に生産されている化合物である。別名としてパークロロエチレン、パーク（perc）、PCE、テトラクロロエテン、四塩化エチレン等があるが、化学物質の審査及び製造等の規制に関する法律、特定化学物質の環境への排出量の把握等及び管理の改善に関する法律、水道法、水質汚濁防止法、下水道法、大気汚染防止法、廃棄物の処理及び清掃に関する法律、労働安全衛生法、建築基準法などで、「テトラクロロエチレン」の名称が使用されている。

　また、JIS L0001（98ページ参照）では「パークロロエチレン」が使用されている。

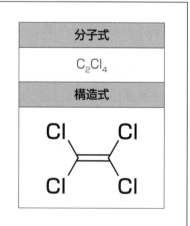

分子式
C_2Cl_4
構造式

- 健康診断の結果異常と診断された場合は、医師の意見を勘案し、必要に応じて、労働者の健康を保持するために必要な措置を講じる
- 健康診断の結果は、労働者に対し通知するとともに、その記録を30年間保存する
- 健康診断を行ったときは、労働基準監督署に報告する
- ドライクリーニング機を取り扱う労働者について、1か月を超えない期間ごとに労働者の氏名や従事した作業の概要と作業に従事していた期間などの事項を記録し、30年間保存する
- 作業場の見やすい箇所にテトラクロロエチレンが人体に及ぼす作用やテトラクロロエチレンの取扱い上の注意事項などを掲示する
- 労働者を新たに雇い入れたときや、労働者の作業内容を変更したときは、労働者が従事する業務に関する安全又は衛生のため、テトラクロロエチレンの有害性とその取扱い方法に関することなどの事項について教育を行う
- 1年に1回、機械の自主検査を実施し、記録を3年間保存する。遠心機械としての自主検査も同時に行う
- 検査又は点検での異常箇所は直ちに補修し、記録しておく
- 取扱所の区分に応じ色で表示する
- 溶剤は漏れなどのない容器に入れ、排気設備のある所に貯蔵する。空容器は密閉し一定の場所に集積しておく

(6) アンモニア、過酸化水素、フッ化水素の危険性

アンモニアとフッ化水素は、特定化学物質等障害予防規則の3類と2類に、アンモ

まめ知識
ドライクリーニング機設置台数の推移

2020（令和2）年のドライクリーニング機設置台数は合計2万1440台であった。2000（平成12）年の4万4810台と比較すると52%減となった。

表　ドライクリーニング機設置台数の推移

年		2000	2002	2004	2006	2008	2010	2012	2014	2016	2018	2020
テトラクロロエチレン	台数	6,142	5,595	4,831	4,281	3,710	3,317	2,882	2,491	2,106	1,852	1,579
	割合	13.7%	13.0%	11.8%	11.1%	10.2%	9.8%	9.1%	8.6%	8.1%	7.7%	7.4%
石油系溶剤	台数	37,381	36,446	35,200	33,620	32,098	29,976	28,140	25,850	23,417	21,872	19,424
	割合	83.4%	84.9%	86.3%	87.3%	88.2%	88.5%	89.1%	89.5%	90.1%	90.5%	90.6%
HCFC類	台数	215	257	264	223	208	199	186	148	97	85	75
	割合	0.5%	0.6%	0.6%	0.6%	0.6%	0.6%	0.6%	0.5%	0.4%	0.4%	0.3%
HFC-365mfc	台数	–	–	–	–	–	–	–	123	152	160	183
	割合	–	–	–	–	–	–	–	0.4%	0.6%	0.7%	0.9%
1,1,1-トリクロロエタン	台数	394	229	153	86	58	47	36	33	25	21	22
	割合	0.9%	0.5%	0.4%	0.2%	0.2%	0.1%	0.1%	0.1%	0.1%	0.1%	0.1%
CFC-113	台数	617	353	237	152	139	96	76	42	40	31	20
	割合	1.4%	0.8%	0.6%	0.4%	0.4%	0.3%	0.2%	0.1%	0.2%	0.1%	0.1%
その他の溶剤	台数	61	54	88	162	186	226	254	184	158	159	137
	割合	0.1%	0.1%	0.2%	0.4%	0.5%	0.7%	0.8%	0.6%	0.6%	0.7%	0.6%
合計	台数	44,810	42,934	40,773	38,524	36,399	33,861	31,574	28,871	25,995	24,180	21,440

資料：厚生労働省

ニア（10％以下は除く）と過酸化水素（6
％以下を除く）とフッ化水素が毒物及び劇
物取締法^{（注）}に該当している。

通常は、シミ抜き用として少量しか使用
しないのでほとんど問題はないが、危険物
質として十分注意して管理する必要があ
る。アンモニアや過酸化水素は規定濃度以
下で使用するようにすればよい。

フッ化水素は濃度に関係なく危険である
ので、フッ化水素よりはいくぶん安全な代
替品（フッ化ナトリウム、フッ化アンモニ
ウムなど)に切替えるようにすべきである。

また、過酸化水素の場合は、より安全な
過炭酸ナトリウムへの切替えもかなり実用
的である。

（注）毒物及び劇物取締法：毒性、爆発性、引火
　　　性などのある有害化学物質のうち、危険度の
　　　高いものを毒物、劇物に指定し、販売条件、
　　　商品の表示、購入手続き、取扱いや保管の方
　　　法などを規制している

過乾燥をしないように注意

（7）乾燥機による火災事故の防止

乾燥後の洗濯物が、残留した汚れの酸化
などにより時間とともに温度が上昇し、自然
発火する危険がある。

したがって、乾燥作業の安全対策につい
て、以下のことに留意しなくてはならない。

- 過乾燥をしない（乾燥中は温度や乾燥
  物の状態などに常に注意する）
- 乾燥物は冷却を十分に行ってから取り
  出す（乾燥機内に放置しない）
- 乾燥後の品物をワゴン車などに積み上
  げる場合には、放熱（冷却）を十分に
  行い、量を分割するなど放熱状態をよ
  くする（ワゴンにはできるだけ通風性
  のよいものを用いる）
- 汚れの残っているものがある場合は特
  に注意し、できるだけ洗浄で除去する
  （精油（エッセンシャルオイル）の残

乾燥機は1日1回以上リント清掃を行う

火災事故の防止、安全対策をはかる

留、金属、ポリプロピレンなどの混入に注意する）
- 1日1回以上リント清掃をする

7. クリーニング用機械の体系

クリーニング用機械は、図Ⅲ－4のように体系付けられる。

8. 洗濯機械の標準負荷量

ドライクリーニング及びランドリーにおける機械の負荷量は、その機械の内胴内で洗濯物の運動が、その処理に最も適したようになる量である。この洗濯物の動きは、洗濯物の嵩〔かさ〕によって決まるが、この嵩は簡単に測ることができないし、また、繊維や衣類の形状によっても動きが異なる。そのため、重量を測りそれを基準にしている。また、洗い方によってもその限度に差がある。

そこで、日本産業機械工業会では「業務用洗濯機械の標準負荷量の計算基準」を定めている。表記する場合は、JIMS負荷量と略す。

標準負荷量は、機械に対応する負荷率に内胴の容積を掛けたもので、次式によって算出できる。

$$Q = f \times \frac{1}{4} \times (\pi D^2 L)$$

Q：標準負荷量（kg）
f：負荷率（kg/m³）
D：内胴の内径（m）
L：内胴の内長（m）

ここで、負荷率fの値は次のようになっている。

〔ドライクリーニング機の場合〕
洗浄機（単体）0.8×（45＋30D）（最大72）
脱液機（単体）220
乾燥機（単体）40
洗浄脱液機（コールドタイプ機）
　0.8×（45＋30D）（最大72）
洗浄脱液乾燥機（ホットタイプ機）
　50（石油系は40とする）

〔ランドリー機の場合〕
洗濯機（単体）　45＋30D（最大値は90）
脱水機（単体）　220
乾燥機　40
洗濯脱水機　45＋30D（最大値は90）
複合機の場合は、それに対応する負荷率のうち最小のものとする（例えば、洗濯脱水乾燥機の場合は、乾燥機の値となる）

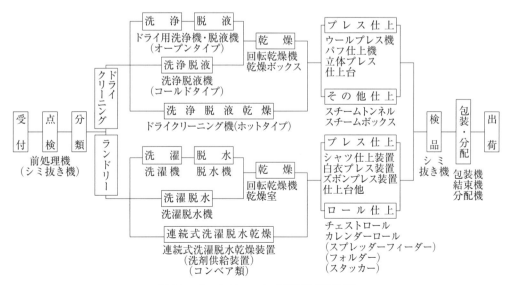

図Ⅲ－4　クリーニング用機械の体系

まめ知識
水で洗うとなぜ形くずれや収縮、シワを生じやすいのか？（水と水素結合の話）

　水は我々にとって非常になじみの深い物質で、古代から衣類の汚れを取り除く液体として使用されてきた。水は水素原子（H）2つと酸素原子（O）1つからなるH_2Oという分子で、模式的にみると折れ線の形をしている。ここで、酸素原子は少しだけマイナスに、水素原子は少しだけプラスに帯電していて、水分子は立体的に電荷のかたよりがある。これを「極性」とよび、水分子同士のお互いのプラス側とマイナス側で引き合う力が働く。これを「水素結合」と呼ぶ。

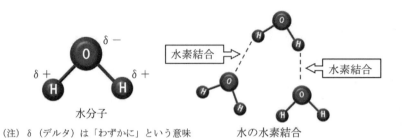

水分子

（注）δ（デルタ）は「わずかに」という意味　　　　水の水素結合

　水素結合は、水だけでなく繊維の分子にも働いている。綿やレーヨンなどのセルロース繊維を例に挙げると、分子に多くの水酸基（−OH）があり、水と同じように繊維の分子間で水素結合をつくっている。セルロース繊維が水に濡れると、繊維の水酸基（−OH）と水分子で水素結合をつくり、繊維間でつくっていた水素結合を切ってしまうため、形態変化を起こしやすくなる。衣類が水に濡れることで形くずれや収縮、シワを生じやすくなるのは困るが、アイロンをかけるときに霧吹きや蒸気を使用するとシワが伸びやすくなるのも、同じようにこの現象を利用している。ここでは水酸基（−OH）を例にしたが、繊維によっては、違う形の水素結合もある。

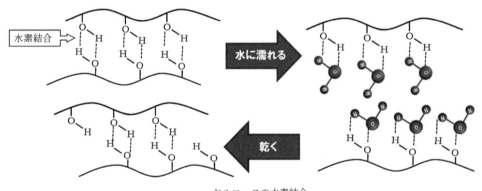

セルロースの水素結合
（注）セルロースの主鎖などはモデル的に表現

　また、ドライクリーニング溶剤は水のような電気的なかたより（極性）が小さい場合が多く、繊維の間の水素結合を切ることがないため、衣類の収縮やシワなどを抑えながら、強い機械力で洗うことができる。

繊維及び繊維製品

Part **4**

POINT

　この編ではクリーニングとして取り扱う対象の「繊維製品」のうち衣料品を中心に学ぶ。

　衣料品は産業界ではアパレル製品と呼ばれる事が多く、衣料品を企画、生産、販売する業界をアパレル業界と呼んでいる。他に、衣料、被服、衣類などと呼ばれるが、この章では、衣料品と呼ぶ。

　衣料品は自己表現の手段でもあるため、ファッション性や感性を重視した商品群と、より日常生活で頻繁に着用する事に重きをおいた商品群がある。そのため、一見同じ用途で使われるように説明されて販売される衣料品であっても、メーカーや消費者により価値観が異なる事がある。

　しかし、衣料品をクリーニングするために必要な基本的知識は共通で、衣料品を構成する繊維や繊維が衣料品の形になる過程に関する知識の習得が重要である。

第1章　「繊維素材の基礎知識」では、歴史の古い天然繊維や科学の発展とともに発明、開発された化学繊維の特徴を学ぶ。

　　　　衣料品を構成する生地は繊維によって構成されているため、使われた繊維の特徴が生地の特徴となる。衣料品を取り扱う際に、用いられた繊維の特徴を知らずに取り扱うことは、クリーニングしようとする衣料品にとって適切な処理を行えず事故の元となる。

　　　　衣料品に用いられる繊維は様々な種類があり、その特徴は多種多様である。

第2章　「衣料品生産の基礎知識」では、衣料品の生産工程の基礎を学ぶ。

　　　　衣料品は分業により多くの人の手を経て生産される。第1章で学んだ繊維を用いて、糸が作られ、生地という衣料品の材料をつくる。そして、材料が縫製などで組立てられ衣料品が出来、販売に向けた準備がされる。繊維の特徴が出来上がった衣料品に反映されると同様に糸や生地の特徴が衣料品の特徴になる。

第3章　「染色加工の基礎知識」では、衣料品の変色トラブルと関係の深い染色加工について学ぶ。

　　　　衣料品の殆どは染料や顔料で色がつけられている。衣料品は、形はもとより、色が変わることで衣料品の価値は著しく下がる。染色に用いられる染料や顔料はクリーニングの影響を受けやすいものが多い。そのため、染色加工に関する基本的な知識もクリーニングを行う者は知っておかねばならない。

第4章　「副資材の基礎知識」では、裏地や芯地などの目立たないところで衣料品の出来栄えを支えるものや着脱に必要なパーツについて学ぶ。特にボタンはさまざまな素材のものがあり、メーカーはこだわりをもってつけていることがあるため十分注意が必要である。

第5章　「注意したい素材等と事故防止策」では、特にクリーニング事故の多い素材を取り上げる。どのような素材にどのような注意が必要か、注意が必要な理由は何かを理解することで事故を回避する力を養う。

第1章　繊維素材の基礎知識

衣料品に用いられる繊維の性質を知ることは、クリーニングに用いる洗剤や溶剤、水分量などとクリーニングしようとする衣料品の相性を考える助けになる。

衣料品に用いられる繊維素材は殆どが有機素材で、植物由来のもの、動物由来のもの、石油由来のものに分けられる。

一般に繊維素材を天然繊維と化学繊維の大きく二種に分けることが多いが、天然繊維の中でも動物由来のもの、植物由来のものでは性質が異なる。また、化学繊維のなかでも植物由来のものは天然繊維の植物繊維に似た性質を持っているため、そもそもの繊維の原料で分けて捉える考え方も業務を行ううえでは役立つと思う。表Ⅳ－1は、家庭用品品質表示法による分類と表示名（表示法による指定用語）を一覧としたものである。

表Ⅳ－2は、主な繊維のクリーニング性をまとめたものである「○」は処理できる、「△」は処理に注意を要する、「×」は処理できない。ドライクリーニングは全て可能な処理になる。

表Ⅳ－3は、一般社団法人日本アパレル・ファッション産業協会が衣料品の標準的な考え方を示した「取扱い注意表示ガイド」の専用的注意事項の中から、上記素材の「ケア表示（紋切り型）」を抜粋したものである。

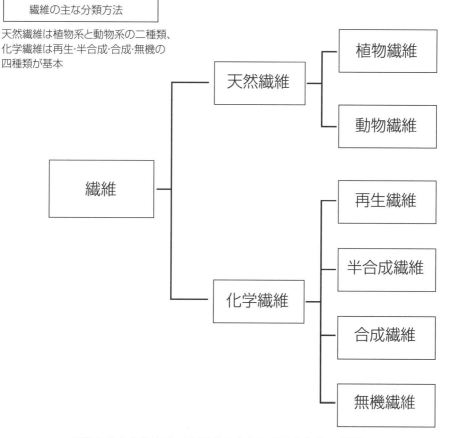

繊維の主な分類方法

天然繊維は植物系と動物系の二種類、化学繊維は再生・半合成・合成・無機の四種類が基本

繊維の主な分類方法（衣料品を中心に考えたときの分類）

表IV-1　繊維の分類と表示名

ゴシック表記は「家庭用品品質表示法」による指定用語

分類	繊維の種類		指定用語（表示名）
植物繊維	綿		**綿・コットン・COTTON**
	麻	亜麻	**麻・亜麻・リネン**
		苧麻	**麻・苧麻・ラミー**
	その他の植物繊維		**植物繊維（○○）** ＊（）内は繊維の名称を示す用語又は商標名（1種類に限る）
動物繊維	毛	羊毛	**毛・羊毛・ウール・WOOL**
		モヘヤ	**毛・モヘヤ**
		アルパカ	**毛・アルパカ**
		らくだ	**毛・らくだ・キャメル**
		カシミヤ	**毛・カシミヤ**
		アンゴラ	**毛・アンゴラ**
		その他のもの	**毛・毛（○○）** ＊（）内は繊維の名称を示す用語又は商標名（1種類に限る）
	絹		**絹・シルク・SILK**
	上記以外の動物繊維		**動物繊維（○○）** ＊（）内は繊維の名称を示す用語又は商標名（1種類に限る）
再生繊維	ビスコース繊維	平均重合度が450以上のもの	**レーヨン・RAYON・ポリノジック**
		その他のもの	**レーヨン・RAYON**
	銅アンモニア繊維		**キュプラ**
	上記以外の再生繊維		**再生繊維（○○）** ＊（）内は繊維の名称を示す用語又は商標名（1種類に限る）
半合成繊維	アセテート繊維	水酸基の92%以上が酢酸化されているもの	**アセテート・ACETATE・トリアセテート**
		その他のもの	**アセテート・ACETATE**
	上記以外の半合成繊維		**半合成繊維（○○）** ＊（）内は繊維の名称を示す用語又は商標名（1種類に限る）
合成繊維	ナイロン繊維		**ナイロン・NAILON**
	ポリエステル系合成繊維		**ポリエステル・POLYESTER**
	ポリウレタン系合成繊維		**ポリウレタン**
	ポリエチレン系合成繊維		**ポリエチレン**
	ビニロン繊維		**ビニロン**
	ポリ塩化ビニリデン系合成繊維		**ビニリデン**
	ポリ塩化ビニル系合成繊維		**ポリ塩化ビニル**
	ポリアクリルニトリル系合成繊維	アクリルニトリルの質量割合が85%以上のもの	**アクリル**
		その他のもの	**アクリル系⇒モダクリル** ＊アクリル系は法改正により**モダクリル**に変更された、令和4年1月1日告示
	ポリプロピレン系合成繊維		**ポリプロピレン**
	ポリ乳酸繊維		**ポリ乳酸**
	アラミド繊維		**アラミド**
	上記以外の合成繊維		**合成繊維（○○）** ＊（）内は○○繊維の名称を示す用語又は商標名（1種類に限る）
無機繊維	ガラス繊維		**ガラス繊維**
	金属繊維		**金属繊維**
	炭素繊維		**炭素繊維**
	上記以外の無機繊維		**無機繊維（○○）** ＊（）内は○○繊維の名称を示す用語又は商標名（1種類に限る）
羽毛	ダウン		**ダウン**
	その他のもの		**フェザー・その他の羽毛**
分類外繊維	上記各項目に掲げる繊維等以外の繊維		**分類外繊維（○○）** ＊（）内は○○繊維の名称を示す用語又は商標名（1種類に限る）

備考：左欄の分類が明らかで、かつ種類が不明である繊維については、その繊維の名称を
　　　示す用語又は商標を省略することができる。

複合繊維	性質の異なる二種類以上のポリマーを口金で複合した繊維	※全てのポリマー名が指定用語に該当する場合は指定用語のみで表示。この場合は複合繊維（商標）は使用できない。 ※上記以外の場合、複合繊維（商標）又は複合繊維（ポリマー名／ポリマー名又は指定用語）で表示。 ※大きい順に3種類書くことができる。順序は任意。少なくとも1種類は書くこと。 ※商標またはポリマー名を（　）で括る。

表IV－2　主な繊維の種類とクリーニング性

主な繊維の種類			クリーニング性			クリーニングでの主な注意点
			ドライ	ウエット	ランドリー	
天然繊維	植物繊維	綿・麻	○	○	○	水で収縮しやすい
	動物繊維	絹	○	△	×	水で収縮、毛羽立ち、摩擦に弱い
		毛	○	△	×	水で収縮、毛羽立ち、摩擦に弱い
化学繊維	再生繊維	レーヨン	○	△	×	水で艶・光沢変化、シワ、収縮、強度低下
	半合成繊維	アセテート	○	△	×	水で艶・光沢変化、シワ
	合成繊維	ナイロン	○	○	△	熱により変形
		ポリエステル	○	○	○	ドライ、ランドリーとも逆汚染しやすい
		アクリル	○	○	×	熱収縮により風合い変化（硬化）

表IV－3　専用的に使用される注意表示

キーワード		ケア表示（紋切り型）
麻製品	1	この素材はしわになりやすい性質あり。
	2	濃色品は摩擦や汗による色移りに注意すること。
	3	着用による摩擦やドライクリーニング・洗濯などの繰り返しで白化、毛羽立ち、部分的な脱色が起こることあり。
絹製品		洗濯やシミ抜きは必ずクリーニング店に出すこと。
絹製品・ウォッシャブルシルク	1	着用や洗濯の際「すれ」や摩擦による毛羽立ち・白化に注意すること。
	2	最初から毛羽立たせた素材は毛羽の脱落による色変化に注意すること。
	3	化粧品や汗、水などによる色落ち・きわじみに注意すること。
	4	色あせや変色することあり。光の当たらない場所に保管すること。
ウォッシャブルシルク		洗濯は中性洗剤を使用し単品で軽く押し洗いすること。
獣毛混、甘撚り、起毛	1	本品は特有のソフトでなめらかな風合いが特徴。表面の毛羽が他の物に付着することあり。
	2	連日着用は避けること。
	3	繊維がからみついた際はブラシなどでほぐすこと。
	4	毛玉は、毛玉取り器またはハサミで丁寧にカットすること。
アセテート、トリアセテート	1	濃色品は石油ストーブの燃焼ガスや車の排気ガスで変色することあり。
	2	石油ストーブを長時間使用する部屋や車の排気ガスのたまりやすい場所に保管しないこと。
	3	湿気が少なく通気のよい場所に保管すること。
レーヨン・キュプラ	1	着用や洗濯の摩擦により毛羽立ちが発生したり色が白っぽく見えることあり。
	2	濃色品は摩擦や汗による色移りに注意すること。
	3	雨や水などに濡れるとシミのような跡が残ることあり。全体に霧を吹きアイロンで修正可能。

出典：「取扱い注意表示ガイド」（2005（平成17）年3月）一般社団法人日本アパレル・ファッション産業協会
(注)　絹製品とウォッシャブルシルクは異なるキーワードで整理されているが、共通の表示を「絹製品・ウォッシャブルシルク」としてまとめた。

1. 天然繊維

　天然に産出し、古くから先祖たちが利用しながら、よりわれわれの生活に使いやすいように、時代とともに少しずつ改良が重ねられてきたなじみの深い繊維で、植物繊維と動物繊維に大別される。しかし、個々の繊維は一様でなく、収穫される産地の風土、品種によって、例えば繊維の長さ、太さ、形状などが異なっていることが、それぞれに繊維の特徴を形成している。

（1）植物繊維

　植物繊維は、植物からとれる繊維で、次の4種類からなる。
①種子毛繊維（植物の種子を保護するために生えているものを繊維にしたもの。）
②靭皮〔じんぴ〕繊維（種子植物の茎において、形成層から外側に向ってつくられていく部分、すなわち二次師部にある繊維組織をいう。両端のとがった長い繊維細胞から成り、軟らかく強靭なものが多い。）
　靭皮繊維のよく発達している亜麻（あま・リネン）や苧麻（ちょま・ラミー）からは糸や布を、コウゾ（楮）やミツマタ（三椏）からは和紙を作る。
③葉脈〔ようみゃく〕繊維（植物の葉からとる繊維。種子毛繊維や靭皮繊維などに比べると、太くて硬く、紡績や紡織には

適さずロープなどの資材用に使われる。）
④その他（ヤシ繊維などは衣料品に適さない。）
ア　綿（「綿の形態」参照）

　他の植物繊維と同様に綿の主成分はセルロース（繊維素）で、綿花の種子に生えた綿毛（わたげ）を収穫して得られる。繊維長は平均して1.5～4.0cmと麻や羊毛に比べて短い。また、繊維長によって短繊維、中繊維、長繊維、超長繊維などに分けられる。繊維長が長く、細い綿ほど高級綿とされ、しなやかで、光沢があり、美しい布地ができる。最近の衣料品の高級化志向により、紡績技術の進歩と相まってカリブ海の西インド諸島に生産するシーアイランド綿（海島綿）、ナイル河流域のエジプト綿を代表とする超長繊維綿、長繊維綿が高級品として消費量を増やしている。短繊維綿は太い糸しかできないためシーツやタオル、布団綿（わた）が主な用途であり、中繊維綿は衣料品を含め広範囲な用途に使われている。

　綿の形状は細く扁平なリボン状で、自然のよじれがあり、繊維断面は中空である。

　綿は天然繊維の中で最も多く消費される繊維で、丈夫で、吸湿・吸水性、保温性、耐熱性、耐洗濯性がよく、衣料品の素材として幅広く使われている。反面、洗濯などの摩擦による損傷、収縮、着用によるシワ発生の欠点がある（最近は形態安定加工の普及によりワイシャツ類での問題は解決さ

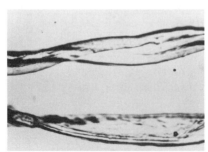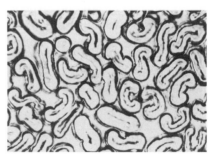

綿の形態「電子顕微鏡写真」（写真提供：日本化学繊維協会）

れている）。

　綿に関するクリーニングトラブルは、染色堅ろう度不良による変退色、移染、日光と汗の複合による変退色、蛍光増白剤入り洗剤による生成（きなり＝染色や漂白前の色）や淡色生地の変色などが挙げられる。

イ　麻（「麻「亜麻」の形態」参照）

　麻は植物の茎からとる靭皮繊維と、葉からとる葉脈繊維の2種類がある。家庭用品品質表示法でいう「麻」は、靭皮繊維である亜麻（あま、リネン、太さ20〜30㎜）と苧麻（ちょま、ラミー20〜300㎜）の2種類で、麻の中では最も衣料用に適している。繊維の断面は亜麻が六角形に近い多角形状、苧麻は長円形、と異なるが、ともに中空孔を持っている。側面に横筋や節がある。麻の手触りは硬く、吸湿性があってサラッとしてべとつかない、いわゆるシャリ感があり、夏向きの素材として最適である。衣料用に適しているのは麻らしい感触、涼感に優れたラミーと、柔らかく綿に近い風合いのあるリネンである。ともに品のよい光沢があり、白度にも優れ（リネンはやや黄みがある）、天然繊維の中で最も強度がある。その長所を活かし夏用の高級な衣料品として、紳士・婦人スーツのほか、シャツ、ブラウス、ハンカチ、テーブルクロスなど多種の素材に用いられる。

　亜麻、苧麻以外は「植物繊維」と表示され、大麻（たいま、ヘンプ）は、衣料品にも利用されてきている。これらの3種類の麻を除いた黄麻（こうま、ジュート）、麻の葉脈からとったマニラ麻、サイザル麻などは、繊維は固く丈夫だが衣料品には適さない。

　麻は、クリーニングにより風合いや色調が微妙に変化することがあり注意を要する。また、麻は綿よりもさらに染料の吸収が悪いので濃色に染まりにくく、染まっても脱色しやすい特性がある。摩擦により繊維表面の毛羽立ち（白化）がしやすい。シワになりやすく、アイロンでもシワを直しにくいなどの短所にも注意して取り扱う。綿と同じく生成りや淡色の麻は蛍光増白剤入り洗剤の使用は避けたい。

　さらに、麻のニット製品は、縦方向に収縮し、横方向に伸びやすく、全体に形態変化を起こしやすいので注意が必要である。

（2）動物繊維

　動物繊維は、動物からとれる繊維。獣毛繊維（哺乳動物の体毛からとれる繊維）と絹繊維（蚕のつくる繭からとれる繊維）の2種類からなる。

ア　毛

　めん羊（緬羊）から刈り取った毛を羊毛といい、その他の動物から刈り取った毛の総称は獣毛として区別している。それぞれに繊維長、太さ、繊維表面の形状などに違いがある。家庭用品品質表示法の指定用語

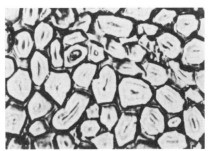

麻「亜麻」の形態「電子顕微鏡写真」（写真提供：日本化学繊維協会）

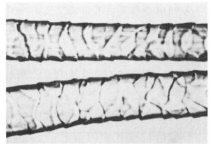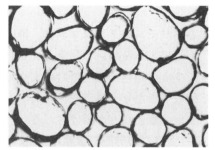

羊毛の形態「電子顕微鏡写真」（写真提供：日本化学繊維協会）

では、羊毛は、＊毛 又は ＊羊毛 ＊ウール ＊WOOL、と表示する。指定された「獣毛」については、＊毛 又は＊モヘヤ ＊アルパカ ＊らくだ ＊キャメル ＊カシミヤ ＊アンゴラ と表示する。その他のものは毛の用語にその繊維の名称を示す用語又は商標を、括弧を付記したもの。とすることが定められている。

（ア）羊毛 （「羊毛の形態」参照）

動物繊維の代表的な繊維である。毛を刈る体の部分で違ってくるが、代表的なメリノ種の繊維長は大体5〜10cm、太さは18〜23μm〔ミクロン〕、雑種は繊維長7〜20cmと、太さ24〜42μmといわれる。主要生産国はオーストラリア、ニュージーランド、南アフリカ、英国で、なかでもオーストラリア産は最も生産量が多い。品質もよく、わが国の輸入量も多い。羊毛製品の特長は弾性に優れ、シワになりにくい。また、かさ高性があって空気を多く保持するので、温かいなど、特に秋冬物衣料として重要な性質を持つ素材である。しかし、繊維表面のスケールと呼ばれる鱗（うろこ）は湿潤状態で揉まれると繊維が絡み合って収縮し硬くなる。縮絨〔しゅくじゅう〕（フェルト化）といわれるその欠点を防ぐために、スケールを除去（オフスケール加工）したり、樹脂で被覆する（マスキング加工）などの防縮加工が普及している。

羊毛の品質保証にはザ・ウールマーク・カンパニー（旧称IWS）によるシンボルマーク（図IV−1）がよく知られている。ウールマークは新毛を99.7％以上、ウールブランドマークは新毛の混用率60％以上の混紡を用い、厳しい検査に合格した製品に品質保証のマークを付けられる。

羊毛製品は、着用、クリーニングを繰り返すことによってフェルト化（縮絨）することがあるため、クリーニングの受取り時には、ジャケットの脇の下、スラックスの股下といった摩擦を受けやすい部位のフェルト化や毛羽立ちの程度を良く確認する必要がある。また、羊毛製品の特徴として、防虫加工や防虫剤の対策をとっていないと、保管中にイガ（衣蛾）などの害虫による穴あきを生じる危険があり、受取り時に注意が必要である。良質の羊毛を使用した衣料品ほどフェルト化や虫害を受けやすい傾向がある。

（イ）羊毛以外の獣毛 （各種「獣毛の顕微鏡写真」参照）

注）繊維名の＊印は家庭用品品質表示法 繊維製品品質表示規程 による指定用語

図IV−1
ウールマーク

馬やアザラシの毛など多くの種類が含ま

れるが、衣料品としては羊毛以外では、＊アンゴラ　＊カシミヤ　＊モヘヤ　などがよく知られている。

a. ＊アンゴラ

　アンゴラ兎からとれた毛で、細く柔らかい下毛と、それを保護している粗い毛がある。軽く、手触りがソフトで、温かい。アンゴラ兎毛は捲縮〔けんしゅく〕がなく、静電気が発生しやすく単独では糸にしにくいため、ナイロンや羊毛と混

紡したものが多い。また、アンゴラの毛羽立ちしやすい性質を利用してニット製品のミンク加工が行われる。ただし、獣毛繊維の中では特にドライクリーニングで再汚染、縮絨（フェルト化）収縮、風合い変化、毛抜けが生じやすい。アンゴラの混紡比率60％以上の高いものは特に取扱いに注意が必要である。

b. ＊カシミヤ

　中国、中央アジア、中近東などの高地

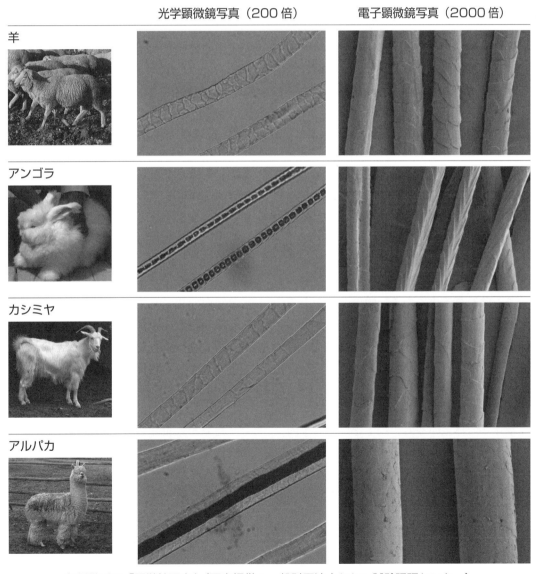

	光学顕微鏡写真（200倍）	電子顕微鏡写真（2000倍）
羊		
アンゴラ		
カシミヤ		
アルパカ		

各種獣毛の「顕微鏡写真」（写真提供：一般財団法人ケケン試験認証センター）

に住むカシミヤ山羊の毛のことで、硬い刺し毛の下の毎春抜け落ちる防寒用の柔毛を梳き取り、体の表面に生えている太くて硬い刺し毛を除いたものである。繊維の太さは羊毛よりさらに細く、絹のような光沢と柔軟で独特のぬめりがあり、軽くて、温かい。カシミヤは高価で、衣料品としても最高級品に評価されている。しかし、生地に柔らかさと膨らみを持たせるために、撚りを甘くしているため、機械的な摩擦や手荒な取扱いをすると、毛並みが乱れ、毛羽の脱落や風合いの低下を招くので注意したい。

「パシミーナ」あるいは「パシュミナ」は、ネパールやインドで伝統的に作られているストール・ショール及びその素材（カシミヤの毛）を指す現地語である。

c. ＊モヘヤ

アンゴラ山羊からとれる毛で、アンゴラ兎と混同しやすいが、全く違う繊維で、原産地のトルコのほか、北米の西部、南アフリカが産地である。繊維は太く長く、白色で光沢と弾力がある。

繊維の太さは山羊の成長につれて太くなり、キッドモヘヤが最も細く、アダルトモヘヤが最も太くなる。強いコシがあるが、スラックスの折り目や鋭角に付けられた折山線部分（クリースライン）など着用中に力がかかる部分の損傷に注意したい。

d. ＊らくだ　＊キャメル

中央アジアを中心とする主にフタコブラクダの体毛のうち、剛毛を取り除き内側の細くて柔らかい繊維を使用する。毛の質はカシミヤより太く、コシがあり膨らみもある。羊毛を混ぜてオーバーコートや毛布などの高級な素材として使われるが、毛の色が淡い茶色（JISの色彩規格では「くすんだ黄赤」）なので日本では欧米ほど好まれていない。

e. ＊アルパカ

南米ペルーの高地に生息するらくだ科の動物からとれる毛で、繊維はやや太く、光沢とぬめり感がある。色は白もあるが、茶、グレイが多い。冬物のセーター、オーバーコート用素材のほか、綿糸との交織は滑りがよく、摩擦にも強いので洋服の裏地に利用される。

f. ビキューナ

南米アンデス山脈の高地に住むらくだ科の動物で、捕獲を禁止されている保護動物の毛である。メリノ種の羊毛より上質で、柔らかく、光沢がある。全ての獣毛の中で最も細く、13〜14μm程度。高価でめったにみられない最高級の素材であり、高級なコート、礼服用に使われる。

イ　絹（「絹の形態」参照）

絹は、わが国に産する動物繊維として古代から最も身近で、また、近代日本の繁栄を支えた繊維である。しかし、現在は生産が激減して中国産が世界の約60％を占めている。蚕が口から連続吐出してつくった繭を湯に浸けて、ほぐして引き出した繊維を「生糸」といい、天然繊維では唯一の長繊維（フィラメント）である。その繊維は三角断面の2本の「フィブロイン」と、それを取り囲むニカワ質の「セリシン」で構成されている。精練によりセリシンを除去することで、絹本来の優美で上品な光沢、柔らかい風合いが得られる。

なお、屋内で桑の葉で飼育した蚕がつくった糸を家蚕絹（かさんきぬ）、山野で野生植物の葉を飼料として生育した天蚕（やままゆが）がつくった糸を野蚕絹（やさんきぬ）というが、単に絹という場合は前者を指す。絹は発色が鮮やかで、しなやかさと吸湿性に優れ、繊維の中の最高級品である。それだけにクリーニングによって絹の優れた特長を損なわないよう取り扱わ

フィブロイン

セリシン

絹の形態「電子顕微鏡写真」（写真提供：日本化学繊維協会）

なければならない。短所は着用中の汗や摩擦によって毛羽立ち（ラウジネス、白化）や変退色、スレ（擦れ）、輪ジミ（輪染み）が発生しやすく、紫外線により黄変が進行するので、白地や淡色製品の保管には特に注意が必要である。

ウ　その他の動物

羽毛は、鳥類の体表を覆う綿毛（わたげ）や羽で、布団、衣料品などの詰め物として利用する。

羽毛は、ダウン、フェザー及びその他の羽毛の総称（JIS用語 JIS L 0216）。

ダウンは鴨、家鴨、ガチョウなどの水鳥からとった綿毛で、極細の茎枝状の立体的な形をしている。軽くて柔らかく、圧縮しても回復が早く、保温性も高い。ダウンジャケットや羽毛布団が主な用途。

フェザーは水鳥、陸鳥の体表からとった羽で、布団、枕の詰め物として用いられる。フェザーはダウンより大型、平面的であるが、詰め物に用いるのは小型で、スモールフェザーと呼ばれる。

家庭用品品質表示法では、＊ダウン＊フェザー　＊その他の羽毛、が指定用語となっている。

2. 化学繊維（人造繊維）

化学繊維は「化学的手段によってつくった繊維」と定義される。以前は「化繊」ともいわれレーヨンなどの再生繊維を指す用語だったが、現在のJISでは「繊維質の形

で自然界に生成する材料とは全く異なる製造過程で得られる繊維」とされ、天然繊維以外の再生繊維・半合成繊維・合成繊維・無機繊維などの総称になっており、「化合繊」ということもある。また、人造繊維も天然繊維に対する用語で、人工的につくられた繊維として、化学繊維と同じ意味で使われる。

注）繊維名の＊印は家庭用品品質表示法　繊維製品品質表示規程　による指定用語

（1）再生繊維

天然の高分子のセルロース原料を化学薬品などで溶解した後に、細い穴（ノズル）から押し出して凝固させて、繊維に再生させたものである。したがって、綿、麻と同じく主成分はセルロースである。

ア　＊レーヨン

原料の木材パルプから絹の外観に似せて人工的につくった再生繊維で、ビスコースレーヨンあるいは単にレーヨンという。絹のように連続した長繊維であることから、「人造絹糸」、略して「人絹（じんけん）」と呼ばれた。長繊維よりもカットした短繊維を紡績したステープル・ファイバー、略してスフが主に使われている。レーヨンは光沢が強くガラスのように光る独特の光沢がファッション衣料として好まれ、婦人衣料などに使われている。また、染色性がよく、肌触りもよい。吸湿性は綿より大きいが、強度が綿、絹より弱く、しかも湿潤状

態では乾燥時の半分程度まで低下する。製品としてコシ、ハリがなく、だらりとした感じになるという弱点がある。それを補う意味から短繊維として各種合成繊維との混紡が多いが、レーヨンの比率が高い製品はクリーニングの取扱いに注意する。なお、それらの欠点を補ったレーヨン（改質レーヨン）がその後に開発されている。

イ ＊ポリノジック

レーヨンと同じくセルロース系繊維である。しかし、紡糸条件を改善してセルロースの重合度を高めるなどにより、湿潤状態での強度低下、膨潤収縮といったレーヨンの欠点を改善したもので、「改質レーヨン」ともいわれ、コシやハリも綿に近い性質となっている。用途は主に婦人夏服地、ブラウス、下着、裏地。短繊維のみ生産され、他繊維と混紡して綿と同様な分野に使われている。

ウ ＊キュプラ

原料のコットンリンター（綿花をとった後に残る短繊維）を、銅アンモニア溶液でいったん溶かしてから紡糸してつくられた繊維である。銅アンモニアレーヨンとか、原糸メーカーの商標名から一般には「ベンベルグ」とも呼ばれているが、JISではキュプラを正式名としている。単糸の太さはレーヨンの半分以下の細いものもでき、断面は丸く、表面は平滑でソフトタッチ。保湿性と清涼感がある。湿潤強度、摩耗強さ、耐久性などレーヨンより優れている。ほとんどが長繊維で、光沢と滑りのよさから高級裏地や婦人用インナーが主要な用途である。

（2）半合成繊維

アセテートとトリアセテートは、木材パルプを原料とし、そのセルロースを酢酸でエステル化（酢化）した後に紡糸して製造

トリアセテートを使用したブラウス

した繊維。以前は酢酸人絹とも呼んでいた。石油などの有機物から化学的につくられる合成繊維とは異なり、天然繊維の長所も併せ持った繊維であるが、トリアセテートは結合する酢酸の量がアセテートよりも多いため、親水性に乏しくポリエステルのような合成繊維に近い性質を持っている。結合する酢酸の量が違うため、アセテートとトリアセテートの性質は若干異なっているが、取り扱い上の大きな違いはない。アセテートは絹に似た光沢と深みのある鮮明な発色を特長とし、ハリ、コシ、ドレープ性も優れている。再生繊維のレーヨンより吸湿性が低く、濡れてもレーヨンのような形くずれをしない。逆に耐熱性はレーヨンよりやや低い。主な用途は婦人用アウター、スカーフ、高級寝装品などで、パーティー用のファッション素材からベルベット、プリーツ加工、モアレ加工品など広範囲に使われている。

（3）合成繊維

動植物を原料としてつくられた繊維でなく、全く別個の有機物質である石油、石炭などを原料として合成した高分子化合物の化学繊維である。したがって実用化され衣料として使われたのは最も新しく、20世

紀の中頃からである。略して「合繊」ともいい、繊維製品としても消費量の多い、ポリアミド系（ナイロン）、ポリエステル系（ポリエステル）、ポリアクリルニトリル系（アクリル）を三大合繊といっている。

合成繊維共通の一般的性質としては強い、軽い、暖かい、熱可塑性〔ねつかそせい〕がある、屋外暴露や薬品、虫、カビに抵抗性があり、吸湿性が低いなどの特性を持つ。しかし、熱で収縮、伸び、軟化、溶融するものが多く、摩擦により静電気を発生しやすい。

注）繊維名の＊印は家庭用品品質表示法　繊維製品品質表示規程　による指定用語

ア　＊ナイロン　＊NYRON

ポリアミド系合成繊維の一般名はナイロンで、世界最初の合成繊維である。ほとんどが長繊維として使われ、短繊維は補強用に単独あるいは羊毛やポリエステルなど他の繊維と混紡して使われる。

なお、衣料品に使われるタイプとしてナイロンは6（ロク）と66（ロクロク）があり、わが国では前者が主流だが、世界的には後者が多い。

ナイロン6は染まりやすいが、染色堅ろう度がやや劣るといわれる。ナイロン66は耐熱性、強度、弾性率が高く、産業用に適するなどの特長がある。

ナイロンの欠点は日光やガスなどによる黄変で、白や淡色は経時変化で目立ってくる。熱に対して弱く、タバコの火やストーブなどに接触すると溶融し、穴が開く。用途としては一般衣料品に使われているが、スポーツ衣料、下着、ストッキングなどに多く用いられている。産業資材としても広範囲に使われている。

イ　＊ポリエステル　＊POLYESTER

ポリエステルは、ＰＥＴ（ポリエチレンテレフタレート）、ＰＴＴ（ポリトリメチレンテレフタレート）、ＰＢＴ（ポリブチレンテレフタレート）の総称である。優れた性質によってポリエステルの生産量はナイロンとアクリルを合わせた数量よりも多い。どちらかといえばナイロンは長繊維で産業用、アクリル、モダクリル（旧アクリル系）は短繊維中心で、寝具、インテリア用が多いのに比較して、ポリエステルの使用量は圧倒的に衣料品の分野である。その理由は長繊維でも短繊維でも特に欠点がないので、あらゆる天然繊維の分野に進出できたからといわれている。

ポリエステルはナイロンと同様に最も強い繊維の一つで、製品化したときのコシ、ハリと、耐熱性がナイロンやアクリルよりも優れているのが最大の特長である。熱セットでプリーツ加工などの熱処理がしやすく、洗濯での伸び縮みが少なく、乾きが早いなど、ウォッシュ・アンド・ウェア性（Ｗ＆Ｗ性）がよい性質を持っている。

また、耐光性はナイロンより優れ、長時間露光しても強度低下や黄変は起こらない。薬品にも強いなど長所が多い。欠点は染色性がナイロン、アクリルより劣るほか、ピリング

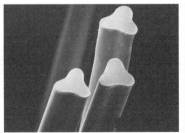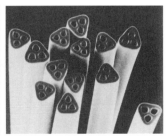

ポリエステルの異形断面「電子顕微鏡写真」（写真提供：日本化学繊維協会）

「ポリエステルの原料チップ」
（写真提供：日本化学繊維協会）

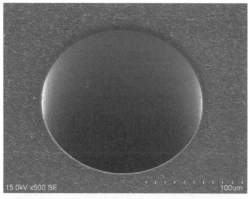

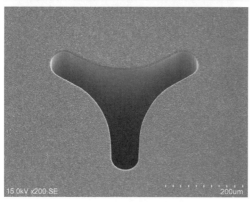

「合成繊維の紡糸ノズル」
上：紡糸ノズル孔、丸孔
下：紡糸ノズル孔、Y孔
（写真提供：株式会社化繊ノズル製作所）

（177ページ「まめ知識」参照）が出来やすい、汚れを吸着しやすいなどが挙げられる。衣料用には異形断面糸や超極細繊維などの高機能で付加価値のある繊維が開発され用途を広げている。（写真参照）

家庭用品品質表示法では、＊ポリエステル

が組成表示に使う名称の指定用語となっている。

また、指定用語による定義では、ＰＥＴ、ＰＴＴ、ＰＢＴの3種類の区別はなく＊ポリエステルとすればよいことになっている。しかし、ＰＴＴはＰＥＴよりも熱に敏感なことから、アイロン仕上げの温度によっては繊維が溶融するので注意が必要である。

なお、これら3種類の融点（繊維がとける温度で、数値が大きいほど高い温度に耐える。）は、各々、◇ＰＥＴ 254℃、◇ＰＴＴ 230℃、◇ＰＢＴ 230℃、であることにも注意が必要である。

ウ ＊アクリル

アクリルニトリルを重量比で85％以上含む合成繊維で、最も羊毛に似た性質を持っている。長所はかさ高性があり、毛に似た軽くて柔らかい手触り、耐候（光）性に優れ、美しい色に染まる。欠点としてはピリングが出来やすく、熱に弱いのでタンブル乾燥温度は60℃以下とすることが望ましい。主に紡績糸としてセーター、靴下、毛布などに多く使われ、わが国の生産量はポリエステルに次ぐが、ナイロンとは反対に短繊維としての使用がほとんどである。

長繊維はシルキーな光沢と手触りに特長があり、春夏物のニットや刺繍糸に用いられている。

エ ＊モダクリル（旧アクリル系）

注）家庭用品品質表示法の変更「2022（令和4）年1月1日公布・施行」により、指定用語「アクリル系」は「＊モダクリル」に変更されました。

アクリルニトリル成分がアクリルより少ない重量比の35〜85％、塩化ビニルと結合している合成繊維で、塩化ビニルの比率が大きくなるほど難燃性、柔軟性が向上する。その特性を活かして主としてカーテン、カーペット、人工毛皮（・イミテー

ションファー ・フェイクファー ・エコファー）に用いられる。欠点としては熱、蒸気に極端に弱く、また、アセトンやジメチルホルムアミドなどのシミ抜き溶剤に溶けやすいので、取扱いに注意が必要となる。

オ ＊ポリウレタン

一般にスパンデックスともいわれる。ゴムのように６倍以上もよく伸び大きな伸縮回復力のある弾性繊維。ゴムよりも劣化せず、ドライクリーニング溶剤にも膨潤しにくく、極細の糸ができるなどの長所がある。しかし、染色性が低いので濃色は色泣きしやすいことや熱、油、薬品、紫外線に弱く、洗濯には塩素系漂白剤の使用を避けるなど取扱いに十分注意する必要がある。

また、経時劣化により伸縮が低下し、部分的であるいは全体的な形くずれを生じることがある。

最近の衣料品のカジュアル化傾向の中で、パンストや靴下から下着、スポーツ衣料、一般衣料に使われている。10％前後を混紡したり、ポリウレタン糸を芯にレーヨンやナイロンなどをカバーリング（被覆）したストレッチ織物など幅広い分野で用いられるようになった。

カ ＊ビニロン

ポリビニルアルコールからつくられ、わが国で最初に発明された合成繊維。合成繊維の中では最も吸湿性が高く、強度があり、摩擦に強く、そして価格が安いことから作業服、学生服などの衣料に使われた。現在は主として不織布、農業資材、産業資材が用途になっている。

キ ＊ビニリデン

塩化ビニリデン主体の合成繊維で、衣料品に使われることは稀で、薬品を塗布して使う防虫網や漁網、シート、テントなどに利用されている。

ク ＊ポリ塩化ビニル

丈夫で耐薬品性が優れ、難燃性である反面、耐熱性は特に低く、60℃以上の熱で収縮、形くずれを起こすので、受取り時に組成表示を確認してタンブル乾燥やアイロン仕上げは避けること。吸湿性がなく、難染性のため衣料品としては適さない。大きな特長はマイナスの静電気を帯電する性質がある。氷酢酸、アセトン、ジメチルホルムアミドに溶解するので注意。モノクロロベンゼン、石油系ドライクリーニング溶剤で収縮硬化する。カーテン、テント、壁材、漁網、ロープなどの素材となる。

ケ ＊ポリプロピレン

比重が0.91で繊維の中で最も軽く、水に浮く。融点は160℃で耐熱性は低く、吸湿性が全くない。また、通常の方法では染まらないので原液着色をする。中わたにポリプロピレンを使用したアパレル製品はタンブル乾燥やプレスの熱で収縮する欠点があるので注意。したがって、衣料用にはあまり使われず、カーペット、布団綿（わた）、その他産業資材に使われる。

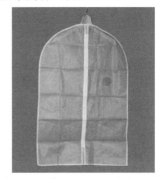

ポリプロピレン製の不織布カバー

コ ＊ポリ乳酸

トウモロコシや芋類、サトウキビなどの植物から取り出したデンプンを発酵することによって得られる乳酸を重合してポリ乳酸とし、熱で溶融してつくられる。「PLA（Poly Lactic Acid）」とも表記される。ポ

リエステル繊維と同じような強さをもちながら、土中や水中の微生物の働きで二酸化炭素（炭酸ガス）と水に分解されていく生分解性の合成繊維。ポリ乳酸を用いた繊維製品は、環境に優しい半面、熱に弱い（融点は約170℃）という欠点がある。

サ ＊アラミド

ナイロンの一種だが、通常のナイロンと違ってベンゼン環を含み、これをアミド結合で結んだ固い構造の高分子を原料としている。強度は普通だが耐熱性、難燃性に優れたメタ系と、強度、難燃性、耐熱性の非

まめ知識
化学繊維の製造工程

化学繊維は木材や石油を原料として、化学的につくられた繊維である。

溶融紡糸とは…
原料を熱で溶かした状態で、口金から押し出して繊維状にした後、冷やして固める方法。ポリエステル、ナイロン、ポリプロピレンなど。

湿式紡糸とは…
原料を溶剤に溶かした状態で、凝固浴と呼ばれる溶液中で口金から押し出して化学反応させたのち、溶剤を除去して繊維状にする方法。レーヨン、アクリル、ビニロンなど。

乾式紡糸とは…
原料を熱で気化する溶剤に溶かした状態で、熱雰囲気中で口金から押し出して溶剤を蒸発させて繊維状にする方法。アセテート、アクリル、ビニロンなど。

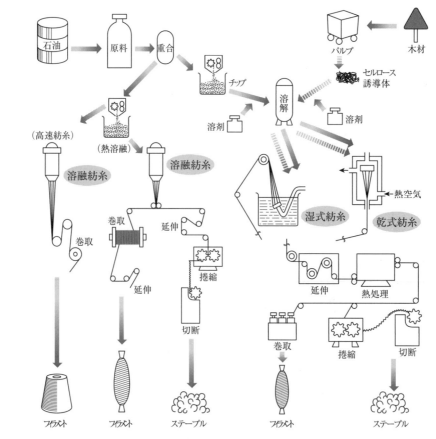

消防服などの用途
があるアラミドの
パラ系

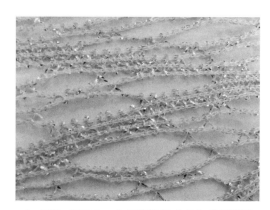

ナイロンのストールに織り込まれた金属繊維

常に高いパラ系がある。パラ系ケプラーは
高強力タイプで、消防服、防弾チョッキな
どの用途がある。また、最近は火山弾対策
として屋根の複合材としても注目されている。

（4）無機繊維

ア　ガラス繊維

ガラスを繊維状にしたもので短繊維と長繊
維がある。耐薬品性、耐熱性、電気絶縁性
などを活かし多種の産業資材に使用される。

イ　炭素繊維

アクリルやレーヨンを焼いて炭素化した
繊維。比重はスチールの4分の1以下と軽
いが、非常に強く、弾性率は高い。樹脂で
固めて釣竿やゴルフクラブのシャフト、飛
行機の機体などに使われ、衣料品の用途は
ない。

ウ　金属繊維

金属を細く、長く延ばしたもの。スチー
ル繊維ともいう。ステンレス、鉄、金、
銀、アルミニウムなどがあるが、ステンレ
スが一部の衣料用に用いられている。ブラ
ジャーカップの保形材などにも使われる
が、サビ、折り曲げの強度や皮膚障害につ
いて確認する必要がある。

金銀糸（別名：ラメ糸）（201ページ参
照）とは全く異なる繊維である。

3. その他の繊維

ア　ロープーマ『指定用語 植物繊維 （ロープーマ)』

羅布麻（ろふま）又は白麻ともいわれ
る。中国新疆ウイグル自治区に野生する夾
竹桃〔きょうちくとう〕科の植物からとれ
る繊維で、日中で共同開発した。夾竹桃は
古くから漢方薬の原料である。肌触りが柔
らかく、絹のような光沢で、軽くて吸水
性、通気性に優れる。高級服地、ハンカ
チ、タオルなどの素材として使われる。

イ　ケナフ　『指定用語 植物繊維 （ケナフ)』

西アフリカ原産のアオイ科の1年草の茎
からとった植物繊維。東南アジア、アメリ
カでも栽培され、衣料用や袋に利用されて
いる。二酸化炭素の吸収能力が高く、環境
に優しい繊維、エコロジー繊維として注目
されている。

ウ　バンブー（竹）繊維『指定用語 植物繊維 （バンブー)』

竹繊維としてそのまま使用する場合は
「植物繊維（バンブー)」。竹繊維を有機溶
剤で溶かし（レーヨン製造法で溶解）セル
ロースを取り出しワタをつくり紡糸したも
のは再生繊維「レーヨン」と表記する。

バンブー繊維を使った生地は綿や麻より
も通気性や防シワ性が優れ、適度な湿気を

表IV-4　繊維の顕微鏡による観察

	繊維名	側面の状態	断面の状態
天然繊維	綿	扁平なリボン状でよじれている	そら豆形、馬てい形など不規則　中空部分もある
	麻	繊維の方向に線条が走っており、所々に節がある。先端は亜麻は鋭く、ラミーは鈍角	亜麻は多角形で中空部分あり、ラミーは扁平なだ円形で中空部分あり
	絹	表面なめらかで変化がみられない	丸みのある三角形に近い形をしている
	羊毛	全体にわたってうろこ状のものが重なってみられる	円形状をしている
化学繊維	レーヨン	繊維の方向に数本の線条が走っている	ギザギザ状の凹凸がたくさんある
	キュプラ	表面がなめらかで変化がない	円形に近い形状
	アセテート	繊維方向に1〜3本の線条が走ってみえる	2、3の凹凸があり、クローバ状
	ナイロン	表面なめらかで変化がない。つや消し剤が斑点として黒っぽく見える	円形、最近は異形断面もある
	ポリエステル	同　　　　上	同　　　　上
	アクリル	表面なめらかである。ただし塩化ビニルの共重合物は繊維方向に線が入っている	円形が主であるがハート形もある　塩化ビニル共重合物は馬てい形
	ビニロン	中央部の繊維方向に広い線が走っている	繭状でスキン層がみられる
	ポリ塩化ビニル	表面はなめらかで変化がない	円　　　　形

各種繊維の断面「電子顕微鏡写真」（写真提供：日本化学繊維協会）

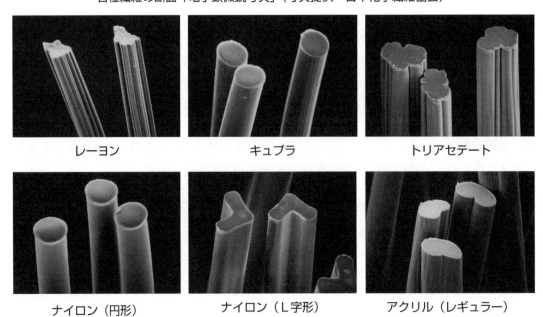

レーヨン　　　　　　　　キュプラ　　　　　　　トリアセテート

ナイロン（円形）　　　　ナイロン（L字形）　　　アクリル（レギュラー）

残しつつサラリとした肌にしてくれるので、夏服に最適。天然素材なので肌が敏感な人でも安心して使える肌触りの優しい素材である。

エ 抄繊糸（しょうせんし）『指定用語　分類外繊維（抄繊糸）』

和紙を原料としてつくられた植物繊維の糸のこと。紙糸（かみいと）、ペーパーヤーンともいう。コウゾ（楮）、ミツマタ（三椏）などを原料として和紙をつくり、これを細く切断し、「こより」のように撚って糸にしたもの。大麻や合成繊維からつくることもある。麻調の風合い、質感、吸湿性、吸汗性、軽量性がある反面、濡れたときの強度低下、収縮の欠点がある。シャツ、セーター、帽子などに使われている。最近、大手製紙会社がレーヨンやポリエステル、綿などとの複合技術を開発した。従来より軽くて毛羽が立たず衣料用に適しているといわれる。

オ リヨセル『指定用語　再生繊維（リヨセル®）又は、再生繊維（セルロース）』

木材パルプを原料にアミンオキサイド系水溶液のほかは化学薬品を用いずに紡糸して製造した再生繊維で、「精製セルロース繊維」ともいう。（近年商標使用への管理が厳しく、「再生繊維（セルロース）」と表記する製品が増えている。レーヨンに比べて省エネ型で、副生品が発生せず、環境汚染がない点で優れている。また、溶剤は回収して再利用できるなどの利点がある。乾強度、湿潤強度ともにレーヨンより大幅に優れるが、湿気と摩擦などの外力を受けてフィブリル化（注1）が生じ、白化するので取扱いに注意する。白化を目立たなくするためにストーンウォッシュ加工（注2）して、あらかじめフィブリル化させた後に酵素柔軟処理などの加工を行う必要がある。

（注）1　フィブリル化：繊維が裂けて細分化し、

ささくれること

2　ストーンウォッシュ加工：人工的に中古風に加工する方法の一つで、軽石、人工研磨石、セラミック等を入れて洗う加工

ドライクリーニング処理では水分に注意し、シミ抜き処理で脱色したり、毛羽立ちしやすいので裏返してネットに入れるなど、裏側から処理を行う。できるだけ機械力を少なくして洗浄を行うことが望ましい。

カ 複合繊維

性質の異なる2種類以上のポリマーを口金（ノズル）によって複合した繊維で、コンジュゲート繊維とも言う。

ポリマーとは単量体と呼ばれる基本単位の分子が多数つながった繰り返し構造によってできた高分子の有機化合物をいう。合成繊維を紡糸するとき、異なる成分の紡糸液を一つの紡糸孔へ送りだし、2層構造を持たせたもので、熱処理を行うと、2成分間の収縮性の差により、捲縮〔けんしゅく〕が生じ、かさ高性と伸縮性をもつようになる。合繊メーカー各社から多くの素材が市販されている。

4. 繊維素材の伸縮要因

繊維素材は、繊維そのものの特性や、生産時の工程で受けた種々の歪（主として引っ張り歪）が緩和されることにより寸法変化「収縮」が発生する。ニットでは編目形状の変化により、また、織物では生地の方向性を要因とした変形、伸縮が発生することがある。事故例としては、生地の特定部分に力が加わり、局部的な繊維または糸が伸長し、その部分が伸びて膨れた状態となることもある。

伸縮要因の例
（1）緩和収縮

布地（織・編物）は生産される過程で受

けた歪み（主としてタテ方向の引っ張り歪み）が、水分を吸収したとき、あるいは洗濯やスチーム処理、熱処理等により緩和されて（布地が元の安定した寸法に戻ること）収縮が発生する。緩和収縮は、天然繊維、化学繊維に関係なく発生するが、綿、麻、毛、絹等親水性の天然繊維素材やレーヨン等に顕著である。

（2）熱収縮

合成繊維は紡糸されるとき、熱で引き伸ばされて（延伸工程）細い繊維が作られている。また、布地は仕上げ時にも熱セットされている。その温度より高温では繊維の分子構造に変化が起こり、繊維に加えられていた張力（セット）が緩み、収縮が発生する。熱収縮は、洗濯、ドライクリーニング、乾燥、仕上げ、等の操作中にも発生するが、その程度は繊維の種類、紡糸時の加熱温度等によって異なる。

（3）プレス収縮

この現象は、ハイグラルエキスパンション及び緩和収縮、熱収縮の複合により生じる。羊毛繊維は通常15％の水分を含んでいるが、プレスを行うと乾燥して収縮する。一般的に縫製工程の中間プレスで、パーツは乾燥し、重量は約3〜5％減少する。これにより寸法も約2〜3％収縮する。一定湿度以上の雰囲気下に、約2〜4時間以上放置すると空気中の水分を吸収して寸法は戻ってくるが、元の寸法には戻らない。元の寸法とプレス後の寸法の差がプレス収縮である。

（4）フェルト化収縮

毛繊維特有の現象。毛繊維の表面にはスケールと呼ばれるウロコがあり、このスケールは方向性があり、水分を吸収すると開いた状態になるため、繊維同士が絡み合ってフェルト化が発生、硬くなって収縮する。これは毛繊維特有の収縮挙動で、ドライクリーニングでも溶剤中の水分が多いとスケールが開いた状態となり、これに機械力が働いて収縮が発生することがある。

防縮加工としては、脱スケール加工（オフスケール加工）、樹脂皮膜によりスケールを覆ってしまう加工（マスキング加工）、あるいはこれらの複合加工などがあり、繊維間の方向性摩擦効果を小さくする方法がある。

（5）膨潤緻密化収縮

綿、レーヨンなどの特徴的な収縮挙動である。天然繊維や再生繊維は、水分を吸うと膨潤（体積を著しく増大させる現象）によって繊維の直径が増大し、布地の繊維間隔が減少して構造が変化するため、繊維の軸に沿った長さ方向が短くなり布全体が緻密化して収縮する。乾燥しても元に戻らない。

この収縮を防止するためには、繊維の膨潤を抑える樹脂加工（防縮レーヨン等）などが有効。

（6）溶剤による収縮

ポリプロピレンがドライクリーニング溶剤で収縮を起こすなど、薬剤で収縮を起こす場合もある。

（7）ハイグラルエキスパンション（可逆的寸法変化）

毛織物に生じる寸法変化。毛繊維はクリンプがあり繊維が屈曲しているが、加湿されると毛繊維は水分を吸収し、繊維の直径は16％も太くなる。この時、元の屈曲が維持できずに屈曲の半径が大きくなり、繊維は長さ方向に伸びる。これにより糸の長さ方向に伸びる力が生じ、この結果、織物

が伸びることになる。乾燥すると元の長さ
に戻る可逆的寸法変化である。

（8）自重伸び（伸びの原因）

織物・編物（ニット）の自重による寸法
の伸びや、部分的な生地の変形により形態
変化（形くずれ）が発生する。素材自身の
重さにより、自然に伸びてくる"主として
たて方向の伸び"である。

* 編物の場合は、ニットのループ形状が変形
（円形のループ形状が楕円形に変化）し、寸
法変化となる。

自重伸びの起こりやすい生地は、ざっく
りした天竺（平編）、スムース（両面編）
など、編物は織物に比較して機械的作用を
受けやすいので洗濯・クリーニング後の乾
燥方法（吊り干し、平干し、タンブル乾燥
等）は重要な要因であり、必要に応じて乾
燥後の見かけの収縮だけではなく、回復操
作後の正味収縮率を評価する事が必要であ
る。

* 織物の場合は、生地の方向（たて取り、よこ
取り、バイアス取り等）と、角度が大きな要
因となる。

（9）バギング　（事故の一例）

生地の特定部分に局部的な力が加わり、
繊維または糸が伸長し、その部分が伸びて
突出し、膨れた状態。　衣服のひじ部やひ
ざ部が着用中の手足の屈曲運動などによ
り、膨れた状態（伸びた状態）で固定され
てしまう現象（ひじ抜け、ひざ抜け）であ
る。

まめ知識
フェルト化のメカニズム

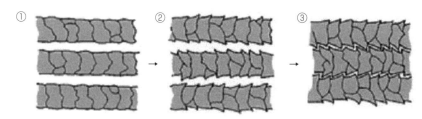

①正常な状態のウール
②水・酸・アルカリの影響を受け、スケールの立った状態
③摩擦を受け、立ったスケール同士が絡み合った状態（フェルト化）

　毛製品のジャケットやパンツで、着用中、汗や雨などの水分過多の状態でももみや摩擦を受けると、羊毛はフェルト
化することがある。洗濯でも同様の現象が発生することがある。表面のスケールが、水・酸・アルカリの影響を受け、
スケールが立った状態になり、その後の摩擦によって、立ったスケール同士が絡み合った状態になることがフェルト
化である。（図参照）

　毛素材は、洗濯や着用で、丁寧な扱いをすることが必
要である。人間の髪の毛も基本同様の構造で、髪の毛
の手入れが不十分であると髪の毛が絡みついたりする。
これを防ぐために私たちは、シャンプー後にリンスをし
て繊維同士が滑りやすくしている。

防縮加工の種類

防縮加工の種類	内容
オフスケール	薬品でスケールを除去する方法
樹脂加工	樹脂でスケール間を埋める方法

出典：ニッセンケン品質評価センター

第2章　衣料品生産の基礎知識

1. 衣料品生産の流れ

　図Ⅳ－2は、繊維から、糸、布、製品（衣料品）までの各段階で製造加工にかかわる関連のある業種を大雑把に記したものである。図はごく簡単に流れを示したもので、衣料品の生産にはさらに複雑に関連業種が携わっているが、概要であるこの図からも衣料品ができるまでに多くの分野の業者の手を経ていることが分かる。それら個々の業者の技術レベルができ上がった衣料品の価値や品質を決定付けることになる。

```
┌───────┐
│繊　　維│ 原産地
└───────┘
    ↓   染色工場（わた染め）
┌───────┐
│　　糸　│ 原糸メーカー、紡績業、撚糸業
└───────┘
    ↓   染色工場（糸染め）
┌───────┐
│布　　地│ 織布工場（織物）、
└───────┘ ニッター（ニット）
    ↓   染色工場（反染め）、整理工場
┌───────┐
│衣料品　│ 縫製工場、編立工場、
└───────┘ 染色工場（製品染め）、
             仕上げ工場
```

図Ⅳ－2　衣料品ができるまでの関連業種

2. 糸のいろいろ

　糸は、衣料品をはじめほとんどの繊維製品生産の過程で不可欠な素材である。すなわち、一部の不織布製品を除き糸の形態をとらなければ繊維製品はつくれず、糸を原料として織物、ニットの衣服、身の回り用品、産業資材など多様な製品がつくられている。

（1）糸のできるまで（図Ⅳ－3参照）

　繊維の種類、太さ、状態によって製造方法は異なる。

• 短繊維
　綿、麻、毛、スフ（レーヨンの短繊維。ステープル・ファイバーの略）

　各種紡績糸

• まゆ（絹繊維）
　　製糸
　生糸
　　精練
　練糸
　（絹フィラメント〈長繊維〉糸）

• ポリマー溶融液（化合繊）
　　紡糸
　各種化合繊

図Ⅳ－3　糸のできるまでの流れ

（2）糸の分類

ア　糸の形態

　紡績糸（スパン・ヤーン）、フィラメント糸、複合糸（混紡糸、混繊糸）

イ　糸の構造

　単糸、撚糸、双糸（二子糸）、三子糸、諸撚糸

ウ　撚りの仕方（図Ⅳ－4，5参照）

　Ｓ撚り（右撚り）、Ｚ撚り（左撚り）、下撚り、上撚り

S撚り　Z撚り

図IV−4　S撚りとZ撚り

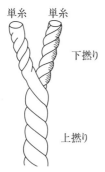

単糸　単糸

下撚り

上撚り

図IV−5　双糸の上撚りと下撚り

エ　撚りの強弱

甘撚り（弱撚糸）、並撚り（中撚糸）、強撚糸、極強撚糸

オ　糸の太さと表示

番手（Count）　一定の重さに対する糸の長さで表す（恒重式）。

適用：綿番手（紡績糸）、メートル番手（梳毛糸〔そもうし〕、紡毛糸〔ぼうもうし〕）

デニール（Denier）　9000mあたりの糸の重さ1gが1デニール（恒長式）。

適用：長繊維糸に共通（絹糸、化合繊フィラメント糸）

テックス（tex）　1000mあたりの糸の重さ1gが1テックス（共通式）

0.1gが1デシテックス（dtex）

（3）主な糸の製造法

ア　紡績糸

次の3つの作業手順により短繊維から糸がつくられる。

- 繊維をほぐして平行に並べる
- 繊維を集めて紐状にしたものを引き伸ばしながら引き揃える
- 細く長くなった繊維に撚りをかける

原料繊維の特質に合わせていくつかの紡績方式がある。

イ　紡糸

化合繊の製造段階で、原液を多数の小さい穴のあいたノズルから押し出して長繊維

まめ知識
梳毛糸と紡毛糸

　ウール糸を大きく2つに分けると、細くて強い光沢に富んだ梳毛糸と、太くてふんわりした紡毛糸に分けられる。梳毛糸で織った梳毛織物は紡毛織物よりハイグラルエキスパンション（注）の影響を強く受ける。繊維の配列がよく、撚りが紡毛糸より強いからだ。

梳毛織物の代表例
サージ／ギャバジン／トロピカル／ポプリン／ポーラ／ピケ／ドスキン／ベネシャン

毛織物の特長
- 吸湿がよい（綿と比べて吸湿性が大きい）
- 暖かい、そして涼しい
- アイロンなどによるセット性がある
- シワになりにくい

取扱いにも注意が必要
- 吸湿の程度による伸び縮み
- 洗濯による縮み（フェルト化）
- 防虫

（注）ハイグラルエキスパンション：ウールが湿度の変化によって、水分の吸収・放出により伸び縮みすること

をつくる。溶融紡糸、乾式紡糸、湿式紡糸が代表的な方式である。長繊維をカットしたものが化合繊の短繊維である。

3. 織物とニットの基本

（1）織物
ア　織物の製造
　長さ方向の経糸〔たていと〕と幅方向の緯糸〔よこいと〕が所定の組合せ方式にしたがって、互いに上下に交差してつくられた布地を織物という。
　工業的には数千本の経糸を織機にセットして、経糸の上下する開口運動の間に、直角に緯糸の横入れ運動を繰り返してつくる。
イ　織物の組織
　平織、綾織、繻子〔しゅす〕織を三原組織という、三原組織の変化組織のほかに、特殊組織など多種多様な組織がある。
注）繻子織は朱子織とも書く。

（2）ニット（編物）
ア　ニットの製造
　織物が縦・横の2方向の糸によってつくられるのに対して、ニットは縦又は横のいずれか1方向の1本の糸によってつくられる。すなわち、糸により横方向（コース）もしくは縦方向（ウェール）に連続した編目（ループ）でつくられた布地である。その方向により前者の緯編〔よこあみ〕（横編・丸編・靴下編）及び後者の経編〔たてあみ〕に大別される。
　工業用には横編機、丸編機、経編機（トリコット編機、ラッシェル編機）が使われ、コンピュータ制御編機が多用されている。
イ　ニットの組織
（ア）緯編
　平編、リブ編、パール編を三原組織という。
（イ）経編
　デンビー編、コード編、アトラス編を三原組織という。
ウ　編目の粗密
　ニットの密度はゲージ（G）で表す。機

ニット素材シャツに注意！
袖が伸びるトラブルが多発

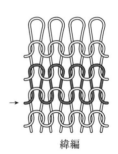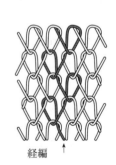

織物　　　　　　　　緯編　　　　　　経編

図Ⅳ-6　織物とニットの組織（例）

織物　　　　　　　　ニット

図Ⅳ-7　織物とニットの外観（例）

種により異なるが、一般には1インチ（2.54cm）間に植えられた編針の本数で示す。したがって、6Gと12Gでは数字の多い12Gが細い糸を使い、編目も密となる。粗いものからローゲージ、ミドルゲージ、ファインゲージ又はハイゲージといっている。

4. 衣料品の製造

衣料品は国別、性別、年齢、ファッション傾向、着用目的などにより多種多様である。また、複雑な過程を経て製品がつくられている。ここでは、その製造方法につい

表Ⅳ-5　織物とニットの比較

特性 ＼ 区分	織物	ニット
ドレープ性	小さい	大きい
コシ，ハリ	ある	すべすべしてしなやか
肌触り	硬い	軽くて柔らかい / 暖かい / 刺激少ない
体型適合性	適合しにくい	適合する
W＆W性(注)	小さい	大きい
アイロンの必要性	必要性大きい	必要性少ない
伸縮性	小さい	大きい
形くずれ	しにくい	しやすい
シ　ワ	できやすい	できにくい
通気性	小さい	大きい
保温性	小さい	大きい
引張強度	大きい	小さい
耐摩耗性	優れる	劣る
ピリング	できにくい	できやすい

（注）W＆W性：ウォッシュ・アンド・ウェア性の略で「洗ってすぐ着られる」性能のこと

■ まめ知識
ピリング生成過程モデル図

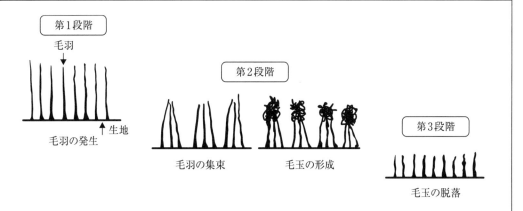

ピル（pill）とは毛玉を意味する言葉で、着用などの摩擦によって生地の表面に発生する。比較的強度の低い羊毛は毛玉ができても摩擦で第3段階のように脱落するが、強度のある合成繊維は表面に絡み合って脱落しにくい。

て単純に整理して、織物やニットの布地から婦人服をつくる例と、糸からニット製品を直接つくる例をモデルとして示す。

（1）生産工程例（概要）

図Ⅳ－8及び9参照。

（2）製造工程の作業ポイント

型紙（パターンメーキング）

ア　パターンメーキング

生産用の型紙（量産用工業パターン）をつくる作業。最近は手作業からコンピュータ支援のCAD（キャド「設計や製図を支援するシステムソフト」）使用が普及している。

イ　グレーディング

立体裁断や平面裁断でつくられた標準サイズの型紙を基準に、必要なサイズに応じて拡大したり、縮小して他のサイズ

の型紙をつくる作業である。

原反の取扱い

ア　検反

生産工場に投入された生地（織物・ニットの原反）は、色・柄・風合い等の確認をはじめ、組成混用率、長さ、生地幅等の確認及び生地の外観を検査する。検査（検反）は通常"検反機"を使用し、目視による汚れや織傷等の検査を行い、不良部分が製品化されないようにマークして取り除くなどの対応がなされる。

イ　放反、縮絨（スポンジング）

生地（織物及びニットの原反）が反物の生産工程や芯に巻かれた状態で生じた歪み〔ひずみ〕（主として縦方向の引っ張り歪）を緩和するため、ほどいて軽く折り畳み放置する（織物は24時間、ニットは48時間放置が標準）ことで、放縮ともいう。最近はスチーミングや振動を

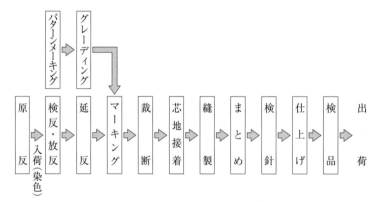

図Ⅳ－8　婦人服の生産工程例（概要）

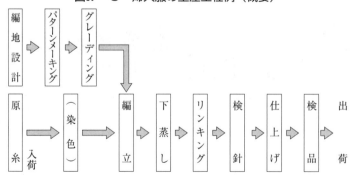

図Ⅳ－9　ニット製品（横編み）の生産工程例（概要）

与える縮絨（スポンジング）を行うこともある。

ウ　延反

裁断前に生地を台に広げ素材ごとに適正な枚数を重ねてマーキングの準備を行う。

エ　マーキング

延反した生地を裁断するために型紙を効率よく配列する作業である。コンピューターマーキングシステムではデータを入力。

オ　裁断

広げた生地にマーキングしたマーカー紙を乗せ、固定して裁断する。コンピューターカッティングシステムではデータによりレーザーカッティングが行われる。

カ　芯地接着

芯地接着を必要とする裁断した各パーツにはパーツ毎に目的に合った芯地を接着する。接着は、必要な接着力を得るために接着機を使用する。各表地と芯地の接着条件は各々異なるため所定の「温度」「圧力」「時間」を守ることが必須である

キ　下蒸し（ニット生地）

ニットの場合、編立後リンキング前に編地の歪みをとり安定させるとともに、編地の生地端の耳巻き（カーリング）を緩和するため、横編と丸編はスチーミングする。

ク　縫製

裁断した生地を各部位ごとに設計された縫製を行う。指定寸法どおりの仕上がりとなるよう指定された縫い代幅で縫い、種々の縫製不良の防止、ミシンの調整（ミシンの回転数や針選定に注意する等）、アイロン作業の注意を守る、ポケット口部分など力のかかる部位の裏側に力布を補強する、など工程毎に注意すべき箇所は多岐にわたる。

ケ　まとめ

ミシン（特殊ミシンを含む）による縫製ができない部位の作業は手縫いによる縫製が行われるが、最近は種々の特殊ミシンが開発され、ボタン、スナップ付けも機械で行われている。

パターンメーキング（写真提供：文化服装学院）

コ　仕上げ

適切な仕上げ機を使用して製品の持ち味を損なわないような仕上げをする。プレス機（スチーム式、電熱式）とスチームフィニッシャーなどがあり、それぞれの特長がある。水ジミには注意が必要。

サ　検品

製品によって抜取検査か全数検査を行う。抜取検査の結果で不良率が高い場合は必ず全数検査で不良品を除く。不良内容により関連部署に戻して改善させる。そのためには検査方法や検査基準を定め、生産工程での事故、不良品発生の未然防止を徹底することが肝要となる。

シ　検針

検品により合格した完成品ロットは全品“検針機”による検針を行う。針（ミシンの折れ針等）など異物の混入が見逃されることは、消費者に危害を与え、納入先にも重大な不信感を与えるトラブルであり、絶滅を図る必要がある。検針機には、コンベヤー型と卓上型があるが、機械まかせでなく担当者の取扱いの習熟、機材のメンテナンスも必須である。

COLUMN
編み物の歴史

　編み物（ニット）の起源は古く、旧石器時代にまでさかのぼるといわれている。世界的に見ても、発見されている最初の編み細工は、1本の連続した糸を編んで作った網あみで、やがて、糸・藁わら・竹などを素材として、手や針を用いて様々な生活道具（籠・敷物等）や衣料が作られるようになった。日本でも、縄文時代早期に漁網が編まれていたことが判っていたり、編み物製ポシェットなどが発見されている。

　編み物は英語でニットという。ポルトガル語やスペイン語で靴下を意味する「メリヤス」という呼び方もあり、江戸時代から昭和20年代ころまで、このメリヤスという単語が下着や靴下用に用いられたが、最近ではメリヤスは死語となり、ニットと呼ばれるようになった。

ベニハッサンの墳墓に描かれた古代エジプトの織りの様子。ベニハッサンはエジプトのナイル川東岸に位置する村。ハトシェプストとトトメス3世によって作られたとされる神殿がある。39基の岩窟墓（墳墓）が発見され、そのうち4基が公開されている。

輪編みをする様子が描かれている絵画（1400-1410年頃、マイスター・ベルトラム筆）

カスパル・ネッチェル（1622年）『レースを編む女』

180

まめ知識
２０２１年１－１２月衣類輸入状況

右上: 下段（　）は前年比

	ニット製衣類		布帛製衣類		その他衣類及び付属品		合　計			
	千PC	百万円	千PC	百万円	トン	百万円	トン	シェア	百万円	シェア
1. 中　国	1,419,073	723,989	705,447	607,398	110,220	228,343	617,062	63.5	1,559,730	58.5
	(105.8)	(111.3)	(104.7)	(103.4)	(101.1)	(105.0)	(105.3)		(107.2)	
2. ベトナム	328,892	187,899	131,367	164,131	10,541	32,633	123,098	12.7	384,663	14.4
	(92.5)	(92.8)	(84.5)	(85.5)	(99.9)	(96.0)	(91.0)		(89.8)	
3. バングラデシュ	180,759	67,574	70,917	59,088	791	1,955	68,963	7.1	128,617	4.8
	(120.6)	(124.7)	(108.8)	(106.5)	(132.5)	(156.8)	(118.7)		(116.0)	
4. カンボジア	138,479	60,661	61,921	57,419	1,528	3,992	48,637	5.0	122,073	4.6
	(118.2)	(116.1)	(110.3)	(101.9)	(167.3)	(117.0)	(114.0)		(109.0)	
5. インドネシア	68,107	40,831	41,090	38,092	4,034	7,068	32,043	3.3	85,991	3.2
	(99.2)	(100.8)	(85.8)	(85.6)	(88.4)	(105.2)	(92.0)		(93.8)	
6. イタリア	1,423	27,252	1,209	38,641	248	13,052	1,441	0.1	78,945	3.0
	(96.9)	(110.7)	(83.4)	(95.2)	(91.3)	(102.0)	(92.8)		(101.2)	
7. ミャンマー	52,973	20,754	50,697	51,768	682	1,956	29,274	3.0	74,478	2.8
	(84.7)	(80.7)	(75.1)	(69.2)	(87.9)	(85.2)	(76.6)		(72.4)	
8. タ　イ	53,177	22,310	9,777	4,469	4,249	13,244	11,103	1.1	40,023	1.5
	(95.9)	(90.9)	(62.2)	(78.2)	(95.4)	(97.4)	(93.1)		(91.2)	
9. インド	11,728	5,829	26,080	18,019	261	809	7,884	0.8	24,657	0.9
	(108.3)	(108.0)	(112.9)	(105.6)	(56.1)	(59.3)	(109.4)		(103.5)	
10. マレーシア	20,235	12,284	890	438	2,579	5,037	9,606	1.0	17,759	0.7
	(122.8)	(123.7)	(129.4)	(111.2)	(94.1)	(100.5)	(110.3)		(115.8)	
アセアン	675,567	351,815	299,074	323,125	24,812	66,489	258,281	26.6	741,430	29.9
	(98.2)	(97.5)	(86.3)	(85.0)	(98.8)	(98.8)	(93.7)		(91.7)	
Ｅ　　Ｕ	4,370	41,940	2,705	66,932	468	18,323	3,262	0.3	127,196	4.7
	(99.6)	(109.0)	(84.8)	(94.9)	(97.7)	(101.5)	(94.4)	(100.1)		
全世界	2,329,062	1,227,753	1,115,530	1,110,508	138,829	328,960	972,000	100.0	2,667,221	100.0
	(104.2)	(107.3)	(99.3)	(96.8)	(100.7)	(103.6)	(102.6)		(102.3)	

◇順位は合計金額ベース　　　◇符号：「-」は実績皆無のもの、「0」は表示単位未満、「＞」は1,000％以上のもの。
◇出所：　日本貿易統計
◇為替レート(21年1-12月)：円/ドル＝109.85,前年同期比：103.41％
◇換算レート＝繊維製品輸入総額(円)/同左($)　　尚、ドル金額は2021年よりインターバンクレート
　(ドル円スポット 中心相場/月中平均)に基づいて算出。
　2020年までは、インターバンクレート(ドル円スポット 17時点/月末)に基づいて算出していた。

出典：日本繊維輸入組合

右側縦書き: 繊維及び繊維製品

第3章　染色加工の基礎知識

1. 染色

　大部分の繊維製品は、染料あるいは顔料によって、それぞれ決められた色に染められるか、生地の上に捺染（プリント）により色付けされる。繊維製品、特に衣料品は単に丈夫で長持ちする実用品質は基本的に重要だが、消費者に魅力となる感性品質が大きなウエイトを占めるようになっている。衣料品の感性品質とは、先ず色、柄、デザインがあげられるように、色は衣料品の差別化、付加価値として大きな意味を持っている。

(1) 染色加工工程の流れ

精練・漂白	⇨	染　色	⇨	後 処 理

ア　精練

　繊維の不純物（油脂、汚れ、ゴミなど）を除去して、染色や漂白を均一に行うための前工程。アルカリや界面活性剤で洗浄する。

イ　漂白

　精練後の天然繊維に元来含まれている色素類や、天然及び合成繊維の紡績や製織工程などで付着した着色物質などを繊維にダメージを与えないように除去し、均一な染色を行うための作業。また鮮明色に染める前に行う工程さらし（晒し）ともいう。繊維の種類により酸化漂白と還元漂白を使い分ける。原料の種類によっては漂白をすると生地が傷むため、こうした前処理を行わずに染色する場合もある。

ウ　染色

　通常は漂白後に各繊維に適した染料（183ページ　表Ⅳ—6 参照）により染色が行われる。染色機には、ジッガー、液流、ウインス、連続、などの染色機があり、それぞれの特徴に合わせて使い分けられている。

エ　後処理

　染色、漂白の後、余分な染料や付着物を洗浄するソーピング、堅ろう度向上のためのフィックス処理や柔軟処理などの工程である。

(2) 染色の形式

ア　染め方による分類

浸染〔しんぜん〕

　染料を溶かした水の中に染める物（被染物）を浸して全体に着色する。

捺染〔なっせん（プリント）〕

　染料又は顔料に糊を加えて被染物の一部又は全面に所定の色・柄をプリントする。

イ　被染物の状態による分類

わた染め

　紡績の前（バラ毛染め）繊維段階と糸段階の途中で染色

糸染め

　織物やニットとする前の糸の状態で染色（綛染〔かせぞめ〕・チーズ染め）

反染め

　織物やニットの布地の状態で染色（生地染め）

製品染め

　衣料品の形の状態で染色

ウ　先染めと後染め

　布地にする前に染めることを先染め、布地になってから染めることを後染めという。

（3）染料と顔料

繊維製品のほとんど、特に衣料品は全部といっていいくらい、色がついている。それは染料又は顔料で着色されたものであるが、顔料は捺染（プリント）に使われる程度で、ほとんどは染料が使われる。また、染料の中に天然の草や木、花、果物を材料とした草木染めが趣味や工芸品の分野で使われている。しかし、価格、堅ろう度などから、現在は染料、顔料ともに工業用の合成物質がほとんどで、日常で染料といえば合成染料のことを指している。

ア　染料

水などに溶解もしくは分散し、繊維に吸着して実用的な染色堅ろう度が得られるもの。ただし、繊維の種類によって適、不適がある。

イ　顔料

水に溶解せず、繊維に結合する親和力がないため、接着用樹脂（バインダー）で染着させる着色剤。

繊維の種類とは関係ないが、布地表面の形状により適、不適がある。

顔料による染色は、摩擦堅ろう度が弱いことやテトラクロロエチレンによるドライクリーニングで染色に使用する樹脂が溶脱しやすく、顔料も同時に脱落するため、ドライクリーニングは、石油系を使用することとし、石油系処理によるテスト結果を確認したうえで決定する。

（4）主な繊維の染色に適する染料例

一般的には表Ⅳ－6の染料が使われるが、その他に特殊な染法によって染色可能な染料もある。染色は染料の単独使用ではなく、使用染料に適した均染剤、浸透剤、分散剤などの染色助剤や酸性、アルカリ性、酸化、還元、媒染のための化学薬品を使用し、水質、浴比、昇温（温度、時間）を含めた適切な染色条件を整えることが必要である。さもないと、所定の色相、染色堅ろう度はもちろん、染め斑〔むら〕の発

表Ⅳ－6　繊維と染料の染色性

	綿・麻	レーヨン	ポリノジック	キュプラ	毛	絹	アセテート	トリアセテート	ナイロン	ポリエステル	アクリル	モダクリル	ビニロン	ポリ塩化ビニル	ポリプロピレン	ポリウレタン	ポリクラール
直接染料	◎	◎	◎	○	◎	○	×	×	○	×	×	×	○	×	×	○	×
酸性染料	×	×	×	×	◎	◎	×	×	○	×	×	×	×	×	×	○	×
含金酸性染料	×	×	×	×	◎	◎	×	×	○	×	×	×	×	×	×	○	○
塩基性染料	△	○	△	○	○	○	○	×	×	×	○	×	○	×	×	△	○
カチオン染料	△	○	△	○	○	○	○	×	×	×	◎	○	○	×	×	△	○
媒染染料	○	○	○	○	○	○	×	×	○	×	×	×	○	×	×	○	○
酸性媒染染料	×	×	×	×	◎	◎	×	×	○	×	×	×	×	×	×	○	○
バット染料	◎	○	◎	○	△	△	×	×	×	×	×	×	○	×	×	×	×
硫化染料	◎	○	○	○	×	×	×	×	×	×	×	×	×	×	×	×	×
ナフトール染料	◎	○	◎	○	×	×	×	△	△	△	×	×	×	×	×	×	×
分散染料	×	×	×	×	×	×	◎	◎	○	◎	○	○	○	○	×	○	○
反応染料	◎	○	○	○	○	○	×	×	○	×	×	×	○	×	×	○	○

◎：常法で大変よく染まる。実用性大
○：常法でよく染まる
△：特殊染法で染色可能
×：染色不可

生、場合によっては繊維の損傷を招くことがある。

（5）主な染色堅ろう度の種類

染色後に消費者の衣料品の使用目的や洗濯・保管方法に応じた次の染色堅ろう度試験を行う。

堅ろう度には「変退色」と「汚染」という二つの概念があり、堅ろう度の項目によって「変退色」のみを試験結果とするものと「汚染」のみを試験結果とするものとがある。試験方法はＪＩＳで決められている。

ア　耐光堅ろう度

光には、色褪せを引き起こす作用があるため、日光やその他、光による変退色の程度を調べる。実際に太陽光を使って行う場合もあるが、太陽光では天候や季節により光の条件を一定に保てないため、一般には実用的な紫外線カーボンアーク灯光かキセノンアーク灯光による試験を行う。

判定は「ブルースケール」という基準物を使い、ブルースケールと実際試験した試料を比較して評価する。等級は８級〜１級の８段階評価となり、数値が大きいほど染色に対して堅ろう性が優れていることになる。（判定は、３級、３以上、３未満等と評価する）一般衣料は4級以上、淡色などは3級以上（参考：カーテンは７級以上）を標準的な基準としている。衣料品は３級・４級の試験を行い、他の級の試験は省略することが多い。

イ　洗濯堅ろう度

「洗濯堅ろう度試験」とは、家庭での洗濯の作用による色の変化の程度（変退色）と他の洗濯物への色移りの程度（汚染）を評価するもの。試験は洗濯試験機を使用し、洗剤の種類や量、水温・時間等を変えた試験条件での変退色と添付した白布の汚染程度を、基準スケールと比較、評価する。

＊耐光堅ろう度と光及び汗に対する堅ろう度以外の判定は、全て基準物グレースケールにより、５級〜１級と、中間の4-5級・3-4級等、９段階評価を行う。

ウ　水堅ろう度

「水堅ろう度試験」とは、試験片が水に濡れたことで発生する色の変化（変退色）や、その試験片と接触している物に対する色移り（汚染）を評価するもの。

水に浸した試料と添付白布に荷重をかけて所定時間保持し、乾燥後の変退色と汚染

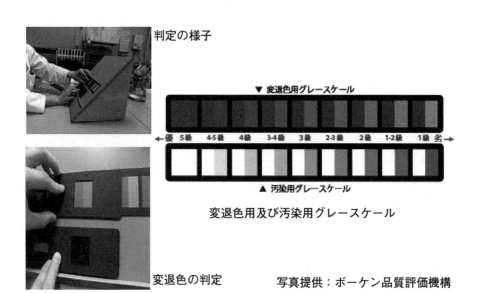

判定の様子

▼ 変退色用グレースケール

←優　5級　4-5級　4級　3-4級　3級　2-3級　2級　1-2級　1級　劣→

▲ 汚染用グレースケール

変退色用及び汚染用グレースケール

変退色の判定

写真提供：ボーケン品質評価機構

の程度を判定する。

エ　汗堅ろう度

「汗堅ろう度試験」とは、汗の作用による「色の変化の程度（変退色）」と「重ね着した他のシャツなどへの色移りの程度（汚染）」を評価するもの。

人工汗液（酸性とアルカリ性の2種類）を別々に浸けた試料と添付白布を水堅ろう度試験と同様な操作を行い乾燥後の変退色と汚染の程度を判定する。

オ　摩擦堅ろう度

「摩擦堅ろう度試験」とは、重ね着などの衣料品同士のすれ作用による「他への色移りの程度（汚染）」を評価するもの。摩擦堅ろう度試験は「汚染」のみを試験結果とする。

試験機に装着した摩擦用白布で一定回数摩擦した後、白布の汚染程度を判定する。乾摩擦と湿潤摩擦を判定する。また、試験機は2種類ある。

カ　ドライクリーニング堅ろう度

「ドライクリーニング堅ろう度試験」とは、ドライクリーニング溶剤の作用による色の変化の程度（変退色）と、他のクリーニング物への色移りの程度（汚染）を評価するもの。

主に家庭で行う洗濯に対しては、水に洗剤を加えて洗濯液として試験を行うが、ドライクリーニングでは、テトラクロロエチレン又は石油系溶剤に2種類の界面活性剤と微量の水を加えた試験液を用い、洗濯堅ろう度試験と同様な要領で操作を行い判定する。取扱表示を水洗いとする場合はこの試験は省略することがある。

キ　汗耐光堅ろう度

「汗耐光堅ろう度試験」とは、光と汗の複合作用による色の変化（変退色）を評価するもの。

紫外線の強い時期に、屋外でスポーツを

した場合に起こる変退色は、耐光堅ろう度又は汗堅ろう度の試験方法を別個に行っても再現できないことがある。光と汗の相乗的な影響を判定する方法として、汗堅ろう度試験方法と同じく酸性とアルカリ性の人工汗液で処理した2種類の試料を耐光試験機にかけて変退色の程度を判定する。

2018（平成30）年に、苦情品の再現性に優れていると言われるATTS（繊維製品技術研究会）により提案された人工汗液がJISに追加されている。

ク　その他

衣料品は着用目的に応じて上記以外に・海水・熱湯・塩素系漂白剤・酸素系漂白剤・ガス（窒素酸化物「NOx」）等々多くの項目に対して染色堅ろう度試験を行うことがある。

2. 繊維加工

衣料品の色合いは大きな魅力であるが、それ以外にも付加価値を高め差別化を図る目的で、各種の繊維加工が行われる。これによって消費者の目で見た外観の好ましさや実際に手で触れたり、着用した時の触感、いわゆる風合い改善など、繊維本来の長所を伸ばし、欠点をカバーしたり、全く新しい機能を付与している。以下に加工の目的別に概要を述べる。ただし、結果的に目的以外にも多様な二次的な効果を生んでいる加工も多い。

(1) 風合い改善に関する加工

ア　シルケット加工（マーセライズ加工）

未染色の綿糸や綿織物を緊張状態で水酸化ナトリウム濃厚液により処理する。絹様の光沢と強度及び染色性の向上の効果がある。

イ　擬麻加工

綿やスパンレーヨン織物などに麻のような外観や感触、シャリ感、ハリ、コシなど

を与える加工。擬麻加工は、麻に似た硬い感触を付与するために、ゼラチン、カゼイン、こんにゃく粉、ビスコースなどの糊状物質、あるいは合成樹脂類を加工して不溶性とすることで作られる。また、強アルカリで繊維の表面を一部溶解して膠着させることで作られる。

ウ　減量加工（アルカリ減量加工）

ポリエステルを水酸化ナトリウムの熱水溶液に浸漬して、繊維表面の組織を一部溶解して除き、繊維製品の風合いを改善する加工。これにより柔軟な風合いとドレープ性を与える。減量は生地が痩せ、強度低下や縫い目滑脱（スリップ）の原因となるため減量率15〜20％以下が適当。

織物の糸間はルーズになっており、目寄れ、縫い目滑脱などが発生しやすいので取扱いには注意が必要。

また、輪ジミなどを起こしやすくなるので要注意である。

エ　酵素処理（バイオウォッシュ加工）

綿製品などの風合い改良を目的に減量加工と同じく酵素のセルラーゼを使用する加工。デニムの柔軟加工やストーンウォッシュ加工と組合せて酵素処理が行われている。リヨセルの生地や製品のフィブリル処理に用いられることも多い。

オ　ワッシャー加工（ウォッシャー加工）

洗浄機の運転による揉み作用でジーンズやカジュアルウェアなどに着古し感を与えるための製品洗い加工。

加工方法には、①ワンウォッシュ、②ブリーチアウト、③ケミカルウォッシュ、④ストーンウォッシュ、⑤サンドウォッシュ、⑥バイオウォッシュなどがあり、これらを組合せたものもある。

ウォッシュアウト加工品は、原反加工段階での加工斑〔むら〕がクリーニング後に明瞭化する場合がある。また、薄起毛加工製品は毛羽が乱れ、毛羽脱落が発生することがあり、注意が必要である。

カ　液体アンモニア加工

綿や綿混織物を液体アンモニアに浸けて緊張下で加熱する加工。光沢、強度、防縮、防シワ性、セット性が向上し、風合いがソフトになる。

（2）外観の変化に関する加工

ア　シワ加工

おしゃれの表現として布地に規則的又は不規則的な凹凸のシワをつける加工で、素材により様々な方法がある。綿やレーヨンはローラーで型をつけた後に樹脂加工する。合繊は熱可塑性を利用した熱セットにより耐久性のあるシワができる。

イ　プリーツ加工

布に折り目やヒダをつける加工。衣料品ではスカート、パンツ、ブラウスに多用される。耐久性のあるプリーツは、合成繊維は熱セット、綿は樹脂加工、羊毛は折り目をつけてセット剤で処理するシロセット加工、折り目内側に樹脂を塗布するリントラク加工が知られている。

モヘヤなどの場合、再々プレスセットを強く行うと折り目部分の生地が傷み、破損してしまうことがある。

プリーツ加工

ウ　起毛加工

布面を針布や薊〔あざみ〕などで引っかいて毛羽立たせる加工。厚地で手触りが柔

らかく、保温性が出る。毛織物は起毛後の仕上げ方法で独特の味を出す。

エ　ピーチ加工（薄起毛〔うすきもう〕加工）

ポリエステルの細いマイクロファイバーなど合成繊維を用いた織編物の表面を軽く起毛し、ソフトでサラッとした感触とする加工。布面の細かい桃の産毛〔うぶげ〕状の手触りからピーチスキン加工ともいう。

ピーチ加工

オ　エンボス加工

織物を凹凸のついた過熱ローラーと、紙や綿のローラーの間に通して、凹凸のある模様を付ける加工。合成繊維はそれでセットされるが、綿やレーヨンはあらかじめ合成樹脂を付け、乾燥後に加工する。

エンボス加工

カ　オパール加工（抜食〔ばっしょく〕加工、穴あき加工）

耐薬品性の異なる２種の繊維からなる混紡・交織編の布地に、一方の繊維を溶解する薬剤を捺染することにより、布地の薄い透かし模様をつくる加工。羊毛ナイロン交

織編物は水酸化ナトリウムで捺染し、羊毛を溶解し、ナイロンを残す。ポリエステル綿交織編物は硫酸で綿部分を溶かす。

ブラウス、ワンピース、下着などに応用される。

オパール加工

キ　フロック加工（フロッキー加工、電着加工、植毛加工、電植加工など）

布に接着剤を塗った後に、静電気を帯電

フロック加工布のパイル脱落

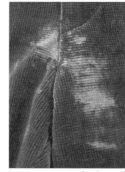 

ファスナー下部分のパイルが広範囲にわたって脱落し、基布が露出している

ファスナー端部分やポケット口などのパイルが脱落し、基布が露出している

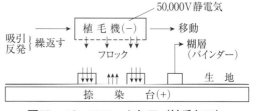

図Ⅳ−10　フロック加工（植毛加工）
−加工原理−

させて、布面に細かく短い0.1〜5.0mm程度の繊維の毛羽（フロック）を振動や静電気により垂直に植え付ける加工。フロックはレーヨン、ナイロン、アクリルのトウ（極めて多くのフィラメントを揃えた束）をカットしてつくる。

接着剤（バインダー）の中にはドライクリーニングに弱いものがあるため、一般には石油系ドライクリーニングの表示が付けられているが、表面の毛羽にダメージを与えないよう機械力もマイルドにするなどの配慮が必要である。

素材表面のフロックは垂直に植毛されているので、プレスでは浮かしアイロン処理が必要である。

ク　発泡加工（発泡プリント）

ポリウレタンやアクリル樹脂に発泡剤を混ぜて布に塗布後、熱処理する加工。塗布面の発泡剤が膨れて厚手の柔らかい風合いとなる。ガスを合成樹脂に封じ込めたカプセル粒子をバインダーとともにプリントし、熱処理する方法[注]もある。

（注）耐クリーニング性、耐摩擦性が弱く、プリントの柄の細い部分は着用やクリーニング処理で亀裂しやすい。溶剤や揉み作用に注意する

ケ　モアレ加工

絹、レーヨン、アセテートなどのフィラメント織物に、木目〔もくめ〕や波形、あるいは雲状の模様を付ける加工。水洗いやスチームで模様が消失しやすい。

(3) 新機能の付与に関する加工

ア　樹脂加工

合成樹脂を使用して多目的に行う加工の総称。初期には熱硬化性樹脂を用いて綿繊維の防縮、防シワ加工が行われたが、その後はW＆W（ウォッシュ・アンド・ウェア）加工など、高度で幅広い加工目的に応用されている。

イ　はっ水加工

繊維製品に水をはじく性能を与える加工（生地に付着した水を球状にしてはじく加工）。防水加工のように水も空気も完全に通さない加工ではない。シリコン系やフッ素系[注]はっ水剤などを用いる。

（注）フッ素系はっ水剤の一部に使われているPFOA（Per Fluoro Octanoic Acid ペルフルオロオクタン酸）は自然界で分解されにくく、人体への蓄積と外部環境への残留による悪影響が懸念され長期に摂取した場合の健康への影響が指摘されている。そのため国際的に規制が行われ、日本でも2021（令和3年）年10月22日から使用できなくなった。

ウ　コーティング加工

布面にオイル、ゴム、塩化ビニル、エナメル、ラッカー、ポリウレタンなどの化学樹脂類を塗り、防水などの機能やファッション的な表面効果を与える加工である。

エ　オイルコーティング

コーティング加工のひとつ。かつては綿などの布地に植物性油脂を塗る加工が多く見られたが、最近ではポリウレタン樹脂をもとに、シリコン樹脂、フッ素系樹脂、油脂類などを加えて塗布する方法が増えている。この加工生地をオイル・クロスという。

オ　ラミネート加工・ボンディング加工

ラミネート加工は、布に薄いポリウレタンなどのフィルムやシートなどを貼り合わせる加工、ボンディング加工は、布と布を張り合わせる加工。

ボンディング加工のジャンパー

■品名：ジャンパー
■素材：表地　表　ポリエステル100％
　　　　　　　裏　ポリエステル100％
　　　　　裏地　ポリエステル100％
■取扱表示：

組成表示に「表地：表　ポリエステル100%、裏　ポリエステル100%」と表示されているため、ボンディング加工と考えられる。

カ　防縮加工

洗濯や取扱いによって収縮する繊維の性質を抑える加工の総称。対象とする繊維の種類によって方法が異なる。

- 綿：樹脂加工、液体アンモニア加工、マーセライズ加工、サンフォライズ加工
- 羊毛：表面のスケール先端の除去（オフスケール加工）、樹脂による被覆（マスキング加工）
- 合成繊維：熱セット

キ　サンフォライズ加工（圧縮収縮仕上げ）

綿布を専用の加工機械により防縮する加工。原反を機械的に押し込み（オーバーフィード）して経糸方向に収縮させながら熱セットすると、縦横ともに縮みは１％以内にとどまる。アメリカ特許となっている。

ク　形態安定加工

綿やポリエステルとの混紡のワイシャツなどが、着用と洗濯を繰り返しても縮まず、形くずれを生じさせないための高度な加工である。あらかじめ液体アンモニア処理と樹脂加工をした生地を、縫製後に熱処理する方法（SSP加工）と製品をホルマリンのガスで処理する方法（縫製後にホルマリンガスを噴きつけて繊維内に浸透させる）（VP加工）がある。

クリーニング店で処理する場合は、プレスの際に製品に付けられた折り目が二重にならないよう注意する。

ケ　帯電防止加工（制電加工）

繊維上の静電気の発生を抑制する加工。合成繊維は吸湿性が低く、機械との摩擦で静電気が発生し、ホコリを吸着する。天然繊維も低湿度で静電気が発生する。帯電防止剤は一時的な効果で、恒久的に効果を得るためには導電性繊維や金属繊維の使用が必要。

コ　防水加工

布に水がしみて濡れることを防止する加工。テントや雨具で通気性よりも防水性が優先される場合はゴムや塩化ビニルなどの合成樹脂をコーティングして皮膜をつくり防水する。しかし、汗の水蒸気も通さないので蒸れる欠点がある。

サ　透湿防水加工

水蒸気は通すが、水滴は通さない加工。水蒸気の直径0.0004μmより大きく、水滴の直径100～3,000μmより小さい無数の穴を持つポリウレタンの親水性透湿膜をコーティングする方法と多孔性のフィルムをラミネートする方法、がある。

シ　吸湿・吸汗加工

合成繊維の欠点である低い吸湿性や吸汗性を向上する加工。合成繊維の下着は汗を吸わないので蒸れるとか、着脱で静電気のパチパチが起き、ホコリが付く原因となる。改善には吸湿性物質を合成繊維と結合させるか、原糸段階で配合して親水性をもたせる方法がある。

ス　防汚加工

繊維製品を汚れにくく、付着した汚れを落としやすくする加工。水性や油性汚れを防ぐはっ水はつ油加工、塵、ホコリの吸着を防ぐ帯電防止加工が有効である。

セ　SG（ソイルガード）加工・SR（ソイルリリース）加工

　SGは、（Soil Guard）ソイルガード加工の略で、汚れにくくする加工のこと。フッ素系樹脂加工等により、はっ水性とはつ油性を付与したもの。はっ水加工をすると親水性の汚れが付着しにくくなり、はっ水・はつ油加工すると、親水性及び親油性の汚れが付着しにくくなる。　SRは、（Soil Release）ソイルリリース加工の略で、付着した汚れを洗濯やドライクリーニングで落ちやすくする加工のこと。親水化処理等を施したもの。疎水性の合成繊維は、繊維表面を親水化する加工を施すと洗濯により汚れが落ちやすくなる。

ソ　抗菌防臭加工（衛生加工、防菌防臭加工）

　衣料品に付着した人間の汗や分泌物による黄色ブドウ球菌、微生物などの増殖を抑制し、不快なにおいの発生も防止する加工。殺菌力のある抗菌剤は多種あるが、布面への固着あるいは合成繊維の原糸に練り込む方法をとっている。わが国では加工品の抗菌性や防臭効果、安全性を評価する公認の団体があり、認証を受けた会員のみSEK（繊維製品衛生加工）マークを表示できる（図Ⅳ－11参照）。

　加工剤は安全性の面から刺激性の強いものが使用できないため、刺激性の少ない第4級アンモニウム塩系、フェノール系化合物などが使用されている。

　この製品の取扱いは、水洗いの場合、中性洗剤を使用し、低温で洗い、塩素系漂白剤の使用は避ける。ドライクリーニングは、石油系ドライクリーニングが適している。

タ　防虫加工

　羊毛の特性の一つである虫害を防止する加工。虫はヒメマルカツオブシムシ（姫丸鰹節虫）、イガ（衣蛾）が代表的である。

チ　抗ピル加工

　合成繊維使いの製品から生まれる毛玉（ピル）の発生を抑える加工のことで、ピリング防止加工ともいう。その方法は、①長めの毛羽を切ってからガス焼きする②生地の表面を化学的に処理して、毛羽の強度を弱くする③樹脂を付けて繊維間の摩擦係数を低下させ、毛羽立ちを少なくする、などがある。

　上記のほかに抗スナッグ加工、防炎加工、防ダニ加工、UVカットなど多くの加工がある。

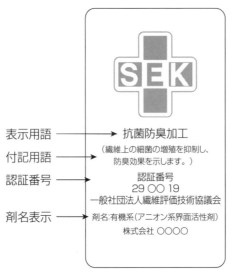

図Ⅳ－11　抗菌防臭加工の認証マークの例

第4章　副資材の基礎知識

　表生地が衣服の顔であり主役であるとすれば、裏地や芯地などの副資材は裏方のように目立たないが、衣服の表情を生き生きとさせるか、つまらなくさせるか、また着用しやすいかなどを左右する、すなわち衣服の出来栄え、品質を支える大変重要な役割を持っている。しかし、ファッションの多様化、複雑化の一方で、低価格化も進んでいる状況に対応して副資材の種類も豊富になっているだけに、適切な選定と使用が求められている。

　副資材としては留具（スナップ、ホック）、皮革、毛皮、ベルトなどもあるが省略した。

1. 裏地

（1）裏地の機能

　通常、衣服に付けられた裏地は次の3つの機能を持っている。

ア　着心地の改善
- 着脱の滑りをよくして着脱しやすくする
- 着用中の動きを楽にする
- 表地への汗の影響を防止する

イ　形態の安定（保形性）
- 衣服の形くずれを防ぐ
- 衣服のシルエットを整える

ウ　外観の改善
- デザインの効果を表現する
- 表地の透明感や柄の効果を出す
- 下着の透けを防ぐ
- 衣服の裏側を整える

（2）裏地の素材

ア　使用繊維
　キュプラ、ポリエステル、綿、ナイロン、アセテート、アルパカなど

イ　織物
　平織（タフタ、羽二重、シャンタン、デシン、ジョーゼット）、繻子織（サテン）、綾織（ツイル）など

ウ　ニット
　トリコット（ハーフ、バックハーフ、シャークスキン、メッシュ）など

エ　染色加工、その他の加工
　染色はほとんど後染（反染）。加工は防シワ、平滑、制電のための樹脂加工。ポリエステル減量加工。平滑、寸法安定、光沢のためのカレンダー、エンボス、ヒートセット加工など

オ　裏地の性能
　求められる性能は裏地を付ける目的及び服種、部位によって異なる

裏地には着心地、形態、外観を良くする機能がある

2. 芯地

（1）芯地の機能
①着用による形くずれを防ぐための寸法や形態を安定する（保形性）
②衣服のシルエットを形成する（成形性）
③表地の必要な部分にハリやコシをもたせる（風合い）
④部分的に厚さや硬さを与えて衣服に重厚感をもたせる
⑤パッカリング（縫い目に沿って規則的な小ジワができること）を防ぎ、縫いやすくする（可縫性）

（2）芯地の種類（表Ⅳ－7参照）
ア　接着の有無
（ア）非接着芯地
　　紳士用スーツやコートに毛芯などを使うことがある。フラシ芯地ともいう。
（イ）接着芯地
　　芯地の必要なほとんどの衣服に使う。表素材の種類により接着が難しいものや、企画によって非接着芯地を使う場合がある。
イ　組織の種類
（ア）織物芯地
　　昔から使われてきた代表的な芯地。強度が大きく、ドレープ性がある。
（イ）編物芯地
　　表地がニットの場合、その伸縮性を損なわない芯地。反面、寸法安定性に難がある。
（ウ）不織布芯地
　　不織布を使った芯地で、衣服用の芯地の大部分を占める。特長は軽くて速乾性があり、裁断がしやすく使いやすく安価であること。伸縮性が乏しくドレープ性に欠けるのが難点である。
ウ　接着性能
（ア）完全接着芯地（永久接着芯地）
　　水洗い、ドライクリーニングにも耐える。接着剤はポリ塩化ビニル系、ポリアミド系、ポリエステル系樹脂を使用する。
（イ）仮接着芯地
　　縫製工程で表地に一時的に接着するタイプ。接着が弱く、クリーニングではく離する危険があるので注意。接着剤はポリエチレン系、エチレン酢酸ビニル系が使用される。
《芯地の接着条件》
接着装置：アイロン、接着プレス機
温　　度：110～150℃で接着剤を柔らかくする
圧　　力：0.2～0.4kg/cm²で柔らかく

表Ⅳ－7　芯地の種類

分　類	種　類	主組織	主使用繊維
非接着芯地（フラシ芯地）	織物芯地 [毛芯(注)、麻芯、綿芯化合織芯	平　織	綿、麻、毛、ポリエステル、レーヨン、馬の尻尾の毛
	編物芯地	緯糸挿入経編	ナイロン、ポリエステル、アクリル、レーヨン
	不織布芯地		ナイロン、ポリエステル、レーヨン
接着芯地	織物接着芯地	平織、朱子織	綿、ポリノジック、ポリエステル
	編物接着芯地	経編（トリコット）経編（ラッセル）緯糸挿入経編	ナイロン、ポリエステル、アクリル、レーヨン
	不織布接着芯地		ナイロン、ポリエステル、レーヨン、ウール
	不織布複合接着芯地		ナイロン、ポリエステル、ウール

（注）毛芯：緯糸に獣毛や太くコシのある糸を混用した太めの糸を、経糸は細めの寸法安定性のある糸を用い、横方向のハリと、縦方向のなじみによって衣服の立体成型を助け、着用性を高める芯地

なった接着剤を表地に食い込ます
（アンカー効果という）

時　　間：5〜15秒くらいかけて温度、
圧力の効果を高める

3. ボタン

ボタンの役割には機能的役割と装飾的役割
との二つがある。ファッション衣料においては
装飾的役割が大きく、デザインの一部といっ
ても過言ではない。ファッションを引き立たせ
るアクセサリーであり、服の色、柄、素材、
デザインなどに調和したものが用いられる。ま
た、高価なボタン、一点物のボタンも少なくない。

（1）ボタンの素材別分類

ボタンの素材は天然素材、合成樹脂素
材、金属素材、その他に大別される。

（2）主なボタンの原料と特徴

ア　カゼインボタン「ラクトボタン」

牛乳のたんぱく質を原料に作るレンネッ
トカゼインを原料にしたボタン、「ラクト
ボタン」ともいう。

ドライクリーニング、水洗い可能。塩素
系漂白剤の使用は不可。

湿潤堅ろう度は低いため、染色品は移染
しやすい。丈夫で耐摩耗性がよいが、吸湿
性・吸水性が大きい素材のため、水中に長
時間浸漬すると軟化し、壊れやすくなる。
丈夫で耐摩耗性がよい。ウールの風合いに
よくマッチし、衣料全般に用いられてい
る。若干のホルマリンを含むので幼児向き
は不可。

イ　ナイロンボタン

ポリアミド系樹脂を原料にしたプラス
チックボタン。

ドライクリーニング、水洗い可能。漂白
剤の使用は不可。

耐薬品性、耐溶剤性ともに高く、丈夫な

左からポリエステルボタン、カゼインボタン、
ナイロンボタン

ボタンで、強度があり割れにくく耐摩耗性
がある。耐熱度が高くないのでアイロンは
当て布を使用し、直接あてない。染色品は
アイロンの熱が高すぎると変色しやすい。

ウ　アクリルボタン

メタクリル酸樹脂を原料にしたプラス
チックボタン。「パールボタン」と呼ばれ
るものもある。水洗い可能。

衝撃に強く、透明感と、光沢がある。耐
熱性は低く、アイロンやプレスなどの仕上
げで温度が高すぎると熱で変色、溶融する
ことがある。ワンピース、ブラウスなど広
範囲に使われている。

エ　ポリエステルボタン

石油から作られるポリエステル樹脂を原
料にしたボタン。

ドライクリーニング、水洗い可能。

耐薬品性、耐熱性は比較的高い。耐久性
が高く、各種の薬品にも比較的強く丈夫だ
が衝撃で割れやすい。ポリエステル単体だ
けでなく、金属などの他の素材と組み合わ
せて作られるボタンも多い。ブラウス、
シャツ類に最も多く使用されている。

オ　ユリアボタン

尿素樹脂などを原料としたボタン。

ドライクリーニング、水洗い可能。塩素
系漂白剤の使用は不可。

素材はすべて原料に顔料を練りこんでお
り、堅ろう度は良好。耐候性、耐衝撃性、
耐薬品性、耐熱性に優れている。強酸には
弱い。紳士用ジャケット・スーツ、ワーク
スーツなどに広く用いられている。

カ　ABSボタン

ＡＢＳ樹脂｛Ａ（アクリロニトリル）Ｂ（ブタジエン）Ｓ（スチレン）｝を原料にしたプラスチックボタン。

主にメッキ加工に使用し、金属ボタンのような雰囲気を表現できる。

ドライクリーニング、水洗い可能。漂白剤の使用は厳禁。

耐薬品性、耐溶剤性、耐熱性に優れ、扱いやすく、用途も多様。硬くて割れにくいが、特に丈夫ではない。軽い。メッキしやすく樹脂メッキボタンの大半を占める。

キ　エポキシボタン

エポキシ樹脂は接着剤にも使用されている粘性のある液体で、その接着性の良さがプラスチックや金属等のメッキパーツの凹み部分に流し込んで使われる。

ドライクリーニング、水洗い可能。漂白剤の使用は不可。

ク　金属ボタン（真鍮〔しんちゅう〕：黄銅ボタンともいう）

真鍮を原料にプレス、切削加工によって作られるボタン。

ドライクリーニング、水洗い可能。漂白剤の使用は不可。

学生服、婦人スーツ、ブレザーなど幅広く使われている。

ニッケルメッキは長時間皮膚に直に触れるとかぶれる恐れがある。海外縫製の商品や毛織製品（特に生成りのもの）に使用されると錆びる恐れがある。

金属ボタンは銅、亜鉛、鉄、アルミなどを原料にしたボタンもある。

ケ　天然素材のボタン

木、竹、ナット、骨、角、革、貝などを素材としたボタン。自然で美しい艶や光沢を出せる素材であるが、天然の素材故にひとつひとつが微妙に異なる。

天然素材のボタンは、洗濯やクリーニング、プレスなどで割れたり、形が崩れたり、また、染色や塗装されたボタンは塗装の色が落ち、破損することなどに注意が必要。

- 木のボタンは、柘植（つげ）、樺（かば）、黒檀（こくたん）、オリーブなどの一枚板を削り、手彫りしたものと、樺（かば）やブナ、ラワンなどを1ミリぐらいの厚みの薄い板とし、フェノール樹脂を含浸させて積み重ねた合板製のものが主流となっている。合板ボタンは若干のホルマリンを含むので幼児向きは不可。

- 竹を素材としたものは、アイロンやプレス等で樹液の色が落ちて他の衣類を汚す恐れがある。

- ナットボタンは、南米のエクアドルが原産のタグワ椰子という椰子の実の種を輪切りにし、切削してボタンの形に作られている。

- 水牛の角ボタンでは、割れる事故、白い筋が発生する事例がある。

- 貝ボタンは、白蝶貝、黒蝶貝、高瀬貝、広瀬貝、阿古屋貝、玉貝などから作られ

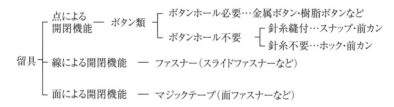

図Ⅳ－12　留具の分類体系

る。美しい形状、輝きを持つが、クリーニング、プレス時に割れる事故例が多いので注意を要する。

4. ファスナー （図Ⅳ—13参照）

「留める」あるいは「つかむ」の意味からきた留具、締具のことで、衣服の開きなどを容易に接合、開放するための道具。正確にはスライドファスナーであるが、国によって呼び方が異なり、アメリカではジッパー、日本では最初はチャックと呼んでいたが、現在は一般にファスナーという。スライドファスナーの構造は、務歯〔むし〕、スライダー、テープの3つの部分からできている。

また、材質、構造による主なファスナーの種類は次のとおりである。

（1）金属ファスナー

普通製品

- 洋白〔ようはく〕^(注1)製は酸化、変質などに強く、硬度、粘りの高い高級品
  用途：ワイシャツ、ブラウス、ジャンパー、コート、一般衣料品向き

- 真鍮〔しんちゅう〕^(注2)製が一般に広く使われ、強い力を要求されるものによい
  用途：小型袋物、小型カバン

- アルミ合金製は軽く開閉もスムーズ、耐摩耗性が問題
  用途：一般衣料品、ジャンパー、コート、カバー類

（注）1　銅と亜鉛、ニッケルから構成される合金。洋銀ともいう
　　　　（五百円硬貨は、銅72%、亜鉛20%、ニッケル8%の合金製である）
　　　2　銅60-70%、亜鉛40-30%の黄銅製
　　　　（五円硬貨は、銅60-70%、亜鉛40-30%の黄銅製である）

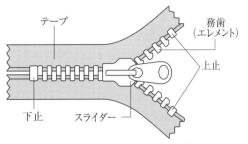

テープ　　　　　　　　　　　　　務歯
　　　　　　　　　　　　　　　　（エレメント）
　　　　　　　　　　　　　　　　上止
下止　　　　スライダー

図Ⅳ－13　ファスナーの構造

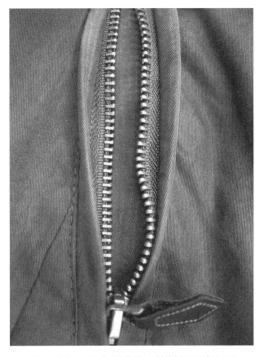

**ファスナーの金属成分と染料が反応して
変色事故が発生**

（2）樹脂ファスナー

- ナイロンファスナー…吸水性が低いので耐洗濯性に優れ、軽く薄く、しなやか。務歯も染色可能で、衣料と同色に染まる
  用途：スカート、スラックス、ドレス、スポーツウエア

- ポリエステルファスナー…同上
  用途：ナイロンファスナーとほぼ同じ

- コンシールファスナー…表にファスナーの務歯は見えず、縫い目と同じ美しいシルエットを生かす

用途：ナイロンファスナーとほぼ同じ

- ビスロンファスナー…硬度は金属と同じに強く、軽く、低温に強い。濡れても開閉は同じ。鮮明色もデザインポイント。耐薬品性は良い

用途：上記のほかに各種カバン、ゴルフバッグ、手袋、漁網

洗濯時には、必ずファスナーを閉じスライダーを固定する。開いたままだと下止（ストッパー）の先が布地を痛めたり、テープが伸縮することがある。クリーニング後に滑りの重いときは、パラフィンを塗ってスライダーを上下に2〜3回動かすと滑りが軽くなる。

(3) 面ファスナー（図Ⅳ—14 参照）

商標のマジックテープ又はベルクロファスナーで知られる面として留める留具。テープ又は布に加工された先の曲がった無数のパイル（フック）と、相手の布の無数の輪（ループ）とを合わせるだけでしっかり固着し、軽くはがせる。

カラーも多く、接合、はく離が簡単で衣服以外にも広く使用され、いくつかのタイプがある。

5. 肩パッド

「パッド」（pad）とは「詰め物をする」「芯を入れる」という意味で、体型の欠点を補うために衣服に入れる詰め物を指している。

服の表情とともに、「シルエットは肩で決まる」といわれ、肩パッドはショルダーライン（肩線）のシルエットを形づくる重要な役割を持っている。ほかにバストパッド、ヒップパッドなどもある。

(1) 肩パッドの機能

① シルエットを形成する
② シルエットを保ち、形くずれを防ぐ

(2) 肩パッドの種類

大別するとセットインパッドとラグランパッドの2種類がある（図Ⅳ－15参照）。

① セットイン：“決まる”“定まる”の意味で普通の袖の服
② ラグラン：襟ぐりから袖下にかけ斜めにゆったり切り替わった袖の服

(3) 肩パッドの構造と素材

肩パッドは素材の組合せによってつくられるものと、素材単独でつくられるものの2通りある。

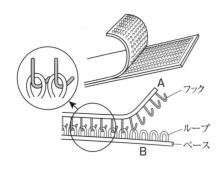

図Ⅳ－ 14　面ファスナーの構造

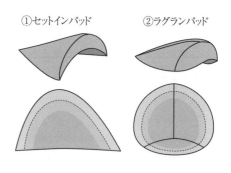

図Ⅳ－ 15　肩パッドの種類

ア　組合せ（積層）肩パッド

（ア）構造

上布（表布）・下布（底布）・中わたで、素材は使用目的に合わせて決める（図Ⅳ−16参照）。

（イ）素材

上布は一般的にポリエステルが多い。肩パッドの硬さや表素材とのなじみ（相性）で綿、ウール、ナイロン、ポリエステルや不織布。下布はほとんどがポリエステル、ナイロン、レーヨンの不織布。手づくりパッドは綿も使われる。中わたはポリエステル、ナイロンなどの樹脂綿である。

イ　素材単体肩パッド

ウレタンや不織布などの角状材をスライスしてカットする。

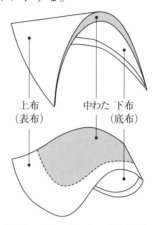

上布　　中わた　下布
（表布）　　　　（底布）

図Ⅳ− 16　肩パッドの構造

COLUMN
物販系分野のBtoC（企業から消費者）のEC 取引（消費者向け電子商取引）の市場規模

電子商取引に関する市場調査
単位：億円（下段は前年比）

分類	2019年		2020年	
	市場規模	EC化率	市場規模	EC化率
生活家電・AV機器・PC・周辺機器等	18,239 10.76%	32.75%	23,489 28.78%	37.45%
衣類・服装雑貨等	19,100 7.74%	13.87%	22,203 16.25%	19.44%
食品、飲料、酒類	18,233 7.77%	2.89%	22,086 21.13%	3.31%
生活雑貨、家具、インテリア	17,428 8.36%	23.32%	21,322 22.34%	26.03%
書籍、映像、音楽ソフト	13,015 7.83%	34.18%	16,238 24.76%	42.97%
化粧品、衣料品	6,611 7.75%	6.00%	7,787 17.79%	6.72%
自動車、自動二輪車、パーツ等	2,396 2.04%	2.88%	2,784 16.19%	3.23%
その他	5,492 4.79%	1.54%	6,423 16.95%	1.85%
合計	100,515 8.09%	6.76%	122,333	8.08%

物販系分野のBtoC-EC市場規模の内訳をみると、「生活家電・AV機器・PC・周辺機器等」（2兆3,489億円）、「衣類・服装雑貨等」（2兆2,203億円）、「食品、飲料、酒類」（2兆2,086億円）、「生活雑貨、家具、インテリア」（2兆1,322億円）の割合が大きく、これらの上位4カテゴリー合計で物販系分野の86％を占めている。新型コロナウイルス感染症拡大の影響で、全カテゴリーにおいて市場規模が大幅に拡大した。アパレル製品（表の衣類・服装雑貨等）は、メーカーから出荷後いくつかの流通経路を経て消費者に提供される。その経路には、直販、専門店流通、百貨店流通、量販流通、通信販売流通、EC取引(ネット流通)などがある。アパレル製品の流通は、最近では百貨店流通が減少し、セレクトショップなどの専門店流通やEC取引が大きく拡大している。

EC 取引(消費者向け電子商取引)
BtoB：企業間取引 (BusinesstoBusiness) の略称。企業が企業へモノやサービスを提供するビジネスモデル
BtoC：BusinesstoConsumer の略称。企業がモノやサービスを直接一般消費者に提供するビジネスモデル

出典：経済産業省「電子商取引に関する市場調査」

第5章　注意したい素材等と事故防止策

衣料品（アパレル製品）は、ファッション製品として様々な新素材、新加工が開発され、市場をにぎわせている。繊維では、精製セルロース系繊維のリヨセル、アラミド、 加工では、形態安定加工、防汚加工、抗菌防臭加工など、新技術に基づいたものや、レーヨン、モール糸、ラメ糸など周期的に流行するもの、獣毛のカシミヤ、アンゴラ、モヘヤ、などもますます多様化している。

新技術に基づいた開発素材は、着用やクリーニングにより、当初予想できなかった事故が発生するなど、取扱い方法、クリーニング処理や仕上げ方法を注意すべきケースが多い。

ここではこれらの中からポイントを絞って列記する。

1. 注意が必要な素材

（1）Super 表示ウール

Super表示とは、ウールの原料の細さを示すもので、繊度（繊維の太さ）の細い原毛を使用した毛織物のこと。19.75ミクロンをSuper80'sとし、原毛の直径が0.5ミクロン細くなるごとに、Super表示が10大きくなる。

18段階で設定され Super170'sはカシミヤ並みの15.25ミクロン。最大は Super250'sの11.25ミクロン。ウール製品の世界貿易にかかわる諸問題を討議するIWTO（国際羊毛繊維機構）が定める定義。

品質表示には「毛」もしくは「ウール」「羊毛」としか表示されないが、メーカーがアパレルに支給する別ラベル等で「Super100's」等と表示されていることが多い。通常の毛織物よりもフェルト化などが生じやすいことに注意して取り扱うことが必要。

（2）合成皮革と人工皮革

合成皮革は、ポリウレタン系樹脂やアクリル系樹脂をニットや布帛〔ふはく〕生地にコーティング（又はラミネート（188ページ参照））したもので、外観上皮革にみせている素材である。家庭用品品質表示法では「特殊不織布[注]以外のものを用いたもの」と定義している。

（注）特殊不織布：ランダムな立体構造の繊維層を主にした基材にポリウレタン又はそれに類する物質（樹脂など）を含浸させたもの

合成皮革製品は、経時変化が起きやすいため、受付け時には製品の状態をよく確認することが重要である。

ポリウレタン樹脂の劣化に関する主な要因は加水分解と光であり、衣料品の着用、保管においても十分注意する必要がある。

一般的な注意表示は、以下のとおりである。

- 雨などで濡れたときは、乾いたタオルで水を拭き取る
- 使用後は、陰干しで乾燥する
- 湿ったまま密封して放置しない
- 高温多湿のところへ長時間放置しない
- 直射日光があたるところへ長時間放置しない
- 石油ストーブに近づけない
- コーティング面に直接アイロンをかけない
- スチームアイロン及び浮かしアイロンがけはしない
- 保管は、陰干しで乾燥し、光があたらず湿気の少ないところで行う
- 保管時は、年数回は風通しのよいところで干す
- ビニール袋に入れたまま保管しない

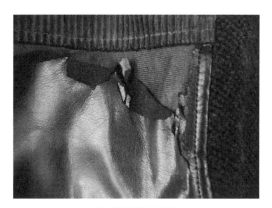

合成皮革の劣化

- ドライクリーニングは石油系で行う
- 石油系ドライクリーニングを行ったときは、溶剤が残留しないように完全に乾燥する
- ポリウレタンコーティング生地面と硬いものとの摩擦は避ける

また、経時劣化は製造後2～3年より起きるため、購買年月を確認しておくことも必要となる。

人工皮革は、基材に特殊不織布を用いたもので、素材表面も裏面も皮革に似た外観を持ち、内部構造も天然皮革に類似した立体構造を持っている。レザータイプ、スエードタイプがある。ドライクリーニング溶剤は、テトラクロロエチレンも可としている商品もあるが、樹脂加工品であり、石油系溶剤処理が望ましい。

アイロン処理は低温で、あて布を使用して軽くかけることが必要である。

(3) 人工毛皮

織物、編物の表面に長いパイルを持ったもので、天然の毛皮に似せたイミテーションファー・フェイクファー・エコファーと、独自の特徴を活かしたハイパイルとがある。パイルにアクリル又はモダクリル繊維が使われていることが多く、熱による収縮、変形を起こしやすいので低温乾燥（ド

乾燥は60℃以下で、スチーミングは避ける
受付時には毛倒れ、スレ、脱毛などをチェックする

ラム入口　60℃以下）とする。

特にモダクリル繊維を使用した製品は、一旦蒸気により変化した毛羽の回復はできないため、蒸気は絶対あててはならない。また、レーヨン使いのものは水分により変化しやすいので注意が必要である。

(4) 接着布

布と布を貼り合わせたもので、ツーフェイスファブリックとかボンデットファブリックともいう。織物と織物、織物とニット、布にウレタンフォームを接着したフォームラミネートなど多くの種類がある。接着方法は接着剤を使用する方法が一般的だが、ドライクリーニング溶剤で溶解し、はく離することもあるので注意が必要である。

(5) ストレッチ素材

ストレッチ素材とは、伸縮性に優れ、伸ばされた状態で力を解放すると元の状態に戻る伸縮回復性を持つ素材をいう。ポリウレタン弾性糸（スパンデックス）を芯にしたコアヤーン、カバードヤーンなどを織物

に織り込んだもの。仮撚り加工糸を用いる方法などがある。

着用時のバギング（肘、膝の抜け）や、変形に注意が必要である。タンブラー乾燥時に高温で回転させたり、蒸気アイロンを高温で、かつ加圧を強くすると変形しやすい。そのほか、表面の凹凸、カーリング、ポケット口などの伸び、布目の曲がり（ねじれ）などがある。

ポリウレタン弾性糸が経時劣化によりもろくなり、テトラクロロエチレンとたたき効果により膨潤あるいは切断されることで、生地が伸びてしまったなどの事故事例がある。また、洗濯後、ポリウレタン弾性糸が飛び出してくる事故例もある。

ポリウレタンは染色堅ろう度が低く、特に濃色では汚染事故が発生するため注意が必要である。ポリウレタン弾性糸は寸法安定性が悪く、縫製性もよくないのでシームパッカリングも起こりやすいことを考えると、機械力を押さえて洗う注意も必要である。溶剤は石油系とすること。

（6）塩化ビニル素材

塩化ビニル樹脂を基布にコーティングしたものである。衣類の一部に塩化ビニル素材を使用したものもある。

ドライクリーニング溶剤で可塑剤（軟化剤）が抜けて硬化してしまうため、ドライクリーニングはできない。ポリウレタン樹脂などを使用した合成皮革と間違えないよう表示に注意が必要である。

（7）金属繊維

ステンレスや銅、鉄、アルミニウム、ニッケル、錫〔すず〕などの金属を細く伸ばしたもので、ステンレスでは30〜40μmの極細フィラメントがある。

綿や毛、ポリエステルなどと交織するほ

金属繊維を使用したジャケット
金属繊維の特性上、着用に伴う摩擦、屈曲作用による変化は避けられない

導電する金属繊維を親指と人差し指に縫い付けた手袋。装着したままタッチパネルが使える

か、混繊糸もつくられる。

ステンレス糸を帯電防止用としてカーペットや作業服に使ったり、銅糸を水虫予防用として靴下に使ったりする例もある。

着用などでの屈曲の繰り返しで折れることがあり、折れた金属の断面は肌を刺激する。また、購入前には普通の繊維製品と同じように見えても、着用や洗濯、クリーニングなどで生じたシワがアイロンを掛けても伸びない、汗や雨、保管中の湿気等で錆びるなどの問題もある素材だが、物珍しさから繊維を細くするなどの改良が加えられ、使用されている。

（8）アラミド繊維

ナイロンの一種で、強度や難燃性、耐熱性に優れることから消防服や防弾チョッキなどに使用されているが、次の注意を要する。

- 直射日光は避ける（長時間さらされると変色）。
- 水洗いの場合、タンブル乾燥機は使用せず、日陰吊り干しをする。
- シワが残りやすい素材のため、洗濯後に手絞りの場合は弱く、遠心脱水機の場合は短時間で行う。
- 濡れた状態や高温、多湿の状態で放置されると、色移りする場合がある。

2. 注意が必要な糸

（1）強撚糸

織物を構成する糸に強い撚りがかけられている素材「強撚糸織物」は、水、熱、蒸気などで、糸の撚りが戻ろうとする力が働き、素材の伸縮挙動が激しく、収縮しやすい。また、著しく収縮するものもあるため注意を要する。仕上げ時は、蒸気を控えめにし、アタリの出ないよう、あて布を使用するなどの配慮が必要である。

（2）ラメ糸（スリット糸）

ポリエステルやナイロンのベースフィルムにアルミニウムや銀等の金属を蒸着した糸。ワンプライとツープライの２種類があり、ワンプライは蒸着したアルミ等を樹脂でコーティングした構造、ツープライはワンプライのラメ糸２枚を張り合わせた構造になっている（図Ⅳ-17 参照）。ツープライは、蒸着したアルミ等が二枚のベースフィルムに挟み込まれる構造になっているため、ワンプライよりも水分や外気の影響を受けにくい。

ラメ糸は、着用やクリーニングによる摩

図Ⅳ-17　ラメ糸の構造（横から見た断面図）

ラメ糸が織り込まれた布地

擦に弱く、また、アルミ等金属が使用されていることから、次の注意を要する。

- 酸性、アルカリ性の薬剤や物質が作用しないよう注意
- 水洗いする場合は、中性洗剤を使用
- 湿気の多い環境での保管を避ける
- 白物のウール製品と接触させない
- 残留した汗汚れなどの作用で変化することを、お客様に理解してもらう

（3）モール糸（モールヤーン）

糸の中心から周囲へ向かって、直角にパイルが出たような特殊構造の糸をいう。押さえが少なく、糸が浮いたような状態のものが多いため、着用中の摩擦やクリーニングのたたき作用など、機械力や引っかけによってモール糸の飛び出しや花糸の脱落の原因になる。

図Ⅳ-18のように熱融着繊維（エルダー糸）を使用し、花糸の脱落を防いではいるが、モール糸の風合い（ソフト感など）を

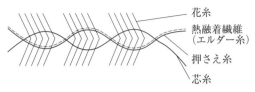

花糸
熱融着繊維
（エルダー糸）
押さえ糸
芯糸

図IV－18　モール糸の構造

綿、麻の生成り

重視するため、熱融着繊維の使用に限界があるなど、このあたりはメーカーのノウハウになっている。

《モールヤーン製品への対応》

クリーニングの受取り時の点検でモール糸の引き抜けや花糸の脱落の有無を（特に着用中摩擦が起こりやすい脇の下などを中心として）お客様とともに確認することが必要である。また、お客様にはモールヤーン製品はこれらの事故が生じる可能性があることをあらかじめ了解事項として伝えてから受け付けることも大切である。クリーニング処理においては、「短時間処理とする」「洗いや乾燥時、揉み作用を極力避ける」「裏返して、目が細かく小さめのネットに入れ、さらにネットを絞るなどして、なるべくネットの中で動かさないように処理する」「仕上げの際に圧力をかけない」などの注意が必要である。

3. 注意が必要な染色品

（1）生成り（きなり）

生成りは染色や漂白がされる前の天然繊維の色で、漂白剤や蛍光増白剤で白色化するため注意が必要である。高温洗濯も　生成りの自然な色調を変えてしまうので注意を要する。

（2）手描き染模様製品

洋服類や和装用帯には色止めされていないものもある。これらは水洗い、ドライクリーニングのいずれでも脱色や色泣きが起きやすい。

（3）草木染（ハーブ染）

通常の染色は合成染料で染めるのに対し、天然の植物からとった色素を用いた染色。昔から藍〔あい〕（葉）、紅花〔べにばな〕（花）、鬱金〔うこん〕（根）、蘇芳〔すおう〕（幹）あるいはハーブ（薬草や香辛料用の草）が使われている。最近は身近な材料が手軽に使われている。金属媒染のきくものもあるが、中濃色では染色堅ろう度の低いものがある。

（4）特殊プリント加工（2. 繊維加工（2）カ、キ、クを含む　187～188ページ）

広い意味では捺染（プリント）であるが、特殊な色材や捺染方式を用いて絵柄表現や独特の効果を付与する加工法である。

カジュアル衣料の加工「クラック加工」（わざと顔料プリントの表面を削っている）は、プリント表面が割れているので通常の顔料プリントより脱落しやすく、他の衣料にひっかかることもあるので特に注意が必要。

《特徴》
• 樹脂（バインダー）を使用して布の表面に接着させる

- プリントの表面はおおむね凹凸があり、不均一、風合いは硬くなる
- プリント部分が立体的なものがある（発泡加工、フロック加工）
- 摩擦に弱く、ドライクリーニング溶剤でプリントが脱落しやすい

《取扱い上の注意点》
- 揉み洗いは絶対避けて、押し洗いにする
- 浮かしアイロン、あて布、裏からのアイロン（低温、短時間）が適している
- 水洗いの場合タンブラー乾燥でなく、風乾とする
- テトラクロロエチレンは樹脂を溶解するので、石油系溶剤でネット使用がよい

ア　金属粉捺染（メタルプリント）

金属特有の光沢を出すために銀色はアルミニウム、金色はブロンズの微細な金属粉と接着剤を捺染糊に混ぜてプリントする。

イ　透明プリント（オイルプリント）

繊維と同じような屈折率を持つ無色の油状物質（樹脂）でプリントし、乱反射を防止して透明感を持たせたもの。逆汚染しやすく、その部分が汚く目立つので注意する。

ウ　転写箔〔はく〕プリント（金属箔捺染）

あらかじめ樹脂系の固着剤をプリントした布に、非常に薄く延ばした金属箔（金色、銀色など）を重ねて熱プレスし、布に色を転移させ接着する。

上記のほかに紫外線を吸収して暗いところでも光を放出する蓄光顔料プリント、シャボン玉のように虹色に見える虹彩色パール顔料プリントなどがあるが、いずれも摩擦やドライクリーニング溶剤に弱い。

転写箔プリント

COLUMN
ウエットクリーニング後の紳士服仕上げプレス

立体化の技法「くせ取り」とは
「紳士服整形仕上げの基本」より抜粋、要約

紳士服は、平面の生地を立体形状の人体に合わせて作られた「パターン」(型紙)によって裁断し、ダーツやくせ取り、いせ込みなどの技法により立体的に変形(プレスによるセット等)させながら、縫製で作られている。上着では、・衿・肩　・フロント　・脇　・アームホール等々、ズボンではヒップ部分のくせ取り、等が代表的な例である。

婦人服はダーツやタックが多用されるが、紳士服はダーツをできるだけ少なくし「くせ取り」「いせ込み」により生地の地の目を変形させてシルエット作り「整形仕上げ」が行われている。

一般に紳士スーツは、着用、クリーニング(特にウエットクリーニング)等により、生地自体のセット解除と共に、当初形作られていた衣服のプレスセットが解除され、変形や形くずれが発生する。この変形を回復するにはプレスセットによる再生が必要で、この時、生産時に行われていたくせ取り等による「整形仕上げ」の再現が必要となる。

これらの処理は、生地のたて・よこの地の目を通して形作ることが基本で、くせ取りの際は生地に負担が掛からない(ダメージを与えない)様、生地のバイアスを利用して変形させるテクニックが求められる。

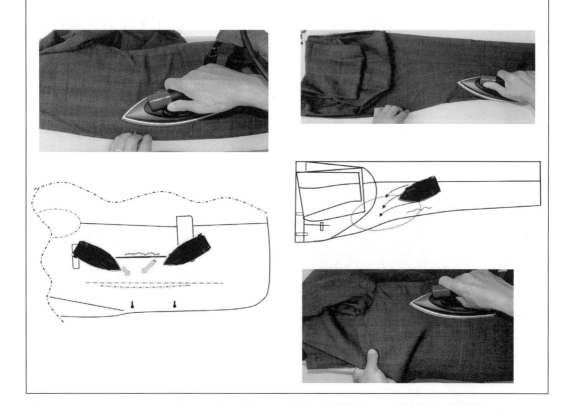

参考資料

Part 5

1　クリーニング事故賠償基準（運用マニュアル）

第1条（目的）

　この賠償基準は、クリーニング業者が利用者から預かった洗たく物の処理または受取および引渡しの業務の遂行にあたり、職務上相当な注意を怠ったことに基づき法律上の損害賠償責任を負うべき場合に、大量のクレームを定型的に処理するための合理的基準を設定し、これにより公平かつ効率的にトラブルを解決するとともに、利用者の簡易迅速な救済を図ることを目的とする。

(1) クリーニング業務の範囲

　（イ）利用者から洗たく物を預かってからお返しするまでの間は、その洗たく物はクリーニング業者の支配圏にあります。配送中、保管中を含めて利用者の手を離れている間は、クリーニング業者には下記の注意義務並びに賠償責任があります。

　（ロ）宅配業者や保管業者、あるいはクリーニング処理の下請け業者など、履行補助者の業務委託先を含めて、すべてクリーニング契約を結んだクリーニング業者の支配圏にあることから、クリーニング業者が賠償の義務を負うことになります。

(2)「職務上相当な注意を怠ったこと」とは…

　　クリーニング業者は、利用者との間で洗たく物を預かって保管した上で返却すること（寄託契約）と、クリーニング処理を施すこと（請負契約）の2つを約束しています。

　　このことからクリーニング業者には次のような注意すべき義務が存在します。したがって、これらの注意義務のいずれかを怠った場合に「職務上相当な注意を怠ったこと」となります。

　（イ）利用者からクリーニングの依頼を受けた洗たく物の機能、汚れの質と量、汚れの放置期間、染色の堅牢度などを的確に把握すること（洗たく物の状態把握義務）。

　（ロ）（イ）の義務を尽くした上で、その洗たく物についてクリーニング処理が不可能な場合はクリーニングの引受けを断り、クリーニング処理が可能な場合には、最も適正なクリーニング処理方法を選択すること（適正クリーニング処理方法選択義務）。

　（ハ）本基準第2条の2に規定されている通り、洗たく物の受取及び引渡しに際して利用者と品物の状態について可能な限り相互確認をし、（イ）、（ロ）の履行に必要な内容に関して説明を行うこと（処理方法等説明義務）。

　（ニ）（ロ）で選択し、（ハ）で説明したクリーニング処理方法を完全に実施すること（クリーニング完全実施義務）。

　（ホ）利用者から預かった洗たく物を適正な状態で引き渡すこと（受寄物返還義務）。

(3)「法律上の損害賠償責任を負うべき場合」とは…

　（イ）クリーニング業者は、職務上必要とされる注意義務、すなわち「洗たく物の状態把握義務」、「適正クリーニング処理方法選択義務」、「処理方法等説明義務」、「クリーニング完全実施義務」「受寄物返還義務」のいずれかを怠り利用者に損害を与えた場合には、請負契約上の債務不履行に該当し、利用者に与えた損害を賠償しなければなりません。

　（ロ）クリーニング業者は、（イ）で述べた注意義務を尽くし、従って請負契約不履行の賠償責任を負わない場合であっても、洗た

く物に損傷等の過失が発生した場合には、利用者に対し賠償責任を負わなければなりません（民法第634条第2項）。

（ハ）クリーニング業者が、不注意により利用者から預かった洗たく物を紛失、損傷などした場合には、利用者に対して寄託契約（民法第657〜665条）不履行を理由として賠償責任を負うことになります。

（ニ）クリーニング業者が、利用者から預かった洗たく物を故意または過失により紛失、損傷などした場合には、利用者に対して不法行為に基づく賠償責任を負うことになります（民法第709条）。

なお、上記（イ）ないし（ハ）の賠償責任と不法行為に基づく賠償責任は重複することがあります。

第2条（定義）

この賠償基準において使用する用語は、次の定義にしたがうものとする。

(1)「クリーニング業者」とは、利用者とクリーニング契約（寄託契約と請負契約の混合契約）を結んだ当事者をいう。

(2)「賠償額」とは、利用者が洗たく物の紛失や損傷により直接に受けた損害に対する賠償金をいう。

(3)「物品の再取得価格」とは、損害が発生した物品と同一の品質の新規の物品を事故発生時に購入するのに必要な金額をいう。

(4)「平均使用年数」とは一般消費者が物品を購入したその時からその着用をやめる時までの平均的な期間をいう。

(5)「補償割合」とは、洗たく物についての利用者の使用期間、使用頻度、保管状況、いたみ具合等による物品の価値の低下を考慮して、賠償額を調整するための基準であって、物品の再取得価格に対するパーセンテージをもって表示された割合をいう。

(1)「クリーニング業者」とは…

（イ）利用者とクリーニング契約を結んだ者が当事者となります。したがって、委託取次店はもとより宅配業者などが集配を行い、あるいは委託（提携）先がクリーニング処理を行うなどの業態であっても、事故が発生した際にはクリーニング契約当事者がクレーム処理の窓口として責任をもって解決にあたります。

（ロ）洗たく物の受取及び引渡しや保管を宅配業者等の第三者が行う場合であっても、これらの履行補助者はクリーニング契約の当事者ではないことから、事故原因が履行補助者にあっても、利用者に対しての賠償責任は契約当事者たるクリーニング業者が負います。

(2)「賠償額」について…

（イ）洗たく物の紛失や損傷に伴う事故のうち、一般的に損害賠償の対象となるのは、その洗たく物自体に生じた損害であることが明らかになった場合です。

（ロ）賠償額の算定に関連して、クリーニング代金の扱いが問題となり得ますが、事故の原因がクリーニング業務にあるときは、クリーニング業者はクリーニング代金の請求を放棄することとなります。

(3)「物品の再取得価格」とは…

（イ）「購入するのに必要な金額」とは、事故が発生した時のその物品の標準的な小売価格をいいます。ただし、例えば、時期遅れのためバーゲン品として売り出された物品やリサイクルショップ等で古着として購入した物品のように、事故発生時の標準的な小売価格と著しく異なる場合で、クリーニング業者または利用者が購入価格を明らかにした時は、購入価格を基準として再取得価格を定めます。

（ロ）物品購入時の価格が判らず、なおかつ事故発生時に物品が販売されていないため、再取得価格が不明な場合は、本基準第5条が適用されます。

（4）「平均使用年数」とは…

（イ）衣類などの使用開始から、その使用をやめるまでの平均的な期間をいいます。たとえば、衣服などの使用をやめる理由としては、流行遅れ、着飽きた、似合わなくなった、サイズが合わなくなったなどの理由も含まれているので、平均使用年数は単なる物理的に使用不能になるまでの期間（いわゆる耐用年数）とは異なります。

（ロ）ただし、素材等の特性により耐用年数に限界が認められるものについては、品目に関わらず平均使用年数を設定しています（別表1「商品別平均使用年数表」№1〜5参照）。

第2条の2（説明責任）

クリーニング業者は洗たく物の受取及び引渡しをしようとするときは、あらかじめ、利用者に対し、洗たく物の処理方法等を説明するとともに、この賠償基準を提示しなければならない。

2 クリーニング業者は、洗たく物の受取及び引渡しをしようとするときは、洗たく物の状態を利用者とともに確認しなければならない。

（1）「説明」とは…

（イ）クリーニング業者は、クリーニング業法第3条の2（平成16年施行）の規定に基づき、利用者擁護の観点から、処理方法等の説明や苦情の申し出先の明示が求められています。加えて、本基準を適用するクリーニング業者は、万が一事故が発生した際に本基準に基づき賠償する旨をあらかじ

め利用者に提示することを求められます。

（ロ）「説明義務」は膨大な洗たく物すべてに掛かるものではありません。クリーニング業法並びに本基準が求めているのはあくまでも《クリーニング事故防止＝利用者利益の擁護》です。

日常的に扱うワイシャツ1点1点にまで説明義務は及ぶものではないと解釈されます。

（ハ）説明が必要となる洗たく物としては、扱ったことない素材や取扱い表示のない製品、事故が頻発している素材を用いた衣類、完全に落ちるか不明な汚れが付いた衣類、特殊クリーニングが必要な衣類など、プロの目から見てリスクを伴う可能性の高い品物が該当します。利用者は、自分の衣類にこれらのリスクが内在することを知らないのが普通です。どのようなリスクが内在し、プロとしてどう処理するのかについて、あらかじめ説明が必要となります。

（ニ）クリーニング処理工程において万が一事故が発生した場合であっても、原因を究明したうえで、できるだけ早く利用者に連絡し、必要な説明と対処を行うことが必要となります。

（ホ）洗たく物の受取及び引渡しについては、宅配業者が行う場合や、ロッカー等対面方式に拠らない方法もありますが、その場合にあっても、洗たく前に検品を行ったうえで、電話やインターネット等を通じて品物の状態や処理方法等について事前に説明し、了解を得ることが必要です。

（ヘ）これらの説明を怠った場合、クリーニング業者は、本基準第3条の「利用者またはその他の第三者の過失により事故の全部または一部が発生したこと」、または「職務上相当の注意を怠らなかったこと」の立証が困難になることがあります。

(2)「洗たく物の状態を利用者とともに確認しなければならない（相互確認）」とは…

（イ）前項の「説明」をしっかり行うためにも、またクリーニング事故を未然に防止するためにも、洗たく物の状態を相互確認することが不可欠です。洗たく物に穴があく事故が発生した場合、鑑定等で原因が虫食いと判明しても、それがいつ生じたかについては特定できません。預かる前なのか、預かっている間なのか、返却後なのかは、受取及び引渡し時に相互確認をしていなければ特定することはできません。

（ロ）前項の「説明」同様、店頭で1点1点細かくチェックすることは困難です。しかも、非対面方式による受け渡し方法さえ行われています。しかし、それらの場合であっても、洗たく前の検品でリスクが明らかになった場合は、必要に応じて品物の状態について相互確認を行うことが必要です。

（ハ）これらの相互確認を怠った場合、クリーニング業者は、本基準第3条の「利用者またはその他の第三者の過失により事故の全部または一部が発生したこと」、または「職務上相当の注意を怠らなかったこと」の立証が困難になることがあります。

［参考］

クリーニング業法第3条の2（平成16年施行）（略。クリーニング業法逐条解説参照）

［参考］

重要事項確認書（例）

右の書面は、必要な説明を行う際に用いることが望まれる重要事項確認書の一例です。

お客様に書面を提示しながら必要事項を説明し、その都度、チェックボックスに☑を入れていく方法です。

チェック（説明）が完了したら、お客様にサインをいただけるとよいでしょう。

また、複写式にしてお客様控えをお渡しできると一層効果的です。

なお、本事例は「お預かり伝票」を作成する段階で、既に処理方法等の説明は終了しているとの前提に立っています。

重要事項確認書（例）

□お預かりした品物・点数・処理方法
　「お預かり伝票」に記載の通りです。

□ご返却予定日
　□　　年　　月　　日　　　時以降となります。
　□「お預かり伝票」に記載の通りです。

□事故が発生した場合の対応方法
　□特約に基づき対応します。
　□クリーニング事故賠償基準に基づき対応いたします。
　　※「クリーニング事故賠償基準」については、下記にてご確認ください。
　　□裏面　　　□当社ホームページ（http://　　　　　　　　）
　　□全国クリーニング連合会ホームページ（http://www.zenkuren.or.jp）

□特約事項
　□特殊加工等（　　　　　　　　　　　　　　　）
　□保管期間等（　　　　　　　　　　　　　　　）
　□賠償方法等（　　　　　　　　　　　　　　　）

□お問い合わせ先（苦情等の申出先）
　□「お預かり伝票」に記載の通りです。
　□ ○○クリーニング（03・****・****）

上記内容について説明を受け、了承しました。
　　　年　　　月　　　日

　　お客様署名欄＿＿＿＿＿＿＿＿＿＿＿＿＿＿

第3条（クリーニング業者の責任）

　洗たく物について事故が発生した場合は、クリーニング業者が被害を受けた利用者に対して賠償する。ただし、クリーニング業者が、その職務の遂行において相当の注意を怠らなかったこと、および利用者またはその他の第三者の過失により事故の全部または一部が発生したことを証明したときは、その証明の限度において本基準による賠償額の支払いを免れる。

　2　クリーニング業者は、利用者以外のその他の第三者の過失により事故の全部または一部が発生したことを証明したときは、その他の第三者により利用者への賠償が迅速かつ確実に行われるよう、利用者を最大限支援しなければならない。

基準第3条第1項について

(1) クリーニング業者の賠償責任は、第1条およびこれに関連する運用マニュアル中の解説に示されている『職務上相当な注意を怠ったこと』を理由とする過失責任です。いわゆる無過失責任ではありません（本条ただし書により、十分な証明を行うことによって、クリーニング業者も賠償責任を免れることができます）。

　もっとも、洗たく物について事故が発生した場合には、専門家としてのクリーニング業者に比し利用者の知識・情報が著しく劣っていることから、利用者の救済を促進するため、証明がなされるまでは一応クリーニング業者に過失が存在し、その過失と損傷との間に因果関係が存在するものと推定することにしました（過失の推定）。

(2) ただし書に基づくクリーニング業者の『証明』に利用者が納得しない場合は、利用者およびクリーニング業者は、第三者機関の鑑定を求めることができます。なお調査費（＝鑑定料等）については、最終的には過失の割合に応じて該当者が負担することが望まれます。

(3) クリーニング業者が証明するために必要な相当の期間が経過するまでは、本条による賠償の履行期は到来しないものとします。

(4) どのような場合でも、クリーニング業者が自らの賠償責任を免れるためには、まず、自身が職務上相当な注意を怠らなかったことを証明しなければなりません。

(5) 現代ではクリーニング業者の業務内容が複雑化しているため、洗たく物の預かり過程（取次店等を含む）、保管過程および配送過程など、厳密な意味でのクリーニング作業以外の工程において事故が発生することがあります。しかし、たとえばこれらの業務が外部者に業務委託されている場合でも、とくに利用者との関係においては、その工程にクリーニング業者の支配が及ぶものとみなし、業務委託先の過失もクリーニング業者自身の過失と同視することが、利用者保護の観点からは望ましいことです。

　したがって、クリーニング業者の業務上の支配圏にある者は、本条ただし書の「その他の第三者」には含まれません。たとえクリーニング業者が自身の支配圏に属するこれらの者の過失を証明できたとしても、監督責任の見地から、クリーニング業者は賠償責任を免れることはできません（たとえば配送事故等）。

(6) 衣料品には、クリーニングの利用者自身の扱いが原因で事故が発生することも予想されます。この場合には、当然に過失相殺が適用されますので、クリーニング業者の賠償金額は利用者の過失の割合に応じて減免されま

す。事故の一部についての利用者の過失については、迅速な賠償を行うために、その過失割合を3割または5割とします。

　もっとも、クリーニング業者が、利用者がいつどこでどのように衣料品を損傷させたかというような個別的・具体的事情を正確に証明することはほとんど不可能です。したがって、『利用者の過失により事故の全部または一部が発生したこと』の証明は、当該事故の原因が通常は利用者の衣料品の使用方法等にあると合理的に推測できるような客観的・一般的な事情を証明することで足ります。

(7) 衣料品の素材や加工技術等が奇抜化するとそれに反比例する形で衣料品の耐クリーニング性が低下し、事故が発生しやすくなります。また、衣料品の販売までの間の展示・保管等の不適切な処理によって、事故が発生することもあります。その場合に賠償責任を負担するのは、衣料品メーカーや衣料品販売店等、クリーニング業者の支配の及ばない「その他の第三者」です。

　このようなその他の第三者の過失をクリーニング業者に立証させるのは、利用者と比べて、クリーニング業者が衣料品の素材・製造過程やその流通過程について豊富な知見・情報を有しているからです。本条ただし書の立証責任の転換によって、利用者は、クリーニング業者以外のその他の第三者の責任を追及すべき場合にも、立証の負担をクリーニング業者に転嫁することができます。この点でも、本条は利用者保護の立場を徹底しています。

(8) クリーニング業者自身にも事故の一部について過失があるときは、その他の第三者との過失の割合について争いが生じると、利用者への迅速な賠償が妨げられるおそれがあります。クリーニング業者とその他の第三者の両者に過失がある場合は、原則として、賠償額

（利用者の過失がある場合には過失相殺を行った後の額）を5割ずつ賠償するものとします。

基準3条第2項について

(1) 前項で述べたとおり、クリーニング業者は自身の責任を免れるために、『その他の第三者の過失』を立証しなければならないことがあります。

　クリーニング業者に一切の責任がないことを立証できたときは、その他の第三者がその過失に応じて利用者に対して事故の全部または一部について賠償責任を負うことになります。その場合、たしかに法的責任としてはクリーニング業者はもはや賠償の当事者ではなくなりますが、しかし、クリーニング業者の立証の過程・手段などは、利用者がその他の第三者に対して賠償を請求する際に、大変有効な資料となることは明らかです。

　そこで、クリーニング業者は、その他の第三者の過失を証明する際に用いた資料等を利用者に提供するなど、利用者の賠償請求を十分にサポートしなければなりません。

(2) クリーニング業者自身にも事故の一部について過失があるときは、その他の第三者は残りの部分について責任を負います。その場合、利用者は、クリーニング業者とその他の第三者の双方に対して賠償を請求することになります。しかし、利用者に直接的に接しているクリーニング業者のほうが、利用者にとっては身近な存在であることも多いでしょう。したがって、クリーニング業者は、その他の第三者と話し合った上で、クリーニング業者とその他の第三者の事故の負担分の合計額について賠償をすることが望まれます（クリーニング業者からその他の第三者への求償を妨げません）。

（3）クリーニング業者自身に事故の一部について過失があり、その他の第三者に残りの部分の責任がある場合は、その第三者が倒産するなどクリーニング業者との話し合いが事実上できない状況にあるときは、クリーニング業者は、自身の負担部分についてのみ賠償をすれば足ります。

[参考－事故の類型と責任分類例]

この基準は、大量のクレームを迅速かつ定型的に処理する目的で作られています。したがって、賠償基準３条の規定の運用において事故発生の原因がいずれにあるかを迅速に確定する必要があります。このため、数多い事故を類型化し、責任所在別に分類したものを下表の通り例示します。

ただし、事故の原因はきわめて多様であり、個々のケースについては必ずしもこの通りでない場合がありますので、実情に即した慎重な判断を要します。

主責体任	事 故 原 因 例
利用者	①利用者がつけた食べこぼし、香粧品、泥ハネなどのシミで、正常なクリーニング処理技術で除去できないもの ②利用者がつけた汗ジミで、正常なクリーニング処理技術で除去できないもの。また、クリーニングの熱処理で浮き出たものも含む ③利用者の着用摩擦による自然消耗が、クリーニング処理で目立ったもの ④利用者がつけたタバコの火や、利用者がストーブに触れたための焼け焦げ、収縮、変色、損傷 ⑤利用者の保存中における虫くいによる穴あき ⑥利用者の保存中にガスやカビによって変退色したもの ⑦利用者の行ったシミ抜き、漂白、糊付、洗たくなどが原因で、クリーニングで脱色、変退色、収縮、硬化、損傷が目立ったもの
アパレルメーカー・販売業者等	①著しく染色不堅牢なために発生した脱色、色なき、移染、変退色 ②汗の付着による変色が、適正な取り扱いにも拘らずクリーニングで浮き出たもの。ただし、薬剤の服用による特異な汗を除く ③プリーツ加工が弱いために、プリーツが消えたもの ④不適当な縫製のためにほつれたり、サイズ不適のため着用により糸ずれになったものが、クリーニングで拡大したもの ⑤その製品の機能に不適合な素材を用いたため発生した事故 ⑥付属品、装飾品、裏地、組み合わせ布地などの組み合わせが不適切であったために発生した事故 ⑦誤表示が原因で発生したクリーニング事故
クリーニング業者	①一般繊維製品のドライクリーニングによる再汚染。ただし、ドライクリーニングをしなければならない製品であって、ドライクリーニング溶剤で粘着性を帯び、汚れが吸着しやすくなるようなものは当然除かれる ②クリーニング業者が行ったシミ抜きや漂白による脱色、変退色、損傷 ③クリーニング機械による裂け、穴あき、脱落、すれ ④クリーニング中にファスナー、ホック、バックルなどに引っかかって生じた裂け、穴あき、すれ ⑤ドライクリーニングにおける洗浄液中の水分過剰、タンブラー温度の高すぎ、洗浄及び乾燥処理時間の長すぎによる毛製品の縮充収縮。ただし、半縮充製品や利用者の着用による縮充部分の、ドライクリーニングによる縮充の促進事故を除く ⑥ウエットクリーニングのミスによる緩和収縮事故で、正常なクリーニング処理技術で修正不可能なもの。ただし、生地の地詰め不十分に起因する緩和収縮事故を除く ⑦取扱い表示を無視して、表示よりも強いクリーニング処理をしたために発生した事故 ⑧その製品に適した標準的クリーニング処理をしなかったために発生した事故

第4条（賠償額の算定に関する基本方式）

　賠償額は、つぎの方式によりこれを算定する。ただし、利用者とクリーニング業者との間に賠償額につき特約が結ばれたときは、その特約により賠償額を定める。

> 賠償額＝物品の再取得価格　×
> 　物品の購入時からの経過月数に
> 　対応して別表に定める補償割合

(1) この規定は、事故を起こした洗たく物が着用することができない状態（全損またはみなし全損）にあって、クリーニング業者がその品物を引き取る場合の賠償額を定めるものです。事故の程度が軽く、利用者が品物を引き取り、引き続き使用するものの品物の価値が減じている場合は、部分損としてその割合に応じて賠償することになります。

(2) 賠償額算定の特例
　（イ）背広上下など、2点以上を一対としなければ着用が困難な品物については、片方（一部）に事故が生じた場合でもその全体に対して賠償しなければなりません。ただし、利用者が一対のもののうち1点だけをクリーニングに出し、かつクリーニング業者が一対のものの一部であることを知らされていない場合は、クリーニングに出された一部のみの賠償でよいとされています。

　　なお、このケースで、一対の全体の価格がわかっているものの1点ごとの価格が不明の場合、下記の比率を目安とします。
　　○ツーピース　　　　上衣 60%
　　　　　　　　　　　ズボン（スカート）40%
　　○スリーピース　　　上衣 55%
　　　　　　　　　　　ズボン（スカート）35%
　　　　　　　　　　　ベスト 10%

　（ロ）①約束した引渡し日に洗たく物が利用者に引き渡されない場合で利用者が代替品を賃借した時の料金、
　　　②利用者が損害賠償請求にあたって、あらかじめ、クリーニング業者などの同意を得て負担した調査費（ただし調査費は最終的には過失割合に応じて該当者が負担することが原則になります）、
　　　③その他特別の事情による費用の支出を利用者が行っている場合、などは、この基準で定める賠償額に上乗せしてもよいものと解釈されます。
　（ハ）物品購入時の価格がわかっていても、事故発生時に物品が販売されていないため、事故発生時の標準的な小売価格が不明のときは、「購入時の価格×消費者物価指数（次頁表参照）」の算式で算出します。

(3) 該当品の製造元が既に存在しない等の事由で確認できず、かつ客も領収書等の控えがなく、販売（購入）価格が判明しない場合は、本基準第5条を準用します。

(4) 特約を結ぶことが望ましい例…
　（イ）かたみの品、記念品などの主観的価値の高い品物
　（ロ）ビンテージ物、骨とう品など、希少的価値の高い品物
　（ハ）海外での購入品など代替性のない品物
　（ニ）取扱い表示、縫い付けタグ等がない品物、切り取られている品物

(5) 経過年数とは…
　　物品の購入日（贈与品の場合は贈り主の購入日）から、クリーニング業者がクリーニングを引き受けた日までの月数をいいます。この間、着用しないで保管していた期間も含まれます。

消費者物価指数の推移

全国年平均の換算値（2015 年を 100 として算出）

1989（平成　1）年	88.5
1990（平成　2）年	91.2
1991（平成　3）年	94.3
1992（平成　4）年	95.8
1993（平成　5）年	97.1
1994（平成　6）年	97.7
1995（平成　7）年	97.6
1996（平成　8）年	97.7
1997（平成　9）年	99.5
1998（平成 10）年	100.1
1999（平成 11）年	99.8
2000（平成 12）年	99.1
2001（平成 13）年	98.4
2002（平成 14）年	97.5
2003（平成 15）年	97.2
2004（平成 16）年	97.2
2005（平成 17）年	96.9
2006（平成 18）年	97.2
2007（平成 19）年	97.2
2008（平成 20）年	98.6
2009（平成 21）年	97.2
2010（平成 22）年	96.5
2011（平成 23）年	96.3
2012（平成 24）年	96.2
2013（平成 25）年	96.6
2014（平成 26）年	99.2
2015（平成 27）年	100
2016（平成 28）年	99.9
2017（平成 29）年	100.4
2018（平成 30）年	101.3
2019（平成31/令和1）年	101.8
2020（令和　2）年	101.8
2021（令和　3）年	102.1

出典：総務省統計局

第5条（賠償額の算定に関する特例）

　洗たく物が紛失した場合など前条に定める賠償額の算定によることが妥当でないとみとめられる場合には、つぎの算定方式を使用する。

(1) 洗たく物がドライクリーニングによって処理されたとき

　　　　　……クリーニング料金の 40 倍

(2) 洗たく物がウエットクリーニングによって処理されたとき

　　　　　……クリーニング料金の 40 倍

(3) 洗たく物がランドリーによって処理されたとき

　　　　　……クリーニング料金の 20 倍

---

(1) 洗たく物が紛失した場合でも、物品の再取得価格、購入時からの経過月数に対応して別表に定める補償割合が明らかであるときは、本条によるクリーニング料金基準の賠償額算定をするのではなく、本基準第4条に定める原則的な賠償額算定をしなければなりません。

(2)「紛失した場合など」の「など」に該当するものとして、次のような場合があります。

　（イ）盗難

　（ロ）自家出火による火災、クリーニング業者の過失を伴う自然災害等により洗たく物が滅失した場合

　（ハ）特殊品で「商品別平均使用年数表」が適用しにくいとき

　（ニ）洗たく物が原形をとどめない位に破損したため、「物品購入時からの経過月数に対応する補償割合」が適用しにくいとき

(3) 特殊クリーニングによる処理の場合の賠償額は、ランドリーと同様、クリーニング料金の 20 倍となります。

(4) ここでいうクリーニング料金とは、消費税を抜いた金額をいいます。

　消費税は預り金なので、それを 20 倍、40 倍にはせず、消費税を除いた本体価格から算定します（賠償額には「消費税」の概念はありません）。

第6条（賠償額の減縮）

　第3条の規定に関わらず、以下の各号については賠償額を減縮することができる。

（1）クリーニング業者が賠償金の支払いと同時に利用者の求めにより事故物品を利用者に引き渡すときは、賠償額の一部をカットすることができる。

（2）クリーニング業者が洗たく物を受け取った日より90日を過ぎても洗たく物を利用者が受け取らず、かつ、これについて利用者の側に責任があるときは、クリーニング業者は受け取りの遅延によって生じた損害についてはその賠償責任を免れる。

（1）クリーニング業者が洗たく物の価値の全額を賠償した場合、事故品の所有権はクリーニング業者に移ります。賠償金を受け取った利用者が、その事故品の返還を希望する場合は、両者合意の金額に賠償額を減額することができます。

（2）「受け取りの遅延によって生じた損害」とは…

　　利用者が品物を引き取りに来ない間に、クリーニング業者の責任でない理由で損害が発生した場合を指します。具体的には次のようなケースが該当します。

　（イ）受け取りが遅延している間にクリーニング店が類焼（自家以外からのもらい火）した場合の損害

　（ロ）受け取りが遅延している間に生じた変退色・虫食い

第7条（基準賠償額支払い義務の解除）

　利用者が洗たく物を受け取るに際して洗たく物に事故がないことを確認し異議なくこれを受け取ったことを証する書面をクリーニング業者に交付した時はクリーニング業者は本基準による賠償額の支払いを免れる。

2　利用者が洗たく物を受け取った後6ヶ月を経過したときは、クリーニング業者は本基準による賠償額の支払いを免れる。

3　クリーニング業者が洗たく物を受け取った日から1年を経過したときは、クリーニング業者は本基準による賠償額の支払いを免れる。ただし、この場合には、次の日数を加算する。

（1）その洗たく物のクリーニングのために必要な期間をこえて仕事が完成した場合には、その超過した日数。

（2）特約による保管サービスを行った場合には、その保管日数。

（3）その洗たく物のクリーニングのために必要な期間をこえて仕事が完成したのち、継続して特約による保管サービスを行った場合には、超過日数と保管日数を合算した日数。

4　地震、豪雨災害等、クリーニング業者の責めに帰すことのできない大規模自然災害により、預かり品が滅失・損傷し、洗たく物を利用者に返すことができなくなったときは、民法の規定に基づき、クリーニング業者は預かり品の損害の賠償を免れる。

（1）第1項は、第2条の2第2項で規定されている相互確認を行っていたとしても、それだけでは後日クレームが発生しても賠償責任は免れず、利用者が確認書にサインすることが必要であるとしています。

（2）第2項では、利用者が品物を受け取った日から半年以上経過して苦情を申し入れた場

合、クリーニング業者は賠償の責任がないとしています。現実的には半年以上経過した後に持ち込まれた苦情に対しても賠償する事例が多数見受けられますが、第2条の2に規定されている説明責任を果たし本基準に基づき賠償する旨を事前に伝えていれば、本項に基づき賠償義務は解除されます。

(3) クリーニング業者が洗たく物を受け取った日から1年を経過したものはクリーニング業者は賠償責任を免れますが、これに利用者の責任外の日数や特約による保管期間等があった場合は、利用者が不利益を被らないよう、該当日数が加算されます。

(4) 第2項の「6ヶ月」、第3項の「1年」という日数について、いずれも長すぎるという声がある一方、妥当だとする意見も同等にあります。本基準第2条の2第2項で規定する相互確認を行い、本条第1項に規定する書面を交付することで期間の制約は解除されますので、可能な限り実行することが望まれます。

(5) 一方で、利用者の多くが受け取った洗たく物の検品をせず、ポリ包装がかかったままの状態で次の着用時まで放置しているケースが大多数を占めています。このため、「6ヶ月」という規定となっています。受け渡し時に、収納前の検品や包装材の取り外しについて、

〔参考〕
受取完了確認書（例）
　右の書面は、クリーニング品の返却時の相互確認の際に用いることが望まれる受取完了確認書の一例です。
　お客様に書面を提示しながら必要事項を説明し、その都度、チェックボックスに☑を入れていく方法です。
　チェック（説明）が完了したら、お客様にサインをいただけるとよいでしょう。
　また、複写式にしてお客様控えをお渡しできると一層効果的です。

受取完了確認書（例）

_____
　　　　　　　　　　クリーニング店殿

□　　　年　　月　　　日に依頼したクリーニング品　　　　点について、なんら異常ないことを確認し、受け取りました。

□特記事項

　□後日、経時的な変化により異状が顕在化した際は、お申し出ください。

　□ただし、クリーニング事故賠償基準に基づき、本受領日より6ヶ月が経過した品物については、事故原因が当店にあった場合であっても賠償には応じられませんのでご了承ください。

上記内容について説明を受け、了承しました。
　　　年　　　月　　　日

　　お客様署名欄

クリーニング業者はしっかりと説明すること
が求められます。

(6) 地震や豪雨災害等、クリーニング業者の責
めに帰すことのできない大規模自然災害に
よって預かっている洗たく物が滅失・損傷し
た場合、民法の規定に基づきクリーニング業
者はその賠償責任は免れます。ただし、ク
リーニング業者が災害保険等に加入してお
り、滅失・損傷した洗たく物について補償を
得ているときは、利用者はその代償の譲渡を
請求することができます。

(7) 大規模自然災害による洗たく物の滅失・損
傷の際のクリーニング料金の取り扱いについて
（イ）通常の場合、クリーニング業者は洗た
く物の返還義務を免れますが、この際反対
給付（クリーニング料金）を受ける権利は
失います。既に料金を受領しているとき
は、返還しなければなりません。
（ロ）引き取りを催告したにもかかわらず利
用者が受け取りに来なかった洗たく物が滅
失・損傷した場合
クリーニング業者は、預かり品が滅失し
た場合は債務の履行義務を免れ、損傷した
場合は、損傷した物を返還すればよいとさ
れます。一方、利用者はこの場合であって
も、クリーニング料金を支払う必要があり
ます。

第8条（クリーニング事故賠償審査委員会）
　この賠償基準の適用に関して、利用者とク
リーニング業者との間に争いを生じたとき
は、当事者の一方からの申出にもとづきク
リーニング事故賠償審査委員会がその判断を
示すこととする。同委員会の構成等は、別に
定めるところによる。

「判断」とは…
（イ）一審にあたる都道府県に設置した審査
委員会は、賠償責任に関する判定、賠償額
に関する算定等を行います。
（ロ）二審にあたる中央に設置した審査委員
会は、賠償基準の運用・解釈等に関する疑
義への回答、ならびに都道府県審査委員
会の審査結果に対する是非の判断を行う機関
です。
（ハ）両審査委員会においても、原則として
あっせん、調停、仲裁の機能は有しません。

別表 1

商品別平均使用年数表

分類	品目	No.	品種・用途等	素材	備考	使用年数	特殊	ドライ	ウェット	ランドリー
加工品	特殊加工品	1		ウレタンフォーム貼り製品、ボンディング加工品		2		○		
		2		コーティング品(透湿性防水加工布、カラーコーティング、パラフィン加工布、オイルクロス等)		2		○		
		3		ゴムコーティング品	ゴムコーティング製品、ゴム裏貼り製品、気泡性ゴム引布製品、コーティング部分にのみ適用	3	○			
		4		エンボス加工品	加工部分にのみ適用	2		○		
		5		プリント加工品、フロック加工品	加工部分にのみ適用	2		○		
	羽毛製品(羽毛ふとんは除く)	6		絹・毛	ダウンジャケット、ダウンコート等	3		○	○	
		7		その他		4		○		
	絹紡品	8				2		○	○	
繊維製品 洋装製品	背広	9	夏物	絹・毛		3		○		
		10	〃	その他		2		○		
		11	合冬物			4		○		
	スーツ	12	夏物			2		○	○	
	ワンピース類	13	合冬物	獣毛高率混		3		○		
		14	〃	その他		4		○	○	
	ジャケット	15	夏物			2		○		
	ブレザー	16	合冬物			4		○	○	
	ジャンパー	17	夏物			2		○		
	スラックス類	18	合冬物		替えズボン、スラックス、ジーパン、パンタロン、カジュアルパンツ等	3		○	○	
	スカート	19	礼服		タイトスカート、フレアスカート、キュロット、プリーツスカート、ジャンパースカート等	10		○		
	礼服	20	略礼服		モーニング、タキシード、えんび服、ジャンパースカート等	5		○	○	
	ドレス類	21			イブニング、アフタヌーン、カクテル、ウェディングドレス等	5		○		
	コート	22	獣毛高率混		オーバーコート、半コート、レインコート、ダスターコート、ポンチョ、ライナー等	3		○	○	
		23	その他			4		○		
	室内着	24	毛		ラウンジウェア、ナイトガウン、キルティングガウン、バスローブ等	5		○	○	
		25	その他			2		○		
	制服	26	作業衣		白衣、看護衣、理美容衣、作業衣等	1			○	○
		27	事務服			2		○		○
		28	学生服		学生服、セーラー服等	3			○	○

218

分類	品目	No.	品種・用途等	素材	備考	使用年数	ウェット	ドライ	特殊
洋装品（繊維製品）	セーター類	29		獣毛高率混	セーター、カーディガン、ベスト等	2		○	○
	セーター類	30		その他		3		○	○
	シャツ類	31			Tシャツ、ポロシャツ	2	○	○	○
	ワイシャツ類	32		絹・毛	ワイシャツ、カッターシャツ	3		○	○
	ワイシャツ類	33		その他		2	○	○	
	ブラウス	34				3	○	○	○
	―	35	ファンデーション及びランジェリー			2			
	下着類	36	防寒下着	毛		3			○
	下着類	37	肌着	絹		2		○	○
	下着類	38	〃	その他		1	○	○	○
洋装用品	手袋	39				1	○		
	スカーフ	40		絹・毛		3		○	○
	スカーフ	41		その他		2		○	○
	マフラー	42		絹・毛		3		○	○
	マフラー	43		その他		2	○	○	
	ストール	44				2		○	○
	ネクタイ	45		パナマ・フェルト		3	○		
	帽子	46		その他		1	○		
スポーツ用品	スポーツウェア	47			トレーニングウェア、柔道着、スポーツ用ユニフォーム、水着、剣道着、柔道着、スキーウェア、ゴルフウェア、スポーツシャツ、レインウェア、ウィンドブレーカー等	2		○	○
	特殊スポーツ用品	48			剣道防具等	3			○
和装品	礼服	49		絹	打掛、留袖、振袖、喪服、男紋服、紋付羽織、はかま、帯（丸帯、袋帯）等	15			○
	礼装品	50		その他		10			○
	外出着	51		絹	訪問着（付下げ・色無地・小紋・お召）、本紬、絵付羽織、和装コート、道行、はかま、帯（名古屋）等	10			○
	普段着	52		その他		5			○
	家庭着	53			普段着（紬・ウール着物・木綿着物、茶羽織、帯（半巾帯・つけ帯）、室内着、絹羽織等	4	○	○	
	長じゅばん	54				3	○		○

分類: 繊維製品

分類	品目	No.	品種・用途等	素材	備考	使用年数	特殊	ドライ	ウェット	ランドリー
和装品	丹前	55				4	○	○		
和装品	ゆかた	56				2		○	○	○
和装品	ショール	57	絹・毛			5		○	○	
和装品	ショール	58	その他			2		○	○	
和装品	和装肌着、小物	59			和装用スリップ、帯あげ、帯じめ、羽織ひも等	2	○	○		
和装品	足袋	60				1	○			○
乳幼児着	乳幼児着	61	祝い着			5	○	○	○	
乳幼児着	乳幼児着	62	遊び着			1		○	○	
乳幼児着	乳幼児着	63	その他			2		○		
寝装品	毛布	64		毛		5		○		
寝装品	毛布	65		その他		3		○	○	
寝装品	タオルケット	66				2		○		○
寝装品	ふとん	67	羽毛ふとん			10		○	○	
寝装品	ふとん	68	羊毛ふとん			10		○	○	
寝装品	ふとん	69	こたつふとん			3		○		
寝装品	ふとん	70	その他のふとん		洋ふとん、肌掛ふとん、掛敷ふとん、夏掛ふとん、キルトケット、座ぶとん等	4	○			
寝装品	シーツ	71				2				○
寝装品	かや	72				5		○		○
寝装品	寝着	73			ねまき、パジャマ等	2		○	○	
寝装品	カバー類	74	ふとん類		マットレスカバー、まくらカバー、シーツ、座ぶとんカバー、こたつカバー等	2		○		
寝装品	ベッド用品	75	ベッドスプレッド			3		○		○
室内装飾品	カーテン、のれん	76	薄地	ポリエステルを除く		1		○	○	
室内装飾品	カーテン、のれん	77	その他			3		○		○
室内装飾品	床敷物	78	カーペット	毛		10	○			
室内装飾品	床敷物	79	〃	その他		5	○			
室内装飾品	床敷物	80	簡易敷物			2				○
室内装飾品	床敷物	81	レースししゅう品		三笠織、平織、菊水織等	5		○	○	
室内装飾品	カバー類	82	その他		ピアノカバー、いすカバー、シートカバー、テーブルクロス等	2		○		○

分類	品目	品種・用途等	素材	No.	備考	使用年数	特殊	ドライ	ウェット
織維製品	特殊用衣類	リース、貸衣裳及び営業用、接客用、舞台衣装等	絹・毛	83		2	○		
			その他	84		1	○		○
	その他	幕、のぼり		85		5		○	○
		クッション、ぬいぐるみ		86		3		○	○
毛皮製品	毛皮	外衣	うさぎ、チンチラ	87		2		○	
			オポッサム、ラム類、キャット類	88		5		○	
			リンクス、フォックス類、ビーバー、ウィーゼル類、ヌートリア、ムートン、ミンク、セーブル類	89		10	○		
		インテリア	うさぎ	90		2		○	
			ムートン	91		5	○		
			その他	92		10		○	
		その他	うさぎ	93		2		○	
			その他	94		5		○	
人造毛皮			合成毛皮、ハイパイル	95		2	○		
皮革製品	毛皮状製品	外衣	ぶた、爬虫類類	96		3		○	
			その他	97		5		○	
		バッグ		98		5		○	
		靴		99		2		○	
		その他	爬虫類類	100	財布等	5		○	
			その他	101		3		○	
人造皮革		外衣	人工皮革	102		3	○		○
			合成皮革(塩化ビニール、コルクレザー)	103		2	○		
			合成皮革(ポリウレタン樹脂)	104		3	○		○
		バッグ	人造皮革	105		3		○	
			布組合せ	106		2		○	
		靴	人造皮革、布組合せ	107		1	○		○
		その他		108		2	○		○

註1．商品区分、商品例に入っていない商品については、最も品質の近い商品の平均使用年数を適用する。
註2．処理方法欄における○印は、通常行われる商品別のクリーニング処理方法を示すものである。なお、特殊欄の○印は、品目・素材に応じた専門のクリーニング処理方法をいう。
註3．商品区分の素材において
「絹・毛」とは、表地に80％以上の絹または毛が使用されているものをいう。
「獣毛高混率」とは、アンゴラなど脱毛しやすい獣毛を60％以上含有するもの(表示のあるものに限る)をいう。

参考資料

別表2　物品購入時からの経過月数に対応する補償割合

平均使用年数	1	2	3	4	5	10	15	補償割合		
								A級	B級	C級
購入時からの経過月数	1ヶ月未満	2ヶ月未満	3ヶ月未満	4ヶ月未満	5ヶ月未満	10ヶ月未満	15ヶ月未満	100%	100%	100%
	1～2 〃	2～4 〃	3～6 〃	4～8 〃	5～10 〃	10～20 〃	15～30 〃	94	90	86
	2～3 〃	4～6 〃	6～9 〃	8～12 〃	10～15 〃	20～30 〃	30～45 〃	88	81	74
	3～4 〃	6～8 〃	9～12 〃	12～16 〃	15～20 〃	30～40 〃	45～60 〃	82	72	63
	4～5 〃	8～10 〃	12～15 〃	16～20 〃	20～25 〃	40～50 〃	60～75 〃	77	65	55
	5～6 〃	10～12 〃	15～18 〃	20～24 〃	25～30 〃	50～60 〃	75～90 〃	72	58	47
	6～7 〃	12～14 〃	18～21 〃	24～28 〃	30～35 〃	60～70 〃	90～105 〃	68	52	40
	7～8 〃	14～16 〃	21～24 〃	28～32 〃	35～40 〃	70～80 〃	105～120 〃	63	47	35
	8～9 〃	16～18 〃	24～27 〃	32～36 〃	40～45 〃	80～90 〃	120～135 〃	59	42	30
	9～10 〃	18～20 〃	27～30 〃	36～40 〃	45～50 〃	90～100 〃	135～150 〃	56	38	26
	10～11 〃	20～22 〃	30～33 〃	40～44 〃	50～55 〃	100～110 〃	150～165 〃	52	34	22
	11～12 〃	22～24 〃	33～36 〃	44～48 〃	55～60 〃	110～120 〃	165～180 〃	49	30	19
	12～18 〃	24～36 〃	36～54 〃	48～72 〃	60～90 〃	120～180 〃	180～270 〃	46	27	16
	18～24 〃	36～48 〃	54～72 〃	72～96 〃	90～120 〃	180～240 〃	270～360 〃	31	14	7
	24ヶ月以上	48ヶ月以上	72ヶ月以上	96ヶ月以上	120ヶ月以上	240ヶ月以上	360ヶ月以上	21	7	3

備考　補償割合の中におけるA級、B級、C級の区分は、物品の使用状況によるものであり、次のように適用する。
　　　A級：購入時からの経過期間に比して、すぐれた状態にあるもの
　　　B級：購入時からの経過期間に相応して常識的に使用されていると認められるもの
　　　C級：購入時からの経過期間に比して、B級より見劣りするもの
　（例）　①ワイシャツの場合、エリ、袖等の摩耗状態で評価する。
　　　　　②補修の跡のあるもの、恒久的変色のあるもの等は通常C級にする。

2　カウンターでの接客

カウンターはお客様との接点、お店の顔です。経験の少ない方はもちろん、ベテランの方も初心にかえり、このマニュアルを活用してカウンターでの接客の仕方を見直しましょう。

1. 日頃の心がけ

- 開店の前には店の内外をよく掃除し、清潔にしておきましょう。
- レジスターの釣り銭やロールペーパー、お金の受渡し用トレイなどの確認を怠らないようにしましょう。
- カウンター周りや棚の整理、整頓をしましょう。帳簿、ボールペン、マークペン、ホチキス、預り証、ネームタグ、手提げバッグなどの整理、整頓、補充に気をつけましょう。出来上り品のカバーなどの破れ、汚れはないか、見出しシールが取れていないかにも気を付けましょう。
- 服装や身だしなみにも気を配ってください。チェックポイント：エプロン、ネクタイ、髪、ひげ、手、指先、口臭、足もと
- カウンターではいつも笑顔を絶やさないようにして、てきぱきした態度で接客しましょう。
- お客様の名前と顔は早く覚えるように努力しましょう。
- 預り証は誰が見ても分かるように丁寧に書きましょう。
- 品物の生地に、直接ホチキスでネームタグを付けないようにしましょう。
- ワイシャツの襟などへの直接の記名は厳禁です。
- カウンターに常時いることができない場合は、呼鈴などを用意する必要があります。
- いつもファッションの動向に気を配り、流行に敏感になるようにしましょう。
- 店頭にファッション誌や鑑賞用水槽（金魚や熱帯魚）などを置いて、順番待ちのお客様が退屈しないような工夫をしましょう。
- 従事者相互の連絡が容易につくようにしましょう。
- 閉店後にも清掃、整理整頓しましょう。

整理、整頓、清掃、清潔（4S）が大切よね！

2. お客様が来店されたときは

- 「いらっしゃいませ」と明るく挨拶します。
- カウンターにいなかった場合（店の奥にいた場合）は必ず「おそれ入りますが少々お待ちください」と声をかけます。カウンターに出たら「お待たせいたしまして申し訳ありません」と一言いいましょう。お客様をお待たせしないことが何よりも大切です。

3. 品物をお預かりするときは

- 預り証にお客様の氏名、住所、電話番号を書きましょう。
- 品物を1点ずつ丁寧に広げ、ボタン、付属品、ポケットの中をチェックして、品物の種類、色、特徴などを書き込みます。また、シミ、ほつれ、破れなどの有無を調べて、必要なときはお客様に確認して預り証に記入しましょう。
- お預かりした洗濯物をどのような方法で洗濯するかを説明するよう努めましょう。
- お金をいただくときは受け取った金額を確認して、「○○○円お預かりいたします」と声に出し、お釣りも「○○○円のお返しでございます」と手渡します。お釣りやレシートはトレイに入れてお渡しするように心がけましょう。

  なお、お金をいただいたときはすぐレジに入れず、お釣り、レシート、預り証をお渡しし、お客様が確認してからレジに入れるようにしましょう。
- お預かりした品物を丸めたり、投げたり、床に置いたりしないで、軽くたたむなどしてカゴなどに入れましょう。

4. 品物をお渡しするときは

- お客様から預り証を提出していただきましょう。
- 預り証を見ながら素早くお預かりの品物を出し、1点1点預り証と合わせながらお客様の前で確認します。受取り時から付属品などがなかったときは、そのことをお客様に念を押しましょう。
- シミが落ちないものは、なぜ落ちなかったかをよく説明し、了解していただきましょう。
- 洗う前の再チェックでポケットなどに入っていたものがあったときは、封筒に入れてお返ししましょう。
- 預り証をお持ちにならないで受取りに来られたお客様には、本人の確認ができた方のみに品物をお渡しします。その際、預り証控えにお客様のサインをいただきましょう。また、お渡しした年月日と「預り証なし」と記入して、従事者もサインをします。預り証控えはファイルにして保管しておきましょう。
- 品物を持ちやすいようにしてお渡しします。まだ仕上がっていない品物があったときは、預り証にその旨を記入し、預り証をお返しします。その際、預り証控えにも忘れずにチェックしましょう。

お金はきれいなトレイに入れて受渡ししましょう!

お客様ごとに品物を包むお店もありますよ

ポケットにハンカチが入っていました

5. 感謝の気持ちを言葉と態度で表す

- 品物をお預かりし、お客様がカウンターから離れるときに「ありがとうございます」、又は「お預かりいたします」と声をかけて、店を出られるときにもう一度「ありがとうございます」と挨拶しましょう。

- 品物をお渡しするとき「ありがとうございます」といい、お客様が店を出られるときに「ありがとうございます。またどうぞお越しくださいませ」と挨拶しましょう。

- お客様が店を出られてもすぐカウンターを離れずに、3秒くらいは頭を下げているような気持ちを心がけましょう。

6. お客様が重なったときは

- 後から来られたお客様に「いらっしゃいませ、おそれ入りますが少々お待ちくださいませ」と挨拶し、カウンターに出ることができる従事者が他にいる場合は応援を頼みましょう。応援でカウンターに出た者は、両方のお客様に「いらっしゃいませ」と挨拶します。この場合、特に順番に注意しましょう。

- 事情によって順番が前後するときは、お客様の了解を得ましょう。

- 混み合っているときは、品物全てに目が行き届かず受け付けてしまうおそれがありますので、必ず電話番号を確認し、あとで判明したことはお客様に連絡し、了解いただくようにします。

- 先のお客様が終わり、次のお客様の順番になったときは、「大変お待たせいたしまして申し訳ありません」と一言いい、それから受付けにかかりましょう。

7. クレームが発生したときは

- お客様の気持ちを損なわないよう、誠意をもって応対することが何よりも大切です。

- まずは「申し訳ございません」の一言を、お客様に必ず伝えるようにします。

- 相手の話をよく聞き、話の腰を折らずに最後まで聞き、メモを取るようにします。不満をいうことによって、お客様の感情が静まることも多いことを忘れずに応対しましょう。

- 常に冷静な気持ちを失わず、感情的にならないように応対しましょう。

- クレーム処理は、クリーニング店の責任のもとに対応します。たとえメーカーに問題があったとしても、お客様に対応を

任せることは、クリーニング店不信につながるので絶対に避けましょう。

- 悪質なクレーマーへの対応は、通常のお客様への対応とは異なります。
  責任者に、どう対応するか事前によく相談しておきます。

3　念押しの言葉

お客様からの要望は、必ず念を押して、お互いに再確認しましょう。

1. 受取り時

- 「ポケットの中をお確かめいただいたでしょうか」

このシミは、いつのものか何が原因か分からないのですね

完全には取れないかもしれませんが、よろしいですか?

- 「シミ、変色、破損などはございませんか。何か気が付かれた点がございましたらお申し出ください」
- 「デリケートなお召し物は、クリーニングしますと風合いが損なわれる場合がありますのでご了承ください」
- 「お引取りのときは、必ず預り証をご持参ください」
- 状況を判断して、以下の言葉をつけ加えるとよいでしょう。

「万一、お約束の日時までできあがらない場合、事前に電話でご連絡いたします」

(1) クリーニングで生地が傷んだり、破れたりする可能性がある場合

- 「クリーニングによって生地を傷めるおそれがある場合、お返しすることがありますのでご了承ください」

- 「飾りボタンなどは品物によって、取り外す場合がありますのでご了承ください」

(2) 上下のもので片方だけの場合

- 「クリーニングによって上下の色や風合いに差が出る場合がありますのでご了承ください」

(3) シミが完全に除去しきれないと判断した場合

- 「このシミは完全に除去できないかもしれません」
- 「このシミを完全に除去しようとすれば、生地を傷めるおそれがありますので少しシミが残るかもしれません」

商談相手にいただいた特別のものなんだ

間に合わないと1000万円の商談が白紙になってしまう

2. 引渡し時

- 「お客様の方でも異常がないかご確認ください」
- 「ポリ袋は保管用ではなく運搬用ですので、袋から出して保管してください」

4　参考文献、試験・検査機関、他

参考文献

『クリーニングの基礎知識』　全国クリー
ニング生活衛生同業組合連合会
『クリーニングニュース』　同上
『技術情報』　同上

試験・検査機関
（代表を原則記載。出先組織もあり）

一般財団法人ケケン試験認証センター
　〒113-0034　東京都文京区湯島3-31-1
　中川ビル402号　（℡03-5817-8230）
一般財団法人カケンテストセンター
　〒103-0022　東京都中央区日本橋室町
　4-1-22 日本橋室町四丁目ビル 5F
　（℡03-3241-2545）
一般財団法人ニッセンケン品質評価センター
　〒111-0051　東京都台東区蔵前2-16-11
　（℡03-3861-2341）
一般財団法人日本タオル検査協会
　〒103-0013　東京都中央区日本橋人形町
　3-4-5　日本タオル会館
　（℡03-3663-1091　⇒転送先　中四国
　検査所　℡0898-22-2086）
一般財団法人ボーケン品質評価機構
　〒135-0001　東京都江東区毛利1-12-1
　（℡03-5669-1380）
一般財団法人日本繊維製品品質技術センター
　〒108-0023　東京都港区芝浦3-13-16
　（℡03-6631-9452）
一般財団法人メンケン品質検査協会
　〒170-0003　東京都豊島区駒込1-10-5
　（℡03-3943-3171）
公益財団法人日本繊維検査協会
　〒103-0006　東京都中央区日本橋富沢町
　8-10　綿商会館2F　（℡03-3662-4830）

東京都立皮革技術センター
　〒131-0042　東京都墨田区東墨田3-3-14
　（℡03-3616-1671）
地方独立行政法人東京都立産業技術研究セ
ンター
　〒135-0064　東京都江東区青海2-4-10
　（℡03-5530-2111）
全国クリーニング生活衛生同業組合連合会
　　クリーニング綜合研究所
　〒160-0011　東京都新宿区若葉1-5
　全国クリーニング会館　（℡03-5362-7201）

その他情報入手先（ホームページ）

①首相官邸
②厚生労働省
③経済産業省
④環境省
⑤消費者庁
⑥国立感染症研究所
⑦独立行政法人国民生活センター
⑧WHO（世界保健機関）
⑨個人情報保護委員会
⑩一般財団法人日本消費者協会
⑪一般社団法人日本衣料管理協会
⑫日本繊維輸入組合
⑬公益社団法人 全国消費生活相談員協会
⑭法テラス（日本司法支援センター）

5　産業廃棄物管理票交付等状況報告書様式（例：東京都）

※本文20ページのマニフェスト（産業廃棄物管理票）交付等状況報告書の記載例

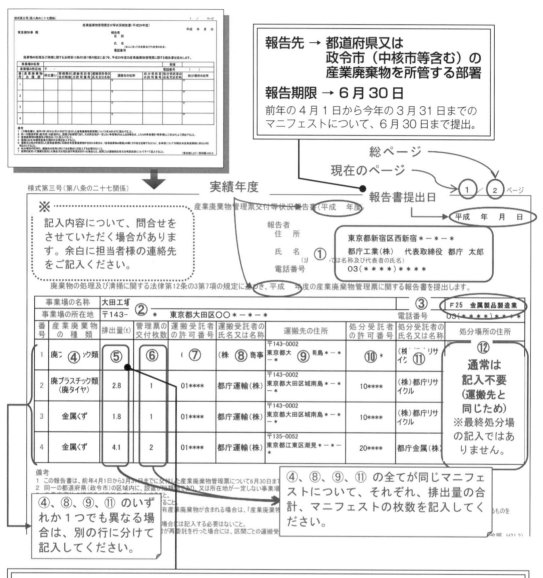

報告先 → 都道府県又は
　　　　　政令市（中核市等含む）の
　　　　　産業廃棄物を所管する部署

報告期限 → 6 月 30 日
前年の4月1日から今年の3月31日までの
マニフェストについて、6月30日まで提出。

※
記入内容について、問合せを
させていただく場合がありま
す。余白に担当者様の連絡先
をご記入ください。

④、⑧、⑨、⑪ のいず
れか1つでも異なる場
合は、別の行に分けて
記入してください。

④、⑧、⑨、⑪ の全てが同じマニフェ
ストについて、それぞれ、排出量の合
計、マニフェストの枚数を記入してく
ださい。

通常は
記入不要
（運搬先と
同じため）
※最終処分場
の記入ではあ
りません。

⑤ 引火性廃油、廃油（特定有害）、汚泥（特定有害）等の
　　排出量（t）→「m³」を「トン」に換算

重量換算係数とは

(t/個・台) についてはなるべく使用せず、できる限り「立方メートル (m³)」、「リットル (ℓ)」単位を
把握のうえ重量換算係数 (t/m³) を使用することとし、不明の場合は重量換算係数 (t/個・台) を使用する。

重量換算係数の例

引火性廃油	1m³ → 0.90t	1（個・台）→ 0.016t
廃油（特定有害）	1m³ → 0.90t	1（個・台）→ 0.018t
汚泥（特定有害）	1m³ → 1.10t	1（個・台）→ 0.022t

（次ページに続く）

（続き）

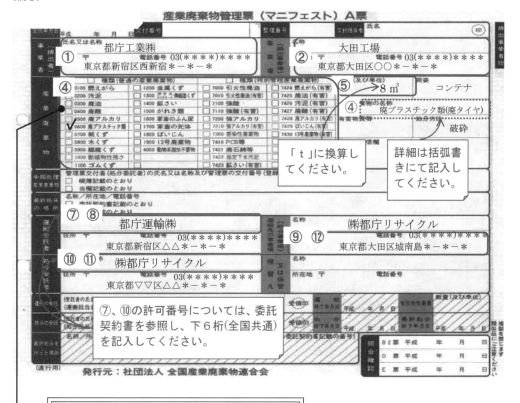

④ 種類
④の中でもクリーニング所から産業廃棄物として
出される物としては、
・引火性廃油
・廃油（特定有害）
・汚泥（特定有害）
等がある。

※東京都環境局の作成マニュアルに
　注意点を追記

クリーニング店における特別管理産業廃棄物

　クリーニング業における特別管理産業廃棄物は、おおむね以下の3つが考えられる。
　また、ここでいう「スラッジ等」とは、蒸留スラッジ、パウダースラッジ、廃カートリッジ、廃清浄剤、廃活性炭、空きドラム缶、水分離器廃液（未処理のもの）、その他（ウェス等）をいう。

【クリーニング業における特別管理産業廃棄物】
　① 石油系溶剤（揮発油類、灯油類、軽油類）を含む廃液、スラッジ等
　② テトラクロロエチレン（パーク）を含む廃液、スラッジ等
　③ ドライクリーニング処理及び保守作業に伴い発生するもの

　　例）・テトラクロロエチレンの廃液 ⇒ 特別管理産業廃棄物である「廃油」
　　　　・石油系ドライ機の蒸留スラッジ ⇒ 泥状であれば、「汚泥」と特別管理産業
　　　　　　　　　　　　　　　　　　　　　　廃棄物である「廃油」との混合物
　　　　・溶剤の空ドラム、ドライ洗剤及び処理剤の空缶、廃溶剤、清掃等に利用した
　　　　　ウェス等

索引

都道府県生活衛生営業指導センター

名　称	電話／ファクシミリ	郵便番号	所　在　地
北海道	TEL. 011-615-2112 FAX. 011-615-2113	060-0042	札幌市中央区大通西16-2　北海道浴場会館1F
青森県	TEL. 017-722-7002 FAX. 017-722-7025	030-0812	青森市堤町2-16-11　理容会館1F
岩手県	TEL. 019-624-6642 FAX. 019-654-2741	020-0883	盛岡市志家町3-13　岩手県美容会館内
宮城県	TEL. 022-343-8763 FAX. 022-343-8764	980-0011	仙台市青葉区上杉5-1-12　後藤コーポ107号
秋田県	TEL. 018-874-9099 FAX. 018-874-9199	010-0922	秋田市旭北栄町1-5　秋田県社会福祉会館6F
山形県	TEL. 023-623-4323 FAX. 023-634-6290	990-0033	山形市諏訪町2-1-60
福島県	TEL. 024-525-4085 FAX. 024-525-4086	960-8053	福島市三河南町1-20　コラッセふくしま7F
茨城県	TEL. 029-225-6603 FAX. 029-225-6638	310-0011	水戸市三の丸1-5-38　茨城県三の丸庁舎
栃木県	TEL. 028-625-2660 FAX. 028-627-5114	320-0027	宇都宮市塙田1-3-5　砂川ビル内
群馬県	TEL. 027-224-1809 FAX. 027-224-1610	371-0025	前橋市紅雲町1-7-12　群馬県住宅供給公社ビル4F
埼玉県	TEL. 048-863-1873 FAX. 048-864-3288	330-0063	さいたま市浦和区高砂4-4-17　食環センター2F
千葉県	TEL. 043-307-8272 FAX. 043-307-8273	260-0854	千葉市中央区長洲1-15-7　千葉県森林会館内
東京都	TEL. 03-3445-8751 FAX. 03-3445-8753	150-0012	渋谷区広尾5-7-1　東京都広尾庁舎内
神奈川県	TEL. 045-212-1102 FAX. 045-212-1453	231-0005	横浜市中区本町3-24-2　ニュー本町ビル内
新潟県	TEL. 025-378-2540 FAX. 025-378-2545	951-8106	新潟市中央区東大畑通1番町490-13　理容美容福祉会館2F
富山県	TEL. 076-442-0285 FAX. 076-444-1977	930-0855	富山市赤江町1-7
石川県	TEL. 076-259-6510 FAX. 076-259-6516	921-8105	金沢市平和町1-3-1　石川県平和町庁舎B館3F
福井県	TEL. 0776-25-2064 FAX. 0776-25-2074	910-0003	福井市松本3-16-10　福井県職員会館ビル3F
山梨県	TEL. 055-232-1071 FAX. 055-233-3818	400-0863	甲府市南口町4-8　山梨県理容会館2F
長野県	TEL. 026-235-3612 FAX. 026-234-0369	380-0872	長野市南長野妻科426-1　長野県建築士会館3F301
岐阜県	TEL. 058-216-3670 FAX. 058-274-8011	500-8384	岐阜市薮田南5-14-12　岐阜県シンクタンク庁舎3F
静岡県	TEL. 054-272-7396 FAX. 054-254-9623	420-0034	静岡市葵区常磐町3-3-9　静岡生衛会館1F
愛知県	TEL. 052-953-7443 FAX. 052-953-7448	460-0001	名古屋市中区三の丸3-2-1　愛知県東大手庁舎6F

名　称	電話／ファクシミリ	郵便番号	所　　　在　　　地
三重県	TEL. 059-225-4181 FAX. 059-228-3231	514-0038	津市西古河町10-16　別所ビル3F
滋賀県	TEL. 077-524-2311 FAX. 077-521-5440	520-0806	大津市打出浜13-22-201
京都府	TEL. 075-722-2051 FAX. 075-711-6123	606-8221	京都市左京区田中西樋ノ口町90
大阪府	TEL. 06-6943-5603 FAX. 06-6946-9306	540-0012	大阪市中央区谷町1-3-1　双馬ビル801号
兵庫県	TEL. 078-361-8097 FAX. 078-361-2875	650-0011	神戸市中央区下山手通6-3-28 兵庫県中央労働センター 5F
奈良県	TEL. 0742-33-3140 FAX. 0742-33-0768	630-8123	奈良市三条大宮町1-12　奈良県生衛会館内
和歌山県	TEL. 073-431-0657 FAX. 073-422-3269	640-8045	和歌山市卜半町33　和歌山ミートビル2F
鳥取県	TEL. 0857-29-8590 FAX. 0857-29-8591	680-0801	鳥取市松並町2-160　城北ビル109号
島根県	TEL. 0852-26-0651 FAX. 0852-26-4684	690-0882	松江市大輪町414-9-423号
岡山県	TEL.／FAX. 086-222-3598	700-0824	岡山市北区内山下1-3-7　県土連ビル2F
広島県	TEL. 082-532-1200 FAX. 082-532-2210	730-0856	広島市中区河原町1-26　広島県環衛ビル8F
山口県	TEL. 083-928-7512 FAX. 083-928-7490	753-0814	山口市吉敷下東3-1-1　山口県総合保健会館4F
徳島県	TEL. 088-623-7400 FAX. 088-623-5095	770-0933	徳島市南仲之町4-18　鳥獣センタービル1F
香川県	TEL.／FAX. 087-862-3334	760-0018	高松市天神前6-34　村瀬ビル3F
愛媛県	TEL. 089-924-3305 FAX. 089-924-3304	790-0811	松山市本町7-2　愛媛県本町ビル2F
高知県	TEL. 088-855-5100 FAX. 088-855-5101	780-0822	高知市はりまや町3-7-6　パームサイドビラ2F
福岡県	TEL. 092-651-5115 FAX. 092-651-5147	812-0044	福岡市博多区千代1-2-4　福岡生活衛生食品会館3F
佐賀県	TEL.／FAX. 0952-25-1432	840-0826	佐賀市白山1-2-13　諸永ビル3F
長崎県	TEL. 095-824-6329 FAX. 095-822-8360	850-0033	長崎市万才町10-16　パーキングビル川上3F
熊本県	TEL. 096-362-3061 FAX. 096-362-3087	862-0959	熊本市中央区白山1-4-9　末永ビル2F
大分県	TEL. 097-537-4858 FAX. 097-533-2117	870-0023	大分市長浜町1-12-3　今田ビル3F
宮崎県	TEL. 0985-25-1466 FAX. 0985-25-1610	880-0802	宮崎市別府町3-1　宮崎日赤会館2F
鹿児島県	TEL. 099-222-8332 FAX. 099-222-8333	892-0838	鹿児島市新屋敷町16-213　公社ビル2F
沖縄県	TEL. 098-891-8960 FAX. 098-891-8961	901-0152	那覇市字小禄662番　沖縄県生活衛生研修センター内

〈第12クール編集委員会〉

委員長　小野　雅啓（全国クリーニング生活衛生同業組合連合会理事・所長）

委　員　近藤　美文（一般社団法人日本衣料管理協会事務局長）

委　員　三島　良弘（三島アパレル技術研究室主宰）

委　員　伊藤　芳友（株式会社白洋舍　洗濯科学研究所上席研究員）

委　員　都倉　敏明（公益財団法人兵庫県生活衛生営業指導センター　常務理事兼事務局長）

委　員　川﨑　英弘（公益財団法人群馬県生活衛生営業指導センター　経営指導員）

〈オブザーバー〉

溝口　晃壮（厚生労働省医薬・生活衛生局生活衛生課　課長補佐）

大嶺　　彩（厚生労働省医薬・生活衛生局生活衛生課　主査）

〈編集協力〉

岩澤　紀子（ジュピターショップチャンネル株式会社）

黒須　一見（国立感染症研究所薬剤耐性研究センター第四室）

茂木　淳一（日本光電工業株式会社・中小企業診断士）

増田　悦子（公益社団法人全国消費生活相談員協会　理事長）

後藤　博俊（一般社団法人日本労働安全衛生コンサルタント会　顧問）

経済産業省

環境省

総説　クリーニング　クリーニング師編
—クリーニング師研修用テキスト　第12クール（2022〜2024年度）—

2022年 6月11日　　　　　初版　第1刷発行

編　著　者　公益財団法人　全国生活衛生営業指導センター
　　　　　　　〒105-0004　東京都港区新橋6-8-2　全国生衛会館2階
　　　　　　　電話　03-5777-0341（代表）

発　行　人　長田　高

発　行　所　株式会社ERC出版
　　　　　　　〒107-0052　東京都港区赤坂2丁目9-5　松屋ビル5F
　　　　　　　電話　03-6230-9273　　　　振替　00110-7-553669

組版・イラスト　ERC出版　Macデザイン部

印　刷　製　本　芝サン陽印刷株式会社
　　　　　　　〒135-0031　東京都江東区佐賀1-18-10
　　　　　　　佐賀町ビル第2別館2階
　　　　　　　電話　03-5809-9631

ISBN978-4-900622-67-8　©公益財団法人 全国生活衛生営業指導センター 2022 Printed in Japan
落丁・乱丁本はお取り替えいたします。